U0575480

贵州省出版发展专项资金资助

贵州世居民族文化书系

宋健 主编

山水布依

SHANSHUI BUYI

周国茂 著

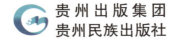

贵州出版集团
贵州民族出版社

图书在版编目（CIP）数据

山水布依：布依族 / 周国茂著 . -- 贵阳 ： 贵州民
族出版社 . 2014.6（2020.7 重印）
（贵州世居民族文化书系 / 宋健主编）
ISBN 978-7-5412-2121-7

Ⅰ．①山… Ⅱ．①周… Ⅲ．①布依族－民族文化－贵
州省 Ⅳ．① K286.8

中国版本图书馆 CIP 数据核字（2014）第 066220 号

贵州世居民族文化书系
山水布依·布依族
宋　健　主编　周国茂　著

出版发行	贵州民族出版社	
社址邮编	贵阳市观山湖区会展东路贵州出版集团大楼	550081
印　刷	山东龙岳文化传媒有限公司	
开　本	787mm×1092mm　　1/16	
字　数	260 千字	
印　张	16.25	
版　次	2014 年 6 月第 1 版	
印　次	2020 年 7 月第 3 次	
书　号	ISBN 978-7-5412-2121-7	
定　价	51.00 元	

贵州布依族分布示意图

聚居 散居

多彩高原的民族共存

——《贵州世居民族文化书系》总序

　　多彩的贵州，神奇的高原。对于初次来到祖国大西南贵州省的人来说，触动心灵的不仅是苍山如海、溪河清澈、森林碧绿、峡谷幽深，更有那不同民族同胞悠扬的山歌和异彩的服饰。在这个有17.6万平方公里面积和600年建省历史的省份，数不尽的青山翠谷中生活着18个世居民族，他们从哪里来？世世代代如何与周围环境共处？以怎样的生活方式和民族风情为世界增光添彩？让读者朋友在轻松的阅读中了解这一切，就是我们出版这套《贵州世居民族文化书系》的目的。

　　贵州是一个多民族的省份，少数民族人口约占全省总人口的38%，全国56个民族成分贵州都有分布，而称得上"世居民族"的则有汉族、苗族、布依族、侗族、土家族、彝族、仡佬族、水族、回族、白族、瑶族、壮族、畲族、毛南族、仫佬族、满族、蒙古族、羌族等18个兄弟民族。从历史和民族源流看，除来自北方的回族、蒙古族、满族外，汉族属古代的华夏族系，其他各族分属古代的氐羌、苗瑶、百越、百濮四大族系。从地理位置看，贵州位于云贵高原东部，处于四川盆地和广西、湖南丘陵之间，是由高原向平原和丘陵过渡的地带。这种特殊的地理位置，使贵州历史上成为南方四大族系的交汇之地，成为民族迁徙的大走廊。在漫长的历史长河中，不同民族的融合，不同文化的相互影响，以及战争带来的多次大规

模移民的进入，形成今天贵州多民族共存共荣的社会。

民族文化，指各民族在历史发展中创造的带有民族特点的文化，包含物质和精神两个方面。存在决定意识，由于贵州地处生态环境较为脆弱的喀斯特地貌带，各族群众敬畏自然，珍惜上天赋予的生活资源，注重生产方式与自然生态的和谐平衡，有着享誉世界的农业文化遗产"稻鱼鸭系统"，与草木"认干亲"的林业等生产方式和生活形态，无不彰显人与自然的和谐共处。

贵州历史上"连峰际天兮飞鸟不通"（王阳明《瘗旅文》）的交通困局，形成了十里不同风、百里不同俗的"文化千岛"，民族风情古朴浓郁，多姿多彩，如苗族的姊妹节、芦笙舞，布依族的八音坐唱，侗族的行歌坐月、侗族大歌，彝族的火把节，土家族的摆手舞等。而600多年前明王朝对贵州的大规模开发，江南的百万汉族移民以屯军、屯民的方式来到贵州，形成数百年的屯堡文化，至今成为明代文化遗存的奇迹。可以说，正是青山绿水与多民族的和谐共存构成了今天多彩的贵州。

我们这套书以大专家写小丛书为特点，以轻松阅读获取知识为目标，以直观图像结合想象力发挥为手段，采取宏观叙述与田野案例穿插叙事的方法，力图写成民族历史文化的故事书，内容虽然通俗易懂，生动有趣，但都是以坚实的学术研究为基础的，能够让读者在愉快的阅读和浏览中获取正确的知识。

"黔山秀水，神秘夜郎；多彩民族，千岛文化。"这是书系力图展示的贵州形象。愿书系成为我们大家了解贵州、欣赏贵州、热爱贵州的一个窗口。

《贵州世居民族文化书系》编委会

目录
Contents

引言

　　我在写这本书的过程中，经常会不由自主地想起布依族作家罗吉万曾出版过一本书，叫《远去的家园》，内容主要写家乡自然环境与风俗、人情世故的变迁，写得很好。这里提起这本书不是打算对它进行介绍或者评论。我是想说他的书名起得好。"远去的家园"，这里边既表现出作者对故乡深深的热爱和眷恋，同时也透出那么一丝怅惘和无奈。我感觉自己也时时被这种心绪萦绕着。

　　平心而论，贵州因为长期处于交通和信息比较闭塞的状态，民族传统文化传承情况算是相对好的。但近几十年来，随着我国现代化进程的加快，各民族社会和文化变迁的速度也在加快。所谓"远去"，指的就是我们曾经那么熟悉，曾经让我们魂牵梦萦的东西离我们远去了、消失了。

　　现代化对民族文化具有消解作用。因此，也可以说现代化的过程本身就是一个民族传统文化消解的过程。既然现代化是我们发展的唯一选项或人类唯一的发展方向，那民族文化的衰退乃至消亡似乎就是一个不可逆转的趋势。但是民族传统文化的确又关乎人类的健康发展。对此，人类学家一再提醒过我们。美国人类学家罗杰·M·基辛曾说："文化的歧异多端是一项极其重要的人类资源。一旦失去了文化间的差异，出现了一个一致的世界文化——虽然若干政治整合的问题得以解决——就可能会剥夺了人类一切智慧与理想的源泉，以及充满分歧与选择的各种可能性。演化性适应的重要秘诀之一就是多样性；这不仅指个人与个人之间的多样性，也指地域族群与地域族群之间的多样性。去除了人类的多样性可能最后会付出持续的意想不到的代价。"他指出，世界各地人类文化体现了人类多样的智慧，"这项智慧若能善加利用，可以成为人类的一项重要资源；因为从人类差异的研究，我们对社会的新可能性会产生灵感。"基辛警告说："如果我们不能透过对于人性——生物性、社会性、文化性——以及人类可能性之极限的健全知识启发出这些（社会）形象，那就很可能会加速人类的毁灭。"（基辛：《当代文化学概要》）

正由于文化多样性对于人类健康发展的无比重要性，联合国教科文组织通过制定各种公约，力图保护各民族传统文化，维护人类文化多样性。

虽然现代化与传统文化会造成剧烈冲击，但并非水火不容。通过各种方式，在现代化建设中融入传统文化因素是完全可能的。世界上一些国家在实现现代化的同时，也最大限度地保持了自己的民族特色，对我们是一个有益的启示。我国从国家层面到省、市、州（地）、县级都颁布了一系列民族文化保护法律法规，建立了非物质文化遗产保护机制。这对民族文化传承和保护以及人类文化多样性无疑是一个福音。我们充满期待。

贵州的奇山秀水、宜人气候、多彩民族文化，是上天赐给贵州人的礼物。但在汹涌的现代化浪潮面前，无论是自然生态还是文化生态，其实都很脆弱。我想表达的是，贵州人在保护自然和文化生态方面真的容不得犯一丁点儿错了。我们真的需要把这些多彩的民族文化作为贵州可持续发展的重要资源加以珍视和善待。

绿水青山陪伴着布依人从远古走来。布依人在这样的自然环境中生存，经历过无数的艰辛和磨难，更受到无尽的恩惠。为适应自然和社会，布依人创造了丰富多彩独具特色的民族文化。这些文化属于布依人，更属于全人类。这本小册子只是对布依族文化中比较主要的一些方面的描述，而不是它的全部。我希望这本小册子能为各民族朋友认识布依族，认识布依族文化提供帮助，也希望我的布依同胞通过这本小册子认识本民族的历史和文化，提高文化自信和文化自觉，为民族新文化建设，为民族的美好明天作出自己应有的贡献。

傍水而居的

BANGSHUIERJUDE

MINZU

民族

"高山苗，水仲家"这句顺口溜是贵州民间对苗、布依这两个世居贵州的古老民族居住和分布的自然环境特点的总体概括。虽不是十分准确，但对布依族来说，基本特征算是抓住了。

经济文化类型、生计方式往往与人群的分布和居住特点紧密相关。游牧民族因牧场资源的变化需"逐水草而居"，农业民族因对土地的依赖必须定居，布依族是一个具有悠久稻耕历史的民族，种植水稻需要水源，故选择了傍水而居。于是，在贵州这样的多山地区，便形成了布依族依山傍水的分布格局。

布依族人口及分布

　　据 2010 年全国第六次人口普查资料，布依族共有人口 2870934 人。贵州布依族占全国布依族人口的绝大多数，主要聚居在贵州省黔南布依族苗族自治州的惠水、长顺、平塘、罗甸、独山、荔波、龙里、贵定、福泉、瓮安、三都、都匀等县（市、自治县），黔西南布依族苗族自治州的册亨、望谟、安龙、贞丰、普安、晴隆、兴仁、兴义等县（市），安顺市的镇宁、关岭、紫云、普定、平坝、西秀等县（自治县、区），六盘水市的六枝、水城、盘县（特区），毕节市的威宁、黔西、金沙、织金、赫章等县（自治县），贵阳市的花溪、白云、乌当、清镇、开阳、息烽等市（县、区）。此外，遵义市的仁怀市，铜仁市的石阡县，黔东南苗族侗族自治州的黎平、麻江等县，云南省的马关、河口、罗平、师宗、富源、东川、巧家等县，四川省的宁南、会理、会东等县也有布依族居住。此外，越南、缅甸等国也有布依族分布。

黄果树大瀑布

● "水仲家" 的由来 ●

　　所谓"仲家"，是旧时汉族对布依族的称谓。《元史·地理志》中的"栖求（今贵州省长顺县一带）等处仲家蛮""新添葛蛮安抚司有仲家蛮"等，是汉文献最早出现的称布依族为"仲家"的记载。所谓"水仲家"是贵州民间的一种惯常说法，反映了布依族村寨多傍水而居的分布特点。如果你到过布依族村寨，一定会对布依族与水的关联有着深切的体会。

　　20世纪50年代前，汉族对布依族有若干称谓，除了前面提到的"仲家"之外，还有一个就是"水户"。之所以称为"水户"，也是因布依族喜欢居住在水边。打开贵州省地图，我们可以看到，布依族主要聚居区境内众多河流纵横交错其间，有相当丰富的水利资源。南北盘江、都柳江、白水河、红水河、三岔河、鸭池河、曹渡河、樟江河、六洞河等，是布依族分布地区的主要河流。

　　布依族村寨选址，有好水源是首要条件。贞丰一带布依族流传着这样一个传说：古时候，有一个大家庭，因为弟兄多，原住的地方，

滨水而居的花溪镇山村

田已经不够耕种。兄弟长大成家后，原地留下部分兄弟，其他的则向别地迁徙。他们走时赶上水牛，让水牛在前边开路。水牛离不开水，总是要找到水才罢休。他们走啊，走啊，有一天，来到了一个地方，人累得实在走不动了，停下来休息，水牛则继续前行。过了半天，人们见水牛一身稀泥返回来，便知道新的家园快到了，紧锁的眉头舒展了，露出了笑容。于是高高兴兴地跟在水牛后面，终于找到了水源，在那里定居下来。人们为了记住为自己带路、找到新的家园的水牛的恩情，妇女们就把头帕包成牛角形。这是一则解释布依族妇女头帕形状来历的传说，无形中透露出布依族先民因水稻耕作离不开水和牛的历史事实。

　　布依族对水的依赖，除了满足生理需要外，与古老的生计方式——稻作农耕分不开。

　　研究结果表明，布依族与古百越、百濮有历史渊源关系。而古百越是最早驯化野生稻、发明水稻种植的民族。以布依语、壮语"纳"[na²]（田）、"峒"[toŋ⁶]（坝子）为词头的地名，就是古越人从事稻作农耕的重要标志。栽培稻由野生稻驯化而来。亚洲栽培稻最早起源于哪个具体地方？人类最先开始驯化的是同一类野生稻，然后逐渐演化出粳稻和籼稻两个品种，还是野生稻中本来就存在着两类水稻，然后被分别驯化成粳稻和籼稻？由中科院上海生科院植物生理生态研究所国家基因研究中心韩斌课题组完成的研究显示，人类水稻最初的驯化地点可能为广西。2012年10月8日，《自然》杂志发表黄学辉等人的文章，作者通过基因分析，推断出栽培水稻的扩散路径：人类祖先首先在广西的珠江流域，利用当地的野生稻种，经过漫长的人工选择，驯化出了粳稻，随后往北逐渐扩散。而往南扩散中的一支进入了东南亚，在当地与野生稻种杂交，经历了第二次驯化，产生了籼稻。属于珠江水系的南北盘江流域是布依族分布的腹心地带，在贵州新石器时代文化遗址中，发现了稻谷遗存，说明贵州高原古人类也是最早从事稻谷栽培的人群。而这些古人类，有的演化成了后来的越人。由于种植水稻需要水源，因此，滨水而居变成了古越人的一种必然选择。

　　布依族过去被称为"仲家"，对这种称谓的来源，各种解释中有一种认为与种植的"种"有关，说布依族因善种水稻而被称为"种家"，后谐音写成"仲家"。这种说法可能牵强，但从中可以看出布依族善种水稻早已被世人公认。布依族分布地区，在河流与山地之间，形成大大小小的河谷坝子，土地肥沃。都匀、独山、贵定、惠水、兴义、平坝、西秀等县（市、区）的坝子较大，是贵州高原粮食（主要是稻谷）主产区之一。

因稻作农耕而选择傍水而居，又因奇特的喀斯特地貌，造就了布依族地区的秀丽山川、优美风景。由于长期雨水侵蚀，起伏的山峦中，石灰岩被雕琢成了壮丽的溶洞、石林、瀑布、伏流等奇特岩溶地貌。贵州的著名景点，如黄果树瀑布、"高原明珠"花溪、兴义马岭河峡谷、安顺龙宫、织金打鸡洞、镇宁犀牛洞和上洞、荔波小七孔、天生桥风景区等，都分布在布依族地区。这些秀丽的自然风光，加上独具特色的布依族传统文化，每年都吸引了大批中外学者、专家和旅游者前来考察观光游览。在市场经济条件下，一直伴随、滋养着布依民族的水以及与水密切相关的景点，今天已成了布依族地区可持续发展的宝贵资源，正伴随布依民族走向更加美好的未来。

● 布依族来自江西、湖广吗？ ●

有关布依族的来源，曾流传过若干种说法。汉文献中，最具代表性的说法有《黔书》的五代时楚王"自邕管迁来"说，《黔南纪略》的"马希范戍兵，以其帅性（姓）仲，故称仲家"说等等。这些说法中，"自邕管迁来"说多少有一点根据而外，其余都是一些猜测而已。"邕管"即今广西南宁一带。布依族与壮族有密切的历史渊源，不排除有一部分布依族从广西迁来，但要说布依族全部由广西迁来，并没有什么根据，老百姓中也很少有这种说法。

倒是有一种所谓"江西""湖广"说流传颇广，很多家族还写在"家谱"中。笔者小时在家，家族长辈经常告诉我：我们这个家族以前不住贵州，是"调北征南"（或"调北填南"）时被皇帝从江西吉安府tsu^{33}s$_1^{35}$巷征调搬迁来的，一共来了九兄弟，落脚在贵州不同地方，繁衍成了现在具有相同家谱的周氏大家族。

tsu^{33}s$_1^{35}$是贵州汉语发音，其所指，到底是"猪市""珠市"还是"朱氏"，有不同说法，有的说是卖猪的一条街，有的说是卖珠宝的一条街，有的说那条街有一朱姓大户，所以叫"朱氏巷"。在一些人家，至今还保存"家谱"，叙说家族自江西迁来后的历史源流。

布依族中诸如此类传说相当普遍，有的人家说是来自江西，有的人家说来自"湖广"，不一而足。虽然没有明确的调查数据，但通过询问摸底，布依族中有类似传说的人家起码占总户数的八成以上。

这就产生了一系列问题。

第一，江西和"湖广"有布依族吗？

第二，如果祖先本是汉族，来时因为没有带家眷而入赘布依族，或娶布依女为妻，久而久之变成布依族，那入赘者或娶布依女为妻者只能是少数，因此有江西来说法的也只能是少数，为什么说江西来的家族这么多？原来土著的布依族到哪里去了？

第三，既然来自外乡，那为什么布依族在汉族面前，会自称本民族是"土家"或"土边"，而称汉族为"客家"或"客边"？

……

这些问题，有的答案很明确，有的则无法解释。比如，江西古时确实有"干越"分布，"干越"倒是与布依族先民"骆越"同属"百越"，但毕竟不是同一支，而且到明代时，"干越"早就消失，同化为汉族了。而"湖广"，元代包括了湖北、湖南和广东、广西，也包含了今贵州部分地区，但明代时主要包括"两湖"一带，也不是"骆越"或"仲家"

依山傍水的布依族村寨——石头寨

的分布地，如果从江西、"湖广"迁来的说法能够成立，那岂不意味着百分之八十以上的布依族原本是汉族？这显然说不通。

在布依族人民的思想意识和祖先崇拜仪式里，他们均以土著民族自居，称汉族为"客家""客户"，自称本民族为"土边"或"土家"，意思是"本地人"。农历正月初一到初三，家家户户都要举行迎送祖先的活动。在老人去世的超度仪式上，其世代相传的送祖路线有达罕、蛮路、拉少、林上、歌告、善书、珉谷、阿娄、刚旁、波定等许多地名。珉谷即今之贞丰；达罕、蛮路、拉少、林上在北盘江附近；阿娄、刚旁、波定在今之镇宁、安顺。贵阳市一带的布依族在办丧事时，引魂幡上都要写"矩州"或"黔州"字样。"矩州""黔州"即今之黔中地区。这就很清楚地表明：布依族是贵州的土著，或者说，是先于汉族定居在这块土地上的民族。

攀附或者照抄汉族家谱的结果，是学汉族排字辈。我注意考察了一些布依族家谱，发现一个现象，就是大多数家族的字辈到目前大都用到第10个左右。比如笔者周氏家谱："永启光明德，文朝应仕国，

荔波小七孔

正玉洪忠孝，天智尚元格。"笔者是"国"字辈，在第 10 个字辈上。布依族作家罗吉万的"家谱"也传说他们祖上是明朝洪武年间因调北填南从江西过来的，字辈排列情况为："永有正朝廷，国安顺天星，吉光流路远，万事大家生（声）。"罗吉万的字辈正好落在第 11 个上。我根据一些资料考察了一下，布依族中家族字辈使用情况大致相同，大体上处于字辈的第 8 到第 12 个字左右。如果按照 25 年一代推算，从开始排字辈到现在，时间应该在 200~300 年左右，也就是说，从现在往回推，自开始使用字辈到现在，正好 250 年左右，时间相当于清代的雍正、乾隆时期。这很耐人寻味。

清雍正年间（1723~1735 年），中央封建王朝对西南少数民族地区有一个重大的政策措施，就是"改土归流"。为了便于对少数民族的直接统治和管理，统治者在少数民族地区实行与内地相同的"编户齐民"政策，强行要求没有汉姓的少数民族用汉姓，或代为立姓。流官统治导致民族矛盾加剧，各民族农民起义风起云涌，结果又导致封建统治王朝对各民族的镇压加剧，少数民族受到历史上前所未有的压迫和歧视。为了避免遭到压迫和歧视，少数民族中便出现了攀附相同姓氏的汉族、照抄同姓氏汉族家谱的情况。1984 年出版的《布依族简史》认为布依族中的家谱是当时布依族为避免民族歧视而与汉族"联宗"，照抄汉族同姓家谱的结果。

史料记载，"改土归流"前，当时的长寨（今长顺）、定番（今惠水）、镇宁、永宁（今关岭）、永丰（今贞丰）等地都属于清王朝所谓的"生苗"区，布依族中很多还没有姓氏。民国《贵州通志·前事志》（点校本）载，雍正二年（1724 年），"定番、广顺仲苗（对布依族的辱称）作乱……有阿近者，勾结群苗，据散于山寨，自称苗王，与其弟阿卧倚险作乱"。当然，这样的"作乱"最终被封建王朝镇压了。这里想说的是，敢于举起义旗造反的布依族农民起义领袖居然没有姓！而到了 53 年后的清嘉庆二年（1797 年），韦朝元、王囊仙领导了历史上著名的南笼起义。起义男领袖韦朝元算是有名有姓了，可是女领袖王囊仙却只有姓而无名，或者没有像汉族人名那样，包括有排序的字辈。"囊"在布依语里是对社会地位高的年轻女性的尊称，因此有人把"囊仙"翻译成汉语是"仙姑"，基本上符合原义。而"王囊仙"另一个名字"王阿从"，则反映出她只有姓而没有像汉族姓名那样的字辈。王囊仙的父亲叫王

马岭河峡谷

抱羊，这个"抱"字不是字辈，而是布依语的"父亲"或"男性长者"的意思。

布依族采用汉姓后，最初是没有字辈的，每个人的名字根据年龄和身份的转变而改变。人出生后由家里的长辈为孩子取名，这是小名，成年后，将姓和小名合起来称呼，布依族称呼小名时习惯在小名前加"阿"，于是就有了"王阿从"这样的名字。有了小孩后，称谓（姓名）又发生改变，由"姓+父（母）+长子名"几个因素构成。比如罗甸县有一个著名民间歌手黄米石念，黄是该歌手的汉姓，"米"或"乜"是布依语，意思是"母亲"，表明她的身份，"石念"是其长子名，"黄米石念"的意思就是"石念的（黄姓）母亲"。如果是男性，名字中就有一个身份标志"波"或"卜"（布依语"父亲"之意），如布依族韦姓有一个著名英雄祖先名字就叫"韦卜鸢"。

直到20世纪70年代，这种命名方式在一些边远地区仍很普遍。

随着布依族与外界交往的加深以及汉文教育的普及，布依族逐渐采用汉族家谱排字辈的形式取名，由于汉族家谱多有江西、"湖广"迁来的传说，于是便慢慢传到了布依族中，成了很多人追溯家族渊源的"依据"，民族历史记忆逐渐失去，民族的历史被涂改了。

"调北征南"发生在明洪武十五年（1382年）之后。如果按照布依族中流行的从江西、"湖广""调北征南"或"调北填南"而迁来的说法，到现在就应该是600多年而不是250~300年，当下人们的字辈就应排在24位左右而不是10位左右。事实上，根据目前掌握的资料，布依族墓碑除个别大姓（八藩中的程藩有明代墓志铭）外，其他（包括大姓）都是清中叶以后才立的。可见，所谓祖先明代从江西、"湖广"迁来的说法不靠谱。

● 源远流长话越裔 ●

布依族藤甲兵装扮

要探寻布依族的来源，还得靠科学的民族学、民族史学研究。

近几十年来，我国民族学界对布依族族源进行了孜孜不倦的深入研究，取得了诸多成果。目前大家都公认，布依族是古百越后裔，是从古百越中的一支骆越发展而来，同时与古濮人有渊源关系。

布依族自称为 [pu⁴ʔjai⁴]、[pou⁴ʔji⁴] 或 [pu⁴ʔjui⁴] 等等。汉字记音，可写作"布雅衣""布夷""布越""布依"等，比较接近原发音，因而 [pu⁴ʔjai⁴]、[pu⁴ʔjui⁴] 直译的意思是"越人"。"越"与"濮"有关联。

布依族的自称透露了一个重要的历史信息，即布依族与古越人、濮人有历史渊源关系。

古百越是一个包含了若干支系的民族集团，分布很广，《汉书·地理志》中所谓"自交趾至会稽，七八千里，百越杂处，各有种姓"，就是古人对古越人分布情况的一种概括。这"七八千里"中，自然包括了云贵高原。商代甲骨文就记载了西南地区羌、濮、蜀、僚等族的活动情况，其中的"濮""僚"与布依族先民"越"都有关系，是对百越不同支系的称谓。江应梁先生在其著作《傣族史》中对云南新石器文化特征进行分析后得出结论："云南新石器文化的内涵说明，在原始社会这里就已有越人在活动了。"贵州古遗址发掘有段石锛、有肩石斧以及纺轮等具有鲜明古越人文化特征的文物，说明贵州高原远古时期有越人分布。因此，布依族先民是这块土地上的最早居民之一。

百越的"各有种姓"，是指越人支系多。这种支系，可能指部落，或者指具有某些独特文化特征的群体。宋人罗泌《路史》具体解释了百越的族称："越常、骆越、瓯越、瓯皑、且瓯、西瓯、供人、目深、摧夫、禽人、苍吾、越区、桂国、损子、产里、海葵、九菌、稽余、北带、仆句、区吴，是谓百越。"但是，这也仅仅是一家之言，对于百越具体包括了哪些"种姓"，众说纷纭，并无很权威的说法。综合前人研究，"百越"大致包括"於越""大越""扬越""南越""闽越""东瓯""西瓯""骆越""山越""夔越""夷越""滇越""僚越"等。

民族学研究表明，布依族就是从"百越"中的"骆越"发展演变而来的。

"骆越"也写作"雒越"。北魏郦道元《水经注》卷三十七有这样一条记载："交趾未立郡县之时，土地有骆田，其田随潮水上下，民垦食其田，因名雒民。""雒民"也就是"骆人"，即"垦食雒田的越人"。雒田在交趾（今越南）、红水河流域（包括南北盘江）都有。布依语称山间谷地为"洛"（lueh），布依族把处于山谷间的田称为"纳洛"。所谓"纳洛"，也就是"雒田"（或"骆田"）。

布依族自称中的"布"，则源自于古濮人。"布"在布依语和壮语中，是"人""民族"之义。古时没有科学的民族识别，往往用一种称谓去指称若干种人们共同体，正如西南各少数民族曾被泛称为"苗"一样。根据汉文献记载，"百濮"和"百越"都是古代较大的民族集团，之所以以"百"名之，是都包含了若干"种姓"（民族或民族支系）。"百濮"并非今天意义上的民族（即有共同地域、共同语言、共同经济生活以及共同文化和心理素质等的人们共同体），而是泛指若干个民族。关于"濮"和"越"的关系，学术界有不同观点，有人认为"濮"和"越"实际上是一个民族集团的两种不同称谓（江应梁），有人则认为"百濮"中包含了部分越人（尤中）。笔者认为尤中先生的观点比较客观。"濮"实际上源于古越语，具体说就是今布依族、壮族先民的语言。布依、壮语凡人（族）皆称"布"（濮），于是，众多民族（濮）在史官那里就成了"百濮"了。

布依族的称谓历史上并不统一。历史时代的称谓都可以看到本民族自称的影子。秦汉以前称"濮""越"不消说，就是布依族自称的汉语音译。从东汉到六朝，布依族先民被汉文献称为"僚"或"俚"。"僚"读音为 [lau^{21}]，读"老"，是布依族 [rau^{21}] 的汉语音译，意思是"咱们""我们"。老挝在汉文献上被称为"寮" [lau^{21}]，现在所称的老挝其实就是"寮"的反切。老挝的主体民族老族亦即"寮"族。老族语言与布依族语言同属汉藏语系壮侗语族，同源词比例很高。这从一个角度也可以说明布依族与"僚""寮"的历史渊源关系。

　　僚人分布很广。按《隋书 · 地理志》的说法，当时僚人"岭南二十五郡处处有之"。《太平寰宇记》也说："僚，音佬，在牂牁、兴古、郁林、苍梧、交趾。"说明分布在我国中南、西南地区的贵州、两广及湖南的少数民族都泛称"僚"。《太平御览》（卷一百七十一）特别提到今贵州境内有僚人和俚人："牂牁……为俚佬所居。"贵州南部，属古牂牁江流域，也属夜郎国管辖范围，分布在牂牁江一带的"俚""僚"，当包括布依族先民在内。根据文献记载，僚人喜近水滨，积木以居，名曰"干栏"，铸铜为鼓为器，并对铜鼓十分钟爱。布依族至今仍保留居住干栏民居建筑和使用铜鼓的习俗，反映了布依族与僚人在文化上有历史渊源关系。

　　唐代出现"谢蛮""都云蛮""白水蛮"等称谓，都与布依族先

民有关。如唐初在庄州（今惠水一带）的刺史谢氏称"谢蛮"，史称"南谢蛮"；在琰州（今盘江流域）的谢氏，史称"西谢蛮"。《旧唐书》记载："（谢蛮）依树为层巢而居，汲流以饮""有功者以牛马、铜鼓赏之""坐皆蹲居、男女椎髻"。从这些风俗习惯看，明显是僚人文化的延续。现在的安顺市、贵阳市以及黔南州的长顺等地，布依族谢氏为数不少。有的布依族村寨达 300 余户，亦全部姓谢。这些"蛮"都包括布依族先民在内，虽系歧视性称呼，却代表了布依族的一个发展阶段。

　　到了宋代，布依族先民被称为"蕃"。《宋史·蛮夷四》载："诸蕃以龙氏为宗，称西南蕃主。分龙州部落、东山部落、罗波源部落、训州部落、鸡平部落、战洞部落、罗母株部落、石人部落等八部落分支。"

北盘江大峡谷

这些"部落"地域在今贵州的贵阳市以及安龙、罗甸、册亨、兴义、镇宁等县（市），与目前布依族的聚居分布情况一致。这些"蕃"中，最初有龙、罗、石、方、张等"五蕃"，后来增加韦、程二蕃，称为"七蕃"，元代又增加卢蕃，统称"八蕃"，领地在今贵州惠水、长顺一带。元世祖至元十六年（1279 年）置"八蕃宣慰司统其地"。"八蕃"是布依族地区的地方政权，其首领中如卢、罗、韦等姓氏，至今还是布依族中人口众多的大姓。"蕃"古读"博"[po^2]，与布依族称"人""族"的发音"濮"相近，故此读音应当源自于布依语。

元代，汉文献开始出现"仲家"称谓。《元史·地理志》记载："栖求等处仲家蛮。"栖求，就是现在的长顺一带。明、清汉文史籍对布依族的称谓有"仲苗""仲蛮""青仲"或"仲家"。从清代到民国时期，布依族除被称为"仲家"外，尚有"夷家""夷族""水家""水户""土边""土人""本地""沙人"等。有的带有侮辱性，为布依族群众所反感。

除了诸多他称，在布依族内部，也因居住地域不同，而有"布纳""布蛮""布央""布依"等互称，但对外都自称 [pu^{4}ʔjai^4]。1953 年，中央人民政府根据布依族意愿，按照布依族自称音译，将民族名称统一为"布依族"。

地质绝品——双乳峰

SHENMIDE
神秘的

GUWENZI
古文字

　　过去很多有关布依族的出版物，在讲到布依族基本情况时都说，布依族只有语言，历史上没有产生自己的文字，或者说没有产生与本民族语言相吻合的文字。实际上，这种说法与历史事实不符。布依族不仅有自己的语言，也有自己的文字。布依族是我国具有自己民族文字的少数民族之一，用布依族古文字记录的典籍文献卷帙浩繁，内容丰富，具有重要的历史文化价值和学术研究价值。

● 汉字？布依族古文字？●

下图是贞丰县布依族摩经《殡亡经·墓哼闷》手抄本中的一页。如果我告诉你：这就是布依族古文字，你一定很诧异：这不明明是汉字吗？怎么说是布依族古文字？

什么是文字？按照一种普遍接受的定义，文字是记录语言的符号，或者说文字是记录语言的符号系统。

只要对人类语言和文字使用情况略加考察，我们就会发现，人类语言有数千种之多，但用来记录语言的文字符号种类实际上很少。现今世界上的文字，除了汉语等少数文字而外，大多为表音文字。使用的字母大体分为拉丁字母、希腊字母、阿拉伯字母和印度字母几类。

布依族文字

布依族文字分为古文字和拉丁字母新文字两类。古文字指历史上曾使用过的，距今百年以上的文字，有若干种类型。其中择吉书古文字最为古老，保留了若干象形文字和很多目前仍无法识读的字符。方块布依字借用汉字作为记音符号，在此基础上新创了部分字符，能满足记录布依语的需要。但古文字适用范围小，使用不规范，不易普及。拉丁字母新文字指中华人民共和国成立后，政府组织专家深入开展布依语调查，创制了以拉丁字母为基础的拼音文字，经几次修订后，在部分布依族聚居地区学校推行。布依族拼音文字简称布土文。文字方案以布依语第一土语为基础，以规范的望谟复兴镇布依话的读音为标准音，有32个声母，87个韵母，8个声调。1995年，国家民委和中国社会科学院组织专家对布依文检查、验收，认为布依文方案修订案已经完全合格，试行效果好，群众欢迎，建议正式批准为正式文字。

贞丰县《殡亡经·墓哼闷》抄本

根据文字学家的考证，这些字母文字都来源于比布鲁斯字母。而比布鲁斯字母则发源于埃及圣书字。埃及圣书字本来是一种象形文字，在实际运用中，形成了三种书写体，有的书写体已经大大简化和抽象。比布鲁斯人在已经简化的基础上进一步抽象化，形成了字母。腓尼基人进一步完善，形成腓尼基字母。之后分别向东西两个方向传播。向东传播的结果是形成了阿拉米字母，后来形成了现在的阿拉伯字母文字和印度字母文字，向西则形成希腊字母，最后又演变成了现在的斯拉夫字母和拉丁字母（或称罗马字母）文字。拉丁字母是使用最为广泛的一种字母文字。如欧洲的英、法、西、葡、德、丹麦、爱尔兰以及亚洲的越南和我国壮、布依、苗、侗等民族新创文字。

无论是哪一种字母或者文字符号，当它被用来记录某种语言的时候，它就当然地形成了这种语言的文字符号。英文、法文、德文使用的是拉丁字母，但我们不是称它为拉丁文，而是分别称为英文、法文和德文。

这里有必要介绍一下自源文字和借源文字两个概念。所谓自源文字，是指某个民族所使用的文字符号，是由该民族独立创造的。而借源文字，则是指某个民族用来记录本民族语言的文字符号，是借用其他民族的。世界上影响比较大的自源文字有四种，即苏美尔楔形文字、

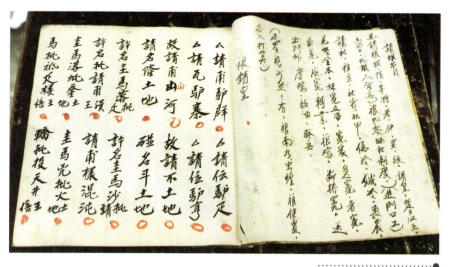

布依族古文字

埃及圣书字、甲骨文和玛雅文字。这些自源文字，除甲骨文一直延续下来，发展成现在的汉字之外，其余几种早已消亡。埃及圣书字虽然演变成现在的各种字母文字，但形体上与原来的形体已经截然不同，很难看出其中的关联了。

说到这里我们就应该明白，实际上现在人类的文字绝大多数是借源文字。布依族方块字，就是一种借源文字。

汉字对汉族来说，是一种自源文字。在人类几大古文字都早已消亡的情况下，汉字还能延续，这是汉民族的骄傲。而能被其他民族借用作为记录汉语以外的文字符号，当然也是汉民族的骄傲。但是，汉字一旦离开汉语，成为记录别的语言的符号，就不再是汉字。

历史上，汉字曾被契丹、西夏人"借源"，形成契丹文字和西夏文字。日本、朝鲜和越南也先后借用。只不过朝鲜和越南已经废弃，改用其他文字系统，只有日本至今仍在使用。国内的少数民族中，壮、布依、白、苗、侗、瑶等民族历史上都曾借用汉字作为音符来记录本民族语言。契丹借源汉字形成的文字称为契丹字，西夏借源汉字形成的文字称为西夏文字，日本借源汉字形成的文字称为日文。

无论是字母文字还是方块汉字，借用后都要进行相应的改造，以

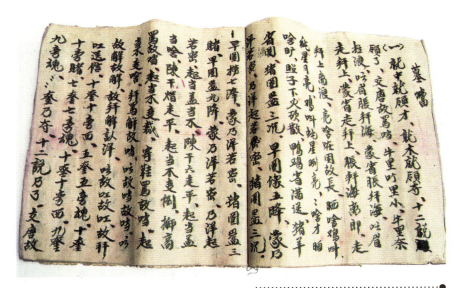

布依族古文字典籍《墓当》

适应记录新语言的需要。古西夏文从字形上酷似方块汉字，但即便是汉字学专家，如果没有专门研究过西夏文字，也根本无法识读。日本文字是借用部分汉字，并通过增加平假名、片假名的方式形成文字体系。其他借源汉字所形成的文字体系莫不如此。

汉字用来记录布依语，也作了相应的改造。大致说来，布依族对汉字的"借"，包含了以下几种方式。

1. 借音。通过这种方式借用的文字符号最多。其特点是所借汉字的读音（贵州当地汉语实际读音）与用来代表的布依语词的读音相同或相近。所谓相同，是指被借汉字的读音与它用来表示的布依语词相同或基本相同，例如用汉字"拜"来表示布依语的"去"[pai¹]，用"姑"或"古"来表示布依语的"我"[ku¹]，用"然"来表示布依语的"家"[ra:n²]，用"八"来表示布依语的"妻"[pa²]等。读音相近是指被借汉字的读音与它用来表示的布依语词的读音近似，如用"门"（meŋ²）来表示布依语的"你"，用"议"（ȵie¹）来表示布依语的"听"，用"鲁"（du⁴）来表示布依语的"古时"等。由于汉语与布依语音位系统不同，布依语有 8 个声调，并保留了完整的塞音韵尾和鼻音韵尾，布依语的声母中的浊塞音 [ʔd]、[ʔb] 以及唇化音、鼻化音等，汉语北方方言西南官话中都没有，因此借汉字读音作音符不可能准确记录布依语，因此绝大多数只能记录近似音。无论是借同音还是借近音，所借汉字与其所代表的布依语在含义上毫无关系。汉字，在这里成了一种纯粹的音符。当然这种"音"是汉语语音（音节），与拉丁字母、斯拉夫字母等音符有本质不同。

2. 借形义。这类汉字的特点是：其词义与其所表示的布依语词义相同，但读音则不相同。如"兒"被用来表示布依语"儿"这个词，但布依语读音为 [lɯK⁸]；"嫁"被用来表示布依的"出嫁"，但布依语读音为 [ha⁵] 或 [ɣa⁵]。用来表示布依语词在音、义上如果与汉字基本相同的，多为汉语借词。如"内"读为 [daɯ¹] 或 [dai¹]，表示"里面"；"早"读为 [tɕau⁴]，表示"早"；"匠"读为"[tɕa:ŋ⁶]表示"匠人、师傅"等。这类字符所占比例较少。

3. 借偏旁部首重构。这类字的主要表现为：利用汉字的偏旁部首或将汉字作为偏旁部首，根据汉字"六书"造字法重新组构成文字。形声字最多，其次为会意字。形声字由声符和义符组成，其特点是：

声符借汉字的音表示该字的布依语词读音，义符则借汉字的意表示该
字的布依语含义。例如：

布依字（形声字）	读音	含义	形旁	声旁
酳	na²	田	田	那
膬	no⁶	肉	肉	奴
汏	ta⁶	河	氵	大
莕	ɣa:u⁴，hau⁴	米，粮	米	好
请	ka:ŋ³	讲	讠	康

会意字是用两个或两个以上的汉字组构成新的文字符号，其相加
起来的汉字字义即是新构成的布依字字义，读音与原汉字没有联系。
例如：

布依字（会意字）	读 音	含 义
犿	θuai⁴	左
祮	kua²	右
香	ŋɔn²	天、日
肴	dian¹	月
晥	ɣɔm²	傍晚、黄昏

上述这些介绍和分析，很清楚地表明，当汉字不是用来记录汉语，
被作为一个符号用来记录布依语言时，它就不再是汉字，而是布依字了。

● 布依族古文字的"发现" ●

2010 年 8 月 20 日的《贵州日报》，刊登一条题为《布依族古文字"被发现"》的消息，文中这样描述布依族古文字"被发现"的情形：

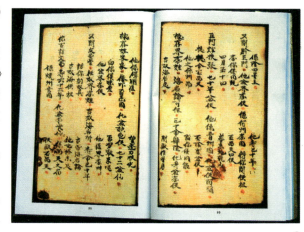

随着荔波县十部布依族古籍申报《国家珍贵古籍名录》成功，布依族古文字被发现，并被国家文化部专家认定为中国具

荔波布依族古文字典籍《前皇盘古》

有自己民族文字的 18 个少数民族之一。

报道中所讲的布依族古文字，是布依族中流行的一种方块字体系。用了"发现"两字，给人的印象，好像过去根本不知道，现在才被发现了。

其实，这是新闻报道为了吸眼球而使用的一种"伎俩"。要说"发现"，早就"发现"了，绝不是现在。

布依族与壮族有紧密的渊源关系，方块布依字与古壮字属同一类型古文字。红水河沿岸与贵州布依族毗邻地区，壮族自称与布依族相同，这一地区也是古壮字布洛陀经书（与布依族摩经属同一类文献）流行较为集中的地区，而清雍正五年（1727 年）拨粤归黔之前，红水河北岸的布依族聚居地册亨、安龙、罗甸、贞丰等都属广西泗城府。《壮族通史》根据一些唐代碑刻出现古壮字的情况判断，至迟自唐代开始，就已经出现古壮字了。

到了南宋，范成大似乎是第一个发现了古壮字的使用情况，并在其所著《桂海虞衡志》中进行了介绍。后来的周去非在《岭外代答》中也有关于古壮字使用情况的记载。从这些情况来看，古壮字、古布依字出现于唐代，广泛使用于宋代，应该是没有问题的。这与侯绍庄

长顺傅家院岩画　　　　　　　册亨石崖古文字

先生根据布依族摩经有关历史地理内容，结合我国历史发展情况对布依族摩经形成时间为唐宋的推断吻合。贵州布依族使用的方块布依字，是 20 世纪 40 年代才开始"发现"的。

　　1942 年，大夏大学陈国钧先生对安顺一带布依族宗教信仰开展了调查，就发现布依族家中"常将术语咒诀等用汉字注音，录成经典，转相传授"。这里所说的"经典"，即摩教经典，简称摩经。而所谓"汉字"，就是布依族中借汉字作为音符记录布依族摩经的方块字符号。20 世纪 50 年代开始，民族文化工作者开展少数民族社会历史调查和民族文化调查过程中，就在布依族地区陆续发现和搜集了很多这类古文字资料。因此，从事布依族历史文化研究的学者主要关注这类文字。人类为突破有声语言的局限，都曾采取结绳记事、图画记事等手段。随着历史的发展，逐渐使用一些符号来记事。当符号的形体与某种意义和语音形成固定的结合，就成了文字。但并不是每一个民族在这个过程中所使用的符号都能自然发育成文字。在民族之间发生交流过程中，一些相对成熟的文字符号被各群体竞相借用，本群体文字发展进程便自然终止。

　　那么，布依族在借用楷化后的汉字前，文字的状况是怎样的呢？

　　在布依族地区，目前发现了多处岩壁画，在一些地区还发现类似文字的符号，如比较典型的是关岭的红岩碑。碑上的图画和符号的含义，目前还没有定论。黄义仁先生在其《布依族史》中，认为红岩碑文字为布依族古文字，并进行了解读，但因布依族中目前还没有发现与红岩碑文字相同的文字符号，因此，还需继续考证。

　　贵州人民出版社1984年出版的《布依族简史》中，曾收录了一幅《白摩书》抄本图片，图中文字与以往人们看到的方块布依古文字明显不同，但是一直没有研究成果问世。由于与水书相似，有人认为是水书。但贵州省博物馆的文物登记明确载明，这是1958年文物工作者梅世纯从当时的毕节地区赫章县营水公社布依族村民家中征集到的。

　　这种与楷化方块字明显不同的文字应该是一种更为古老的文字。但长期以来仅仅从《布依族简史》插图中约略了解这种文字的轮廓，《白摩书》详细的情况以及这类文字分布的情况，一直无从得知。20世纪80年代中期到90年代，笔者因开展布依族摩教与摩文化研究，搜集到威宁新发一带布依族古文字，发现其字形虽然是方块形，但与汉字形体重合者仅占小部分。而其中一些字符的形体，则与《白摩书》相同或相似（见右上图）。

　　20世纪90年代，王仲坤先生在安龙县龙广一带发现94个古文字字符，是布依族宗教职业者布摩用来作为占卜用的。与《白摩书》相比，文字数量少多了（见右下图）。

　　在黔南，根据韦章柄、韦光荣、赵丽明等对都匀交龙寨布依族吴姓的调查（见《水族近代史故地考——都柳江源头水族文化初探》），该寨吴元昌家中有被称为"水书"的古籍，据说是吴元昌曾祖太公自己用过的

目中师
（母中首）

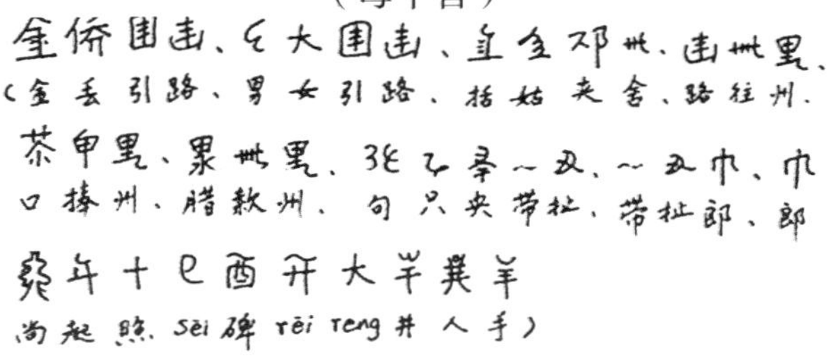

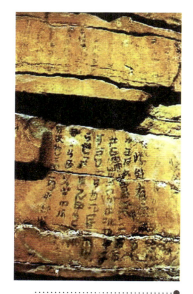

普定反字岩文字

黄义仁先生对红岩碑的解读

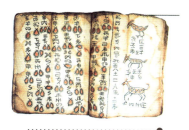

《布依族简史》收录的
《白摩书》原图

书。如果按 25 年一代算，应该在 100 年以前。另据韦章柄先生透露，贵州独山县的麻万镇、水岩乡皆为布依族，但就有一些地理师用的工具书却是"水书"。民国 14 年（1925 年）编纂的《都匀县志·卷五·民俗卷》记载了 97 个古文字与安龙县龙广镇纳桃村发现的（除"甲""庚""寅"三字写法略有差别外）基本相同。

根据内容分析，此类文字记录的主要是选择吉祥时间、吉祥方位等方面的内容，因此，笔者称之为"布依族传统择吉书"，用来书写的文字相应也就属于"布依族传统择吉书古文字"。

其实，最早发现择吉书古文字是在云南。20 世纪 40 年代，云南丽江择吉书古文字就被外国传教士发现，并将部分资料带出境外。其中有的被带到美国，原件现存于美国哈佛大学博物馆。2010 年，云南民族大学中国西南民族特色文献研究中心罗祖虞教授主持国家社科基金项目"布依族象形文字古越书价值及其资源抢救、建设与开发利用"调查研究过程中，研究中心张纯德教授将他所收集到的这份临摹件的复印件贡献给课题组，经鉴定，与一些地区布依族择吉书古文字属于同一类型。

自 2001 年起，笔者在贵州境内和云南东川、巧家等县市开展了调查，陆续发现了与《白摩书》相类似的布依族古文字类型。这是布依族历史上更为古老的文字类型，而文本则是比摩经更为古老的文献。这类古文字与同属骆越后裔的水族中的水书是同一类型文字，而近年在广西平果县发掘的感桑石刻文字中发现其文字构形特点与布依族传统择吉书字与水书相同，并有若干相同的文字符号，由此，笔者认为，《白摩书》一类传统择吉书是布依族先民的古老巫书，书中使用的文字是古骆越文字的遗存。这类古文字主要用于记录选择吉日、吉祥方位等内容。因此笔者将《白摩书》类文献的文字称之为"布依族传统择吉书古文字"。

根据初步比较分析，布依族此类古文字是由部分古汉字、象形字、未识读字符和抽象符号构成的文字体系。

从内容看，无论贵州还是云南，这些典籍大多用于择吉，即选择出行、建造、婚丧礼仪、驱魔纳祥的吉日良辰以及阴阳宅基和朝向、出行办事的吉祥宜忌方位等。由于都是用于择吉，因此这套文字中天干地支、数字和五行等方面的字符反复出现。经对比，这类古文字在布依族各地虽然不尽相同，但也有一些相同的特点。

第一，这类典籍使用的文字除抽象字符外，还有部分图画文字和象形文字。如 （鸟）、 （鱼）、 （虫）、 （兽）、 （人）等。

第二，部分字符与早期汉字（秦统一前的汉字，即"古文字"）甲骨文、金文写法有共同特点，如在同一典籍文献中，同一个字笔画数可多可少，可正写、可反写或横着写。如在赫章《白摩书》中，"五"可写成"五"，也可写成"㐅"；"丑"可写成"丑"，也可写成"丑"；"吉"有"古"、"吉"、"吉"、"吉"、"吉"、"吉"等写法。

第三，择吉的时间模式有共通性，比如多以正、四、七、十；二、五、八、十一；三、六、九、十二月作为对某个宜、忌日子的月份组。

第四，各地择吉书中都有诸多目前还无法识读字符。如" "、" "、" "、" "、" "等。

从这些共同特点来看，布依族传统择吉书古文字产生年代比较古远，处于形成中却又未完全定形的阶段。

● 布依族古文字的使用范围 ●

　　2009年，笔者到贞丰岩鱼村调查时，发现当地几位从行政机关或事业单位退休回老家的老同志用方块布依字来记录布依族民歌，编创布依语歌词。近年来，文化工作者在望谟布依族中搜集到一本用方块布依字书写的长篇叙事长诗《王玉莲》。而在册亨、安龙和兴义巴结一带流行布依戏的地区，也有艺人用方块布依字记录布依戏剧本。

　　但总的看，布依族古文字，无论是哪一种类型，都主要用于宗教，各地发现的各类型布依族古文字典籍文献主要是卷帙浩繁的宗教典籍，就充分说明了这一点。一定程度上，可以说布依族古文字是一种宗教文字。

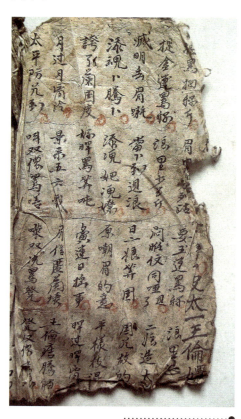

《王玉莲》抄本

　　古文字与宗教密切相关，这是古今中外很多民族都存在的现象。甲骨文是记录占卜的，纳西族的东巴文字、彝族的尔苏沙巴文字等，都是用于占卜或择吉的。古文字用于宗教，与宗教历史上曾在社会生活中占据重要地位有关。

　　布依族古文字运用于宗教，形成了三类古籍文献。

　　最古老的一类当属传统择吉书。择吉书内容是有关选择吉祥时间和方位的，有占卜、预测的性质，巫的色彩很浓。而这类文字流行的壮、布依和水族都是古骆越人的后裔。古越人有"好巫"的习俗。《吴越春秋》《太平御览》《史记》《越绝书》《魏书》等汉文古籍中均有记载。比如《太平御览》就说："吴越之境……好巫鬼，重淫祀。"《史记》也说秦汉各地越人"俗鬼""祠天神上帝百鬼"。虽然汉文古籍文献没有关于古越人使用何种文字的宗教典籍的记载，但壮族、布依族和水族中发现同一类型古文字宗教典籍，无疑是对古越人时期共同宗教文化的传承。

云南东川、巧家等地布依族流行的传统择吉书，其执掌者被称为"卡师"。"师"是汉语词，指"师傅"，是对从事择吉这一行当（相当于汉族的阴阳先生）的成年男性的尊称。"卡"在布依族摩教中，是"布摩"的别称，也写为"呷"[ka：p⁷]。直到今天，在册亨、望谟、罗甸等地，仍把布摩简称为"呷"。

《王玉莲》抄本封面

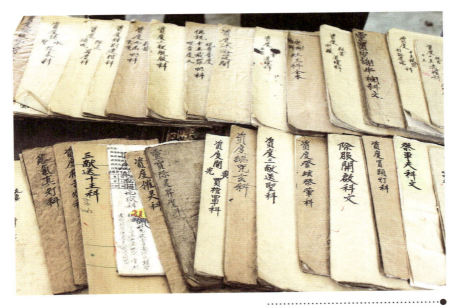

布依族摩经抄本影印件

布依族摩经中常将"摩陆呷"与"报陆陀"对举，比如凡人们遇到什么不顺利的事情，就"去请教报陆陀，去问摩陆呷"。贞丰一带布摩在举行宗教仪式活动前，要先举行一个"安师"仪式，即把摩教历代祖师"请"到现场，保佑布摩和事主家在仪式活动中平安无事。"请师"祷词所"请"神灵就包括了"报陆陀"和"摩陆呷"。

大约从唐宋开始，布依族中一些掌握了汉字的布摩开始借楷化后的汉字作为记音符号，用来记录摩经。这个判断是已故侯绍庄先生根据布依族摩经中出现的"罗殿国""矩州""广南西路"等历史地名概念作出的。这与广西发现的古壮字碑刻时间吻合。

所谓摩经，是"摩教经典"的简称。摩教是布依族的传统宗教，是一种处于自然宗教与人为宗教过渡阶段的宗教形态，既具有自然宗教的诸多因素，又具有人为宗教的鲜明特征，可以说是一种准人为宗教。之所以被认定为是一种准人为宗教，除了有教祖、教义等要素外，还有一个重要标志就是有系统的经典。摩经经卷的名称与其相应的仪式有关，但形式上是以文学的形式呈现的。摩经的体裁是诗歌体，以五言为主，也有部分七言和杂言体。包括了神话、传说、故事、祷词、歌谣等文学类型。由于摩经具有相对稳定性，因此积淀了各个历史时代的珍贵资料，是一个十分庞杂的文献系统，对研究布依族历史文化具有重要价值。

摩经经历了很长的口耳相传历史，虽然从唐代开始有人开始借汉字作为音符记录摩经，使摩经开始以纸质文本的形式呈现，但很多布摩由于没有掌握汉字，长期依赖记忆，一直靠口耳相传。2013年8月中旬，笔者到长顺一些地区开展摩经调查，发现鼓羊、敦操等地布摩除了少部分经文用方块布依古文字记录外，多数经文仍装在布摩心里，靠口耳相传的形式传承。不过，从总的情况看，随着汉文化教育在布依族中的推行和普及，懂汉语识汉字的布依族布摩越来越多，用方块布依古文字记录经文的情况也越来越普遍。

布依族摩经到底有多少部（卷）？至少到目前谁也不清楚。已内部或公开出版的各地摩经数量多寡不一。如《古谢经》（贵州民族出版社1992年版）收录的经文共8卷，中国民间文艺研究会贵州分会编印的《民间文学资料》65集中花溪把火寨摩经共12卷，《民间文学资料》64集中贞丰者相一带《丧葬歌》共5卷。1986年7月至10月，笔者为撰写硕士学位论文，到贵州省荔波、平塘、望谟、罗甸、册亨、贞丰以及云南省罗平等地进行了三个多月的实地调查，搜集了大量有关摩教特别是丧葬仪式的资料，重点记录了贞丰、望谟等地的《殡亡经》。

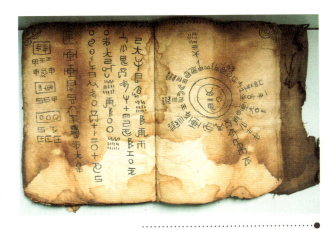

布依族择吉书抄本影印件

各地经文的卷数也是不同的，有的相差甚至较大。例如，罗甸的《殡亡经》有《转粑槽经》等7卷，望谟的《殡亡经》有《绕棺经》等4卷，云南省罗平县多衣村的《殡亡经》有《梳头经》等11卷，贞丰县北盘江镇岜浩村的《殡亡经》最多，计15卷。

傩书主要流行于贵州荔波县一带。布依族的傩其实也属于摩文化的范畴，比如相信花婆送子，相信通过举行"做桥"仪式就能得子，都是各地布依族的共同信仰。但荔波一带布依族在举行求子仪式时，表演的特征更浓（需戴面具表演，部分表演娱人成分更重）。因此，傩书实际上也属于摩经。但由于荔波傩仪式活动规模比较大，经文多，为了与主要用于丧葬和其他仪式的经文区别，这里按照约定俗成的说法，称为傩书。

荔波一带的傩书包括了祧祭（或称做桥）仪式和其他祭祀仪式所用经文以及择吉、占卜类的书，祧祭仪式用的经书主要有《开坛歌》《请神歌》《唱诸神》《献茶献酒歌》《送花歌》《古老歌》《十二花王歌》《撒坛歌》《古摩古改歌》等，其他祭祀仪式和择吉、占卜类用书则有《献酒备用》《解书神庙》《接魂大全》《关煞向书注解》《掌诀》《修桥补路》等。

布依族古文字典籍文献摩经、傩书、择吉书卷帙浩繁，是布依族的"百科全书"似的珍贵文献，具有多方面的价值。

首先，具有宗教研究价值。布依族古文字典籍文献主要为宗教方面的内容,这为研究布依族的宗教提供了丰富资料。过去人们都认为(直到现在也还有人这么认为)布依族信仰多神,属自然宗教。但布依族古文字典籍文献表明,布依族宗教信仰虽然有着浓厚的自然宗教色彩,但已具有准人为宗教性质和特征。自然宗教的"经"都是比较简单的。布依族摩经数量多,又系统,而且各地经文大同小异,确实是令人惊奇。这本身就是一个奇特的文化现象,值得民族学、人类学和宗教学者认真地去加以研究。而摩经中反映出的有关布依族摩教的一系列观念、教义、鬼神系统、对彼岸世界的描绘等等,更是研究布依族宗教的珍贵资料。根据摩经、摩教礼仪和布摩的信仰等各方面,可以充分认识到布依族摩教虽包含有诸多自然宗教的因素和成分,但它已发展到准人为宗教的阶段,是一种以原始宗教为基本材料的、由多神教向一神教过渡的宗教形态。再如,图腾崇拜作为一种较早产生的信仰崇拜形式,在布依族现实生活中早已消失,但我们却可以从经文《安王与祖王》中找到布依族先民信仰鱼(龙)图腾的痕迹。

其次,布依族古文字典籍文献是研究布依族历史文化乃至古骆越和中国西南民族历史文化的重要资料。摩经汇集了从原始社会到封建

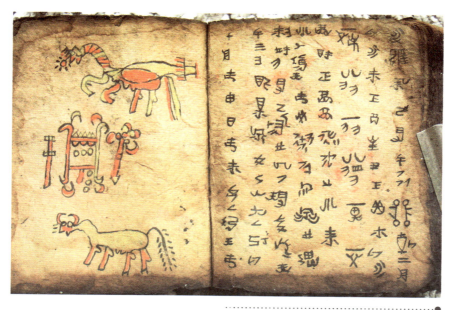

布依族择吉书抄本影印件

社会时期的社会生活资料，虽然没有标明具体的时间，但结合民族学、民俗学、出土文物、汉文文献等资料，可以将摩经中的历史文化"碎片"还原，让人们得以了解布依族古代社会生活的基本面貌。比如，生产方面，采集、渔猎、农耕、手工业等有着充分的反映。对农耕的记述中，可看到布依族悠久的农耕历史。社会方面，摩经反映了古代布依族社会以王为最高统治者，以"光"[kua：ŋ¹]、"囊"[na：ŋ²]为社会上层，以普通百姓为基层，以"外"[woi⁵]为最下层的社会分层情况。《安王与祖王》反映了布依族母系氏族社会向父系氏族社会过渡阶段的历史文化面貌以及奴隶制的一些痕迹，并反映了父系国家王位长子继承制，《射日·洪水》曲折反映了下层劳动人民反抗上层统治者的斗争。居住方面，摩经记述了布依族民居的发展演变情况：先民从穴居野处到发明简陋房屋，后来发展到木结构房屋。纺织和服饰方面，摩经反映了从粗陋到精细的编织发展演变情况，反映了布依族古老服饰为裙装。婚姻方面，可以了解到布依族曾经历了对偶婚阶段，了解到布依族古老的婚姻礼俗。布依族传统择吉书古文字与水书、广西平果县发掘的感桑石刻文字明显属于同一种文字类型，应是古骆越文字的遗存。

其三，布依族古文字典籍文献具有重要的文学艺术价值。摩经、傩书是韵文体，很多作品或段落无论从押韵还是艺术性来衡量，都是堪称典范的布依族诗歌。从文学类型学来看，从摩经、傩书中可以区分出若干文学类型，如古史歌、神话传说、故事、叙事长诗、情歌、猜歌（谜语歌）等。一些长篇叙事作品，如著名的古史歌《安王与祖王》以及爱情叙事诗《范龙》等，都具有曲折的故事情节和栩栩如生的人物描写。抒情性作品感情真挚，表达婉转，风格清新，有着强烈的艺术感染力。摩经、傩书中的文学作为一种特殊类型的文学，介乎世俗文学和宗教文学、民间文学和作家文学的文学类型，不仅对研究布依族文学，而且对研究整个少数民族文学和宗教艺术，都具有重要价值。

其四，布依族古文字典籍文献对研究布依族哲学、伦理道德观念等也具有重要价值。例如，摩经对宇宙万物产生和发展演变的解释，就反映了布依族先民的一种哲学思想，虽然有很大的唯心成分，但也闪耀着朴素唯物主义和朴素进化发展观的光芒。伦理道德方面，布依族社会中尊老爱幼、孝敬父母长辈、团结互助、邻里相帮、诚实、善

布依族择吉书抄本影印件

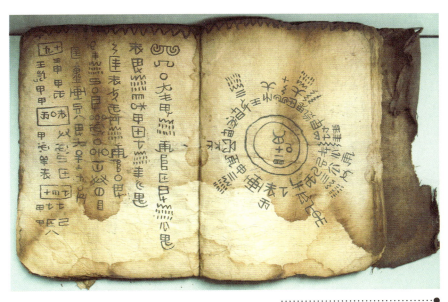

布依族择吉书抄本影印件

良以及不偷、不抢、不赌等伦理道德规范，在摩经中都有充分的体现。

　　此外，布依族古文字典籍文献对研究布依族与其他民族的关系以及文化交流情况也具有重要价值。从摩经中具有的汉（儒家）文化、道教文化、佛教文化等可以看出布依族文化是一个开放系统，布依民族是一个善于吸收其他民族文化养分的民族。

YIDAOZUOWEIZHUDE
以稻作为主的

CHUANTONGSHENGYE
传统生业

　　20世纪50年代中后期以前，布依族地区曾经是森林茂密，自然生态良好的美好家园。据老辈人讲，过去，到处有野兽出没，各种飞禽在林间栖息，各种山珍、野果、野菜，取之不尽。林间的朽木，足够人们炊事和冬天取暖之用。而这一切到了1958年大炼钢铁后发生了彻底改变。笔者出生于20世纪50年代中期，自记事起，印象最深的就是村寨周围山上到处是被砍伐后留下的树桩，当地称为"圪蔸"。每年秋末入冬季节，天气转凉，山上到处是挖"圪蔸"的人。那个年代，冬天你无论走到哪一家，都会看到烧着一炉旺旺的"圪蔸火"。虽然烟气熏人，却十分暖和。这种情形一直延续到20世纪70年代末，随着"圪蔸"逐渐挖尽，人们不得已用煤作为燃料，才慢慢停歇。可以想见，大炼钢铁对森林的破坏程度有多深。

　　曾经的良好自然生态，为人们提供了无尽的资源。形成了布依族千百年来以稻作农耕为主，以采集、渔猎、养殖和手工业为补充的传统生计模式。

● 稻作农耕：传统生业的主角 ●

　　翻开布依族分布地区的地图，你会发现含"纳"的地名很多。一般人可能不会在意这"纳"到底有没有什么特别的含义。其实，地名中这"纳"字对认识和理解布依族经济文化类型重要着呢。

　　经济文化类型是苏联学者提出来的一个概念，指的是"处于大致相同的社会经济发展水平和生活在相似的自然地理条件之下的各族人民，在历史上形成的经济文化相互联系的特点的综合体"。我国学者林耀华等将经济文化类型的定义为："指居住在相似的生态环境之下，并有相同生计方式的各民族在历史上形成的具有共同经济和文化特点的综合体。"林耀华等学者用"生态环境"概念取代"自然地理条件"，并用"生计方式"概

布依族的"纳"文化

　　"纳"[na²]，在布依语中，是"田"的意思，布依方块古文字写作"畓"。以"纳"为词头的地名在布依族地区比比皆是，反映了布依族悠久的稻作农耕历史。以"纳"为核心形成了信仰、制度等一系列文化事象。比如田要区分为"纳加"[na²ɕa²]"纳乜"[na²me⁶]（即"秧田"、"白田"）"纳谢"[na²ɕe⁶]（泡冬田），需要采取不同的耕作方式和田间管理办法，反映了布依族的稻田耕作制度。历史上曾经实行的"纳印"[na²ʔjin⁵]（掌印人的田）"纳粮"[na2lian2]（缴纳皇粮的田）"纳夫"[na2fu1]（夫差田）等，反映了亭目领主制度下各社会阶层的经济地位。"纳老"[na²la:u⁴]（养老田）、纳老例[na²lau⁴li⁶]（也译"姑娘田"专用于姑娘置办嫁妆、各项费用的田）等，反映了布依族在老年赡养、善侍女儿方面的经济社会制度。六月六，布依族要在田边祭祀"田神"，叫"多档纳"[to⁵ta:ŋ⁶na²]，则反映了布依族的原始信仰与自然崇拜。

黔南布依族苗族自治州惠水大坝

贞丰布依族村寨"八卦田"

念来取代"社会经济发展水平"。这个改动非常好,既比较容易理解,又能包含"自然地理条件""社会经济发展水平"这样一些概念的含义。

布依族的生活方式,从大的方面来说,属于农耕,而稍微细一点的划分,则属于稻作农耕。

"纳"在布依语和壮语中,意思是"田"。有学者从语言学的角度,考察了含"纳"(或"那")字地名的分布特点,发现与"稻"词古音同言线以及"田"词古音同言线大致重合。而这些区域至今仍是百越后裔诸民族分布地。从中华人民共和国成立后考古工作者在古百越分布地发现新石器时代的稻谷遗存,百越后裔诸民族至今仍以种植水稻为主业的情况看,这个是能成立的。布依族作为百越中骆越的后裔,与百越后裔各族具有相同的生计方式。地名中的"纳"(田)就是布依族稻作农耕生计方式的重要标志。

布依族也耕作旱地,但总体上,稻田在布依族耕地面积中所占比例较大。虽然没有确切的统计数据,但像贵阳市的花溪区、白云区、乌当区及惠水、清镇、平坝、西秀区(安顺市)、兴仁、兴义、都匀、平塘、独山等县(区、市),稻田均占耕地总面积应在80%以上,一些村寨甚至占95%以上。其他地区的布依族中,稻田所占比例也在60%以上,只有极少数地方稻田少于旱地。

布依族种植的稻谷种类也较多,主要有籼稻、糯稻两大类,共数十个品种。

在长期的生产实践中,布依族形成了一系列的农业生产习俗。诸如犁、耙、选种、泡种、播种、开秧门、移栽、薅秧、田间管理、收割、翻犁板田、泡冬田等。每一道生产工序都遵循一定的习俗惯制,包括生产的方法和有关信仰。例如犁,布依族大年前犁完板田和泡冬田,将犁具洗净收藏,开春后重新动用必须举行"开犁"仪式。一般于立春过后,选一辰日,扛起犁头,吆喝上牛,到田里驾上,犁上几铧即可。而吉日开犁,据说该年定会风调雨顺,粮食丰收。

生产中的信仰习俗是在布依族先民认识能力和生产力水平都很低的条件下形成的,它只能满足人们的良好愿望和要求。布依族在生产实践中逐步认识到,要获取粮食的丰收,还得在生产中做到精耕细作。

布依族在稻谷耕作过程中,对几个环节非常重视。

第一个环节是选种。秋收前,到田中(通常是稻谷长势最好的田中）摘取籽粒饱满的谷穗，连同穗茎一起捆成把，晾晒于阴凉干燥处，待来年作谷种用。春天，播种前，将上年秋天选出的谷种再选一次。先在水缸中掺入一定比例的黄泥，搅匀，再将谷种倒入泥中搅拌。由于浮力增大，秕壳和籽粒不饱满者浮于水面，籽粒饱满者下沉。舀出秕壳和籽粒不饱满者，其余留在水中浸泡。一天后舀出谷种滤干，让其发芽，就可以播撒于水田中了。籽肥才能苗壮，苗壮才能穗长粒大，从而才能丰收，可以说，选种是水稻耕作中关键的一环。

第二个环节是犁和耙。犁、耙讲究精犁细耙，布依族中有"三犁三耙"之说。"三犁"有两层意思，一是指秋收后犁泡冬田、板田；春天翻犁；播种或栽插前再翻犁一次。二是指播种或栽插前的"犁"一般要进行三道。"三耙"指播种或栽插前配合"三犁"，要耙田三道，即每犁一道，就耕一道，使土块完全被碾碎碾细成为泥浆。播种或栽插前的"三犁"特别讲究，一是不能漏沟，即必须犁沟挨犁沟一点不间隔地翻犁，不能漏掉。二是三道犁的深浅须适度。一般是第一道较深，第二道稍浅，第三道更浅，这样既便于根须的生长，也利于秧苗插下去后立得住。因为若三道都深耕，耙成泥浆后秧苗易漂浮。

第三个环节是薅秧。秧苗栽插一段时间后返青，就要开始薅秧。薅秧也就是中耕，主要目的是去除杂草、松土，有利于秧苗生长。到禾苗抽穗前为止，一般进行二至三次。薅秧时，用木钉耙或脚翻松泥土，并用手将田中或田埂边的杂草扯掉。

第四个环节是田间管理。主要保证按时按要求灌水或排水，防治病虫害。灌水和排水，一般刚播种或栽插的田里水要浅，秧苗长青或栽插返青后水要深，到谷穗收浆后，要逐步排干田水。按照传统的耕作方式，秧田水可以不排，甚至有意识蓄水使其成为"泡冬田"。一个地区、一个村寨"泡冬田"的多少，成为人们判断该地区、村寨自然条件好坏的依据，"泡冬田"多的村寨成为布依人家嫁女的首选地。

长期的稻作生产实践中，布依族形成了生产中的性别分工模式。布依族谚语："打田不栽秧，布摩不抬丧。"布摩是布依族宗教祭司，在丧葬仪式活动中主持仪式，但不参加抬灵柩。谚语是说：正如布摩不参加抬灵柩，打田的人不参加插秧。打田、耙田一般是男人的事。男人不插秧，反过来，女人一般也不犁、耙田。不过近几十年来，随着男女平等的逐步实现，加上我国改革开放后男子大多外出打工，这一分工模式已被打破，不仅男人成了插秧能手，女人也能犁地、耙田了。

除了水稻，布依族还种植旱稻。此外，玉米、麦、高粱、小米、薯类、豆类等也是布依族中重要的旱地粮食作物，成为布依族的辅助性粮食。这些作物在生产习俗上，与邻近其他民族大体相同。

一年的辛苦操劳为的是有个好收成。所以布依族特别注重庄稼的收割、加工和收藏。

农历七月半过后，短暂的农闲结束，秋收大忙季节到来了。

旱地里的玉米最先成熟。过完七月半，人们把包谷搬回家，剥壳、晾晒后，将玉米地翻犁，种上荞、麦或油菜等小季作物。这时，稻田里的稻谷已是金灿灿一片，等待开镰了。

正如春耕需择吉日"开犁"，秋收也需择吉日"开镰"。"开镰"没有仪式。选择的吉日一般为"成日""满日"等。如果这天稻谷还未完全成熟不能收割，也要用镰刀割上几把，到完全成熟后再收割。

有的割下稻谷晒数日，有的边割，边脱粒。才把挞斗扛到田中，给稻谷脱粒，称"挞谷子"。挞谷时双手紧握一把稻草茎部，将稻穗反复猛击挞斗一侧，使谷穗上的谷粒因受撞击脱落。然后，捞掉稻草渣，

望谟布依族村寨旁的水车

将谷粒挑到晒场或干栏式楼房的晒台上摊晒。若遇雨天，需用火坑及时烘干，用风簸扬掉碎草和秕壳，即装入囤箩或粮仓之内。布依人家一般都备有囤箩或在楼上置有粮仓。多放置于楼上，若放在地面上，为防潮，需垫上木头或石头，使囤箩底部通风。

布依族的农业生产和粮食加工工具很多，分为汲水工具、耕作工具、装载工具和加工工具几类。

汲水工具有水车、龙骨车、抽水竹筒、水筒等。其中最有特色的莫过于水车。在南北盘江流域，你可看到这样的图景：山脚下，依山而建的一个个小村落，干栏建筑错落有致；远远望去，房屋在竹树及蕉林掩映下若隐若现，村边是一株株高大的木棉树、榕树，一蓬蓬竹林和蕉林；村前是一片长着青幽幽秧苗的稻田；稻田中间，一条小河穿过，向远处曲曲弯弯延伸，没入丛山之间；河边，一架架水车在转动着，轻轻地发出叽叽吱吱的声音，像是在吟唱着一支古老的歌谣，讲述着一个古老的故事传说⋯⋯

这可说是典型的布依族乡村图景。在这幅图景中，水车可谓点睛之笔，它充分体现了布依族水与稻这一农耕文化特点。

作为汲水工具，水车无疑是布依族先民的伟大创举，它巧妙地利用流水作为动力，将流水从低处提到高处。水车用木料和竹料穿斗绑扎而成。在河边立上支架，支架上安一大转轮，转轮上叶片可装水。转轮下边缘沉入水中，在流水冲力的作用下，叶轮转动，并将河水提到高处。转轮上边缘接木槽，转轮转至高处开始往下转时，叶片上的水自然倾倒木槽中，流到田里。

结构较复杂的汲水工具还有龙骨车。车身外壳为一长木槽，内为若干叶片连缀成的传水带，形似龙骨。木槽两头有转轴，传水带套在轴上。汲水时，将龙骨车的一端没入水中，另一端靠在河岸上或沟坎上，摇动摇把带动转轴，转动叶片，从而将低处的水提到高处。

抽水竹筒虽结构不复杂，但它

贞丰一带布依族使用的犁

贞丰一带布依族使用的手扶耙

包含空气压力等物理学原理，没有丰富的生产生活实践经验是难以创造出来的。抽水竹筒为大楠竹，先将楠竹筒中骨节处戳通铲平，再用一根长木棒，在一端裹上破布，塞入筒中。竹筒一端没入水中，当布塞从下端往上拔时，下部竹筒形成真空，水在空气压力作用下被压至竹筒上端，并随布塞的拔出而排除筒外。

戽水桶可用一般水桶代替。桶口对称的两边有桶耳，拴上绳子后，戽水时两人分站两边，松绳将桶抛入水中，舀上水后，两人又同时后倾绷紧桶绳，将桶提到岸上，并将水倾倒入田中或沟渠中。

布依族的耕作工具很多，主要有犁、耙、锄、刀、斧等。

犁的形制，各地大同小异。以牛牵引。既用于犁田也用于犁地。布依族使用犁的历史悠久，摩经《赎谷魂经》和《罕王经》就已有犁耕的记载，时间在父权制确立后的奴隶制社会初期。耙有踩耙、手扶耙、薅耙、钉耙几类。踩耙和手扶耙用于碾碎土块。踩耙为方框形，钉铁齿。手扶耙有扶手，钉木齿。均用牛牵引。与犁不同，耙主要用于碾碎稻田土块。耙时，踩耙需人站于耙上，手扶耙则用双手扶耙，并往下用力压，以加大重量和平衡。钉耙与薅耙形状相似，但钉耙为铁齿木把，主要用于掏挖圈肥；薅耙为木齿木把，用来做水田的中耕（薅秧）工具。

布依族使用的生产工具、装载工具、粮食加工工具很多。前面只是介绍了其中最主要的几种，细数起来，计有锄、镰刀、柴刀、畚箕、箩筐、桶、篮、筅、麻袋、布袋、水碾、水磨、石碓、砻、磨等，与其他民族此类工具大同小异，就不一一赘述了。

● 采集与狩猎：远古经济生活的遗响 ●

　　采集和狩猎是人类最早的两种基本经济生产方式。当人们在长期的采集过程中发现一些植物的果实掉落地上，第二年长出禾苗，并成长、结出果实，便有意识地进行栽培，逐渐掌握了一些作物生长规律，积累了栽培经验，形成了农业。而狩猎生产过程中，人们逐渐将一些动物进行驯养，逐渐形成了畜牧业。当农业和畜牧业成了人们主要的生计方式之后，采集、狩猎并未完全退出历史舞台，仍在一定范围内成为一种辅助性的生计方式。

　　布依族很早就已从采集、渔猎生计方式转入稻作农耕生计方式，但较优越的自然条件赐予了布依族无尽的资源，使采集和狩猎仍伴随着农耕历史走来，到了 20 世纪 70 年代仍存其流风遗韵。

　　采集，指采摘可以食用的野生植物的果实、根茎和叶子等。

　　布依族采集的野生食物主要有山毛桃、李子、梨、樱桃、枇杷、杏、葡萄、杨梅、草莓、核桃、八月瓜、芭蕉、竹笋、蕨苔、椿菜、芹菜、

脱玉米粒

布依族传统畜力榨糖机

折耳根、菌子、木耳等。下地耕作、播种，或者上山放牛、砍柴割草，顺便背个背篼，提个篮子，收工时总是有些收获，一天甚至几天的菜肴问题就解决了。

除冬季而外，每个季节都有可采集的东西。由于采集，有些地区除在玉米地里种些瓜豆外，其他蔬菜的品种很少。直到 20 世纪 80 年代中期，很多地区布依族仍沿袭这种习惯，即使少数人家种植蔬菜，也常遭无人管束的猪牛践踏。随着森林覆盖率的急剧下降，采集的自然条件远不如从前，加上市场经济的发展，布依族地区已开始广种蔬菜，亚热带气候地区，如罗甸、望谟、册亨、关岭等地还建立了早熟蔬菜基地，取得了良好的经济效益。

狩猎，直到 20 世纪 70 年代，仍是布依族男子农闲时一项重要的生产活动。除了作为食品的有益补充，狩猎对布依族来说，还有更丰富的意义。

在黔西南，狩猎活动称"来波"或"来凡"，"来"，意思是"追""撵"，"波"意思是"山""坡"，"凡"，意思是"黄麂"，因此，"来波"或"来凡"意思就是"追坡""撵山"或"追黄麂""撵黄麂"。狩猎活动一年四季均可进行，但一般选在冬天、春初、夏末、秋初，特别是传统节日"三月三""四月八""六月六""七月半"等农事活动稍有空闲的时候。而雨后天晴则是理想的狩猎日子，因为这时容易发现兽类足印。

当有人发现野兽足迹或得知野兽危害农作物的消息时，寨上的青壮年便互相联络，聚集在一起，拿起火枪、弓箭或刀、斧等武器，带上猎狗，由懂得"理脚印"的人，带着猎手们顺着野兽足迹搜索前进。猎狗嗅到野兽新鲜足迹的气味后，便会发出"汪汪"的狂叫声。理脚印的人发现野兽新鲜足印，则用小竹竿或芦苇秆做成的哨子吹起信号。这时，猎手们分别守好各路口关隘，作好各种准备，一旦猎物出现，便瞄准、扣动扳机、射击。野兽进入谁把守的关，距射程最近的人即开枪或射箭。若第一关未射中，下一关的人继续射击，一直到击毙野兽为止。

在黔南平塘县上莫乡一带，狩猎者根据地域组合成实力不同的群体，各群体有特定的狩猎对象。他们分别是"上硐煤山"猎人、"中硐煤山"猎人和"下硐煤山"猎人。"上硐煤山"猎人专猎虎、豹等凶猛动物；"中硐煤山"猎人专猎野猪、野牛等中等动物；"下硐煤山"猎人则专猎捕山羊、野兔、野鸡等较小的动物。每种猎人群体均形成了一套特殊的民俗事象。

"上硐煤山"猎人使用毒箭和弓弩，不用猎狗，也不需猎枪。猎人都单独行动，不带帮手。整个捕猎过程分为"查访""架弓""念团山经"等几个阶段。第一阶段是查访野兽藏身之地，查出后，猎人需先向该地寨老交涉，获准后方可进行捕猎。准备阶段，猎人先在方圆五里之外的四周插上木牌，告之过路人注意安全。七天后猎人才进山。当经验丰富的猎手身背弓弩和毒箭进山，准确地判断野兽常走的路径后，即在路旁草丛约1米处架设弓弩等待猎物。弩机用细麻线拴住从路中穿过，当野兽路过绊着麻绳带动弩机，毒箭自动射出，击中野兽。架完弓弩，猎人即念诵一种捕猎虎、豹的"团山经"（咒语）。"团山经"分"请进经"和"放出经"。先念"请

水碾

进经"，捕获野兽后再念"放出经"。据说猎人念"团山经"后引起虎豹的痛恨，为防虎豹报复袭击，夜里猎人居住的人家需加倍提防。被念过"团山经"的虎豹都是边走边叫，当叫声突然停止，说明其已被毒箭射中。虎豹都在太阳落山后才出来走动，所以天亮后需撤掉弓弩，以免误伤人畜。猎获的老虎不能抬进家中，需在院里摆酒、米、饭等祭山神，才能剥老虎皮。念"放山经"的意思是放掉虎豹。虽同一地方还有多只虎豹，也不能再捕猎第二只，必须换到新的地方，重新念诵"团山经"，才能进行第二次捕猎。

"中硐煤山"猎人不用弓弩，只用火枪和猎狗。猎人结伴行动，推技术好者为首领负责指挥。上山打猎需选择吉日。吉日天未亮，就起床吃饭。饭前在家中火塘边点三炷香，烧化纸钱，念诵咒语。吃完饭，趁全寨人未起床即须出寨上山。上山后，往往在山上连住几天。在狩猎期间，若遇"流连"日和"空亡"日（凶日），猎人们即使发现野兽也不能开枪。

寻找到野兽踪迹后，猎手也不立即出击，而是坐下来先抽袋烟，养精蓄锐，之后才开始猎捕。如果被猎获的动物是野猪，只准放在院坝里，不能抬进家。烧开水脱掉猪毛后，先割下野猪头祭供山神，再将野猪肉抬进家。在"中硐煤山"猎人群体中，成为首领后要遵循一系列传统规约。他每年正月初一要杀一只公鸡祭祀山神，祈求山神在新的一年保佑能有更大收获。祭祀时不拔毛，只需用火将鸡毛烧出气味，山神即可领受。每次捕获到野猪后首领可分到野猪头。这个野猪头不能砍碎，要放在锅中将肉全部煮烂后用手扒出来，将整个头骨架挂在首领家屋檐下，挂的数量越多，显出他本领越大。猎手们相信，如果用刀切野猪头肉，下次打猎时，猎人和猎狗会受重伤。如果一个人从年轻时就开始打猎并担任了首领，到中年或老年时不想打猎了，要举行"交班"仪式，当着众徒弟的面宣布不再打猎，并在众徒弟中指定一人作为新的首领。从此，其他猎手在打猎时就不再约他了。

"下硐煤山"猎人专捕野鸡、水獭、兔子、野猫和雀鸟等小动物，一般人都可以做到，所以没有专门的猎户。使用的工具有"铁猫"（铁夹）、"冷套"（用棕绳编成的活套）等。"冷套"可用来捕获野鸡、野兔、山羊和豪猪等小动物。捕野鸡时，先在山上搭一小棚，棚口钉一小木桩，拴上"媒子"（长期驯养成的小野公鸡），再用"套杆"（用

"冷套"绑上的木杆）架在距媒子1米的空中。套杆另一端由猎人扒在棚内掌握。当媒子发出叫声，周围的野鸡听到后纷纷飞来与之斗架。当斗架正酣时，猎人突然放下套杆，即可将野鸡捕获。捕猎其他动物时，先在这些动物经常行走的路上挖一坑，坑口放上"踩板"，把"冷套"挂在路旁树上，再把树枝扯弯，让"冷套"附在踩板上，用细麻绳把"冷套"与踩板下的机关连接起来，盖上树叶和嫩土作掩护。当动物踏上踩板，触动机关，连接机关的细绳扯脱，树枝弹回原状，带动"冷套"将野兽套住，高高挂在树上。"铁猫"使用方法简单：在动物常出没的路上挖坑，安上铁猫，用树叶和泥土掩护，当动物踏在铁猫上，触动机关，腿即被夹住。

在黔西南贞丰一带，还有一种狩猎工具——网套（类似"冷套"）。这种网套用棕绳编织而成。使用时将网套纲绳拴在野兽常出没的路边树上，狩猎者发现猎物后迅速形成包围圈，发出吼声将野兽赶往网套处，惊慌的野兽一头闯进网套，纲绳收紧将其套在网中。

布依族有"隔山打猎，见者有份"的原始分配方式。凡参加狩猎活动的人，均可分到一份兽肉。即使途经狩猎地发出一声吆喝，也算参加了狩猎活动。除猎人头领、"理脚印"有功者和亲手击毙野兽的猎手可得到兽头兽皮或双份外，其余的人全部平均分配。所以如果你有幸碰上布依族人狩猎，不必担心你没做什么贡献，野味决少不了你一份。

梯田

● 渔业与养殖：传统生业的重要补充 ●

　　布依族有句顺口溜："养牛为耕田，捕鱼为尝鲜，养猪为过年，养鸡养鸭为换盐巴钱。"这是典型的自给自足的小农经济的写照。

　　养鸡养鸭虽可以"换盐巴钱"，但这只是一种小商品生产，与今天市场经济条件下规模养殖有本质的不同。但这也说明，渔业和养殖在布依族经济生活中起着重要作用。直到目前，一些比较偏远闭塞的地方情况仍大致如此。

　　布依族由于傍水而居，捕鱼很早就成了他们经济生活的一项重要

内容。布依族摩经《安王与祖王》载：安王的母亲为龙女所变。而龙女，她的显形为鲤鱼。安王到河中捕得鲤鱼，欲烹食，其母告诉他：这是你舅父，不能食之。安王不听将鱼煮吃。其母生气回到龙宫。摩经中还多次提到诸如渔网、渔钩等捕鱼工具及各种鱼名。摩经中的作品为各时代的集大成，《安王与祖王》比较明显是母系氏族社会向父系氏族社会过渡时期的作品，说明捕鱼在布依族经济生活中很早就占有重要位置了。

　　当然，布依族的捕鱼起源比这更早，它应该是与狩猎同步的一种经济生活方式。而且从某种迹象看，它在布依族经济生活中的位置似

贞丰纳孔石林

乎比狩猎更高。明代郭子章《黔记·诸夷·仲家》记载布依族习俗时说他们"丧，食尚鱼虾，而忌禽兽之肉……祭以枯鱼"。"忌禽兽之肉"大概是出于信仰的原因，现实生活中是不忌的，但"食尚鱼虾"并以鱼虾作祭品这一习俗，说明捕鱼曾是布依族主要的经济生活内容。

布依族捕鱼工具有渔网、钓鱼竿、鱼篓等，捕鱼方法与其他滨水而居的民族大体相同。但在山区布依族中，却有些特别的捕鱼习俗。汉族有一个成语叫"竭泽而渔"，指把湖水或池水排尽捉鱼，比喻只顾眼前利益，不管将来，含有贬义。布依族中就有一种类似的捕鱼习俗：将水沟的水从有鱼的沟段的上游不远处引开，在沟下游筑一小堤，戽尽剩余的水，使鱼无处藏身而后用手捕捉。捉完后再放水通过。"竭泽"但并未使水枯竭，既解决了眼前需要，又照顾了长远利益，可谓一举两得。

还有一种捕捉方式可称作"逼鱼出洞法"。山区布依族的田中或洼水淹处，常有些从山上滚下的大石头，鱼常藏身于大石之下。布依族捕鱼手们想出一个妙法：筑一道土埂围住大石一圈，将土埂内大石周围的水戽干，之后，用一根细木枝条往大石底下捅。鱼被戳痛纷纷挣扎出洞，终于一个个当了"俘虏"，成了人们盘中美餐。

布依族地区水田多，田埂洞隙内常有鱼，在田里劳作的男人先用手摸准鱼洞的两个口子，然后，一只手张开堵在一个洞口接住，另一只手则从另一洞口往里摸，结果"瓮中捉鳖""手到擒来"，一顿美餐又有着落了！

捉黄鳝（又称鳝鱼）也很有趣。春暖花开后，黄鳝开始活动。傍晚时分，好捉黄鳝的人带上鱼篓，往水

花溪麦翁布依古寨

田走去。他们在田埂边仔细观察，发现鱼洞后，右手大拇指、中指、无名指和小指握拳，食指呈鹰钩状，判断准确后朝黄鳝一下子夹去，十有八九能把黄鳝牢牢钳住。也有用两块竹片作成剪刀状，"刀"刃作成齿状。这种工具捉黄鳝绝对十拿九稳。

无论狩猎还是捕鱼，对布依族农业经济的补充作用都极为有限，而且随着人口的增加和自然生态逐渐失衡，这种补充显得越来越小。布依族饮食中对动物蛋白的摄取主要还依赖于家畜家禽以及人工养鱼。

养鱼有稻田养鱼和池塘养鱼两种方式，都是近几十年来才兴起的，除了自己食用，部分人家也将鱼作为商品，拿到市场上去卖。但总体来看，人工养鱼并不普遍。这里我们主要介绍家畜家禽的养殖。

布依族喂养的家畜家禽主要有狗、牛、羊、猪、马等。

狗是人类最早驯养的动物，主要用来狩猎和加强防卫能力。布依族古代传说《茫耶寻谷种》中，茫耶在寻谷种过程中得到小狗强有力的帮助，说明布依族在农耕生产初期就已把狗作为有力助手。狗在布依族中的作用主要是守家。狗的凶猛和对主人的忠诚使它能比较出色地履行这一职责。其实人类最初驯养狗时就有用它来抵御猛兽袭击的含义，守家只不过是这种功能的延伸：由抵御野兽到"抵御"坏人。凶猛和忠诚加嗅觉的灵敏还使狗成为人们狩猎的有力助手。在布依族中，驯养狗还有另一个目的，就是作肉食。

牛在布依族中驯养也较早。布依族犁耕历史悠久，《摩经·赎谷魂》就有犁耕的记载。牛除了用于耕作外，也用作肉食。布依族饲养的牛有黄牛和水牛两种。水牛力大，常用于耕田，黄牛比水牛灵活，常用于耕山地。但食用则多用黄牛，主要是黄牛肉质细，味香，且抗寒能力强，易于饲养。牛多用圈养，也有些地区，待收完庄稼后将牛放到山里，一段时间后才赶回家。在住干栏房地区，牛多养在房子第一层，在住平地房和石头房地区，也有的在房内修地圈喂养，大多数的情况是把圈修在厢房内，或单独修建。用于耕作的牛，长到一岁多后要择吉日给其穿鼻孔。穿牛鼻孔用大铁针，针尾有孔，可穿绳。先将针头蘸上菜油，将牛鼻孔之间的肉壁戳穿，针牵引绳子穿过鼻孔肉壁，然后将绳子套在牛角背后即可。牛犊长到三四岁，即可开使将其驯为耕牛。

猪、羊的饲养也有悠久历史。猪一般用圈养，但过去常于收割庄稼后放在野外，和牛、马、羊等杂处，啃食野菜。《摩经·殡亡经》

布依族方形篱笆墙的瓦房粮仓

中的核心经文《嘱咐经》在嘱咐亡灵赶快梳洗起程赶赴极乐世界时，描绘了天亮时野外的景象，其中就有"黄牛水牛遍山跑，猪羊满坝游"之句，即是这种放牧习俗的生动写照。随着科学知识的增长和小季蔬菜的普遍种植，人们意识到猪野外放养不容易长膘，同时猪会糟蹋庄稼，因而全部改为圈养。但牛、羊等仍放牧于野外。传统喂猪方式，一般用野菜，用菜刀砍碎后倒进锅里水煮，掺和些米糠和玉米粉末。猪长到百余斤，称架子猪，粮食充裕的人家开始喂净料（粮食）催膘，一般的人家也要增加净料比重，否则猪难以长膘。猪食要保持清洁卫生，不能有杂草或土块石块。

　　布依族日常生活中很少食用羊肉，且在丧葬礼仪的某些环节中却必须用山羊做牺牲，所以饲养羊仅限于山羊，而且数量很少。

　　马主要用于运输，用作肉食的情况很少，因而饲养马主要以满足运输基本要求为重。在已不需要用马运输的地区，则不再饲养马匹。马饲料一般用稻草铡碎后拌以玉米子粒。

　　饲养的家畜类还有猫、兔等，猫用于捉鼠，兔则用于肉食。

　　家禽类主要有鸡、鸭、鹅。均主要用于肉食。鸡还常用作祭祀。喂鸡是每户的必有"产业"，用专门的鸡圈喂养。白天放出，夜里为防野猫抓走，需让鸡全部进圈后将门关上。喂鸭、鹅的情况不太普遍。

在黔西南一带，有的人家喂鸭具备一定规模，少则几十只，多至几百只甚至几千只。播谷种前和收割稻谷后，主人把鸭全部赶到田坝，将木床抬到田野里，用竹席在床上搭成防雨防晒棚，在那里扎下"营寨"，在一处待上数日后，又转移到别的地方，以便

布依族的瓦房粮仓

鸭群能寻到充足的食物。这种季节，田坝里可随处看到一群群戏水的鸭群，听到嘎嘎嘎的鸭叫声、牧鸭人"快来——咦——快"的呼唤声和咿咿呀呀的山歌声。牧鸭人手拿长长的竹竿，竿的上端系上一张棕片，如一面旗帜，牧鸭人挥动着这面旗帜，俨然一位指挥千军万马的将军。而那鸭群的欢叫声，牧鸭人的吆喝声和山歌声，不禁使人感受到田园牧歌的乐趣和无穷韵味。

养鹅的农户不多，喂养的数量也很少。有些人家有专门的鹅圈，也有很多将鹅与牛、马等关在一起。鹅爱叫，倘有动静，它们会发出此起彼伏的震耳欲聋的嘎嘎叫声。即使它不至于伤害偷窃者，但其叫声却使做贼心虚的偷窃者胆寒。

在布依族人家的圈门上常常看到"牛马成群""六畜兴旺"等小条幅，这反映了布依族人家的一种期冀。随着市场经济的发展，在满足人们的生产、生活和宗教文化活动需求的同时，家畜家禽养殖还能成为商品进入市场，增加其经济收入，难怪人们期望它兴旺了！

● 传统手工业：不脱产的工匠艺人 ●

对行业的划分，汉族有三十六行之说。布依族有多少"行"，没有作过统计。但总的说来，是比较多的，诸如木工、石工、泥瓦工、印染、铁工、篾工、鼓乐手以及其他手工业等。

布依族工匠艺人都有一个共同特点：除铁匠等少部分工匠外，一般不脱离农业生产劳动。他们大多以务农为主，农闲时或保证主要农活不受大的影响的情况下才外出干活。

对各种工匠技术的学习和掌握，布依族中有"拜师学艺"和"偷师学艺"两种方式。对技术难度较高的手艺，一般要"拜师"，通过托人说情或自己上门请求，师傅答应收留做徒弟后，外出做工时即带上新徒弟，先从一些简单的活，比如木工从锯、砍、刨、凿开始教起，逐步过渡到总体设计方法和工艺要领的传授。具体说来，木工、印染和铜铁制品的加工等需要拜师，而石工、篾工和鼓乐手等则可拜师，也可"偷艺"。所谓"偷艺"是指工匠师在干活时自己在一旁偷偷观察，仔细琢磨，记住要领，然后动手实践，逐步掌握该项技术。

布依族篾工在编织箩筐

拜师一般不用举行专门的仪式。拜师者开始只能给师傅"打下手"（当帮手），干些简单的活，收入也比较低。熟练后师傅逐步传授和放手让其干一些比较繁难的活儿，并提高其报酬。有些好的师傅还将全部收入与徒弟平分。徒弟掌握全部技术后，可"出师"自己自立承接活儿，也可与师傅共同承接活儿。自立后逢年过节，仍须给师傅拜年，送些衣服鞋帽、烟酒或用具之类的礼物。

　　我们来看看布依族木工、石工等几种主要行当的大致情形。

　　木工。这是人们最需要的一种行业。人要住房，过去没有水泥，修建房子也许可以不用石工，但却离不开木工。日常所用的生产工具、生活用具很多也是木头做的。工具主要有锯子、斧、推刨、凿子、锄、墨斗、墨签、尺子等。有些工具还分为不同规格和不同形状，如凿子就有刃口宽窄不同的二分凿、四分凿、六分凿、八分凿和十二分凿之分，从刃口形状又有直凿和圆凿之分；推刨刨身长短不一，有推刨、清刨、刮刨之分。根据不同的木料和工艺要求使用不同的工具。木工承接活儿后，首先需择吉日"架马"。"马"即木马，是用两块长约1米、宽20厘米、厚约10厘米的木块和一根长1~2米、直径约10厘米的原木做成的有岔口的支架。架马时先于吉日祭祀鲁班先师。然后，用两个支架搭上一块厚木板，成为操作的台架。师傅量好尺寸，裁锯一部分木料，在台架上刨平，表示开工。"架马"后，可一鼓作气做完，如果木匠有别的事，也可过几天后再回来接着干下去。木工活很多，如建房、室内装修、做家具、棺材和雕刻等。一般木匠师傅都是"全能"，但像雕刻这类工艺精细的木活，只有少数比较杰出的工匠能达到比较完美的境界。

　　石工。工具主要有铁锤、錾子、钢钎、大锤等，錾子分尖錾和扁錾。尖錾一般用于对石头进行粗加工，扁錾则用于细加工，特别是用于打制石磨和镂刻石雕艺术品等。石匠承接活路后也需要择吉日开工。建房开工称"下脚"，指开挖基脚和安放奠基石，封石墙的"下脚"是指安放第一块墙头石。开工后，可接着干下去，也可在时间安排得过来的时候再来继续干。石匠一般兼干铁匠活，因錾尖易断，拿到铁匠铺去锻打极不方便，只好自己动手。所以石匠都自备一个小风箱，开工后升起锻铁火炉，錾子断颓后随时将其锻尖。

　　篾工。篾工工具最简单，一把篾刀而已。走乡串寨找活做的篾工只需带上一把篾刀，或者甚至空着手，因为对篾刀没有特别的要求，随处可找到。与木匠和石匠不同，篾匠没有祖师爷，也不需择吉日开工。篾工主要从事竹制品的编织。这些制品有箩筐、背篼、竹席、囤箩、竹篓、篮子、簸箕、筛子等。篾工技艺的高低主要表现在刀工和编工上。刀工要求篾片厚薄宽窄均匀，不折不卷。编工则除要求细密不虚

雕刻工具

缝外，还要求式样美观，花样翻新。花样主要表现在花纹图案上，一般采用青篾和二篾（青篾下面一层）和三篾（青篾下面第三层）巧妙搭配编织，因各层篾片颜色不同而构成各种花纹。贞丰一带编织的小竹篮，将劈好的竹片放在锅中染煮成各种颜色，再行编织，图案新颖鲜艳别致，很受妇女喜爱。

其他副业。除上述三种与日常生活最密切的手工副业外，在布依族中还有印染，铜、铁、银匠，鼓乐手等行业。铜、铁匠主要打制唢呐、大号和各种铜、铁工具和用具。银匠主要打制妇女银饰。铜制品因需求量小，所以工匠不多。铁匠比铜匠多而且基本上专业化，在集市上某一角落搭设炉灶和简易工棚，为顾客打制各种铁器。结婚、治丧、做寿、新居落成及各种喜庆场合为人吹奏唢呐、大号、长号等，也成了一种行业。从业者均为农民，平时从事农业劳动，办婚、丧及各种庆典的人家请上门时才前往，可获些许报酬。鼓乐队由数人组成，称"拨"，其中两人吹唢呐，一人打鼓，一人敲镲，一人敲大锣，兴义、安龙一带用两人敲锣：一人敲大锣，一人抛敲包包锣。包包锣直径15厘米左右，中间凸出一个小包包，故称包包锣。敲者一边敲一边往空中抛，煞是有趣。一家有喜事，内亲一般都要请鼓乐手、邀约家族、亲朋好友前来祝贺，因此往往有若干"拨"鼓乐队在竞相吹奏，气氛十分热烈。有些鼓乐队之间往往还展开竞争，看谁懂得的唢呐曲多，优美，吹奏艺术好，锣、鼓等伴奏和谐。在这种情况下，众亲友往往被吸引，当演奏到精彩处，大家发出欢呼声，使气氛更加热烈。有些鼓乐队还带上二胡、月琴、箫、笛等乐器，吃过晚饭后围坐在一起演奏乐曲，称"小打"，关岭一带还冠予"雅乐"的美称。

SHENGHUOWENHUA
生活文化
CHICHUANZHUXING
吃、穿、住、行

　　吃、穿、住、行是每个人每天都在不断进行的活动。由于各民族居住的自然环境不同，历史际遇不同，因此，表现在饮食、服饰、居住、建筑、出行与交通等方面，就有了自己鲜明的特色。布依族依山傍水的分布特点，从事稻作农耕的生计方式以及特殊的历史际遇，使布依族饮食文化、服饰文化、建筑文化以及交通文化形成了自身特色。

● 特殊的饮食嗜好 ●

常到贵州的人都知道，贵州的民族风味饮食很多。狗肉就是最出名的地方风味饮食之一，而布依族则是最喜欢吃狗肉的民族之一。

近年来，有一种来自西方的观念对国内一部分人颇有影响，就是对吃狗肉持反对态度。他们的理由是：狗是人类的朋友，哪有吃朋友的肉的道理！其实这种理由是很牵强的。对于人类来说，牛更是朋友，因为牛在很长的历史阶段中，曾是农业生产中的主要劳动力。现在吃牛肉的不是很普遍吗，没见谁站出来说半个不字，为什么单单对吃狗肉者说三道四？

作为食物链的低端，各种动物的肉都可能成为人的食品。每个民族喜欢吃什么不喜欢吃什么，都有其历史和社会根源，存在即合理，各民族在饮食文化上也必须相互尊重，谁也没权利把自己的价值观强加于人。

布依族恰恰是很爱狗的。布依族有一个古老传说《茫耶寻谷种》，讲述的就是布依族先祖茫耶历经千辛万苦，在狗的帮助下，最终在遥远的西边天脚下一个神洞里寻到谷种的故事。故事中对狗作出的贡献充满了敬重之情。现实生活中，布依族人家很多都喂养狗，用来守家，到了冬天，人们要给狗做一个温暖的窝，以免狗受冻。既然爱狗，为什么又要吃其肉呢？对此，目前还没有什么研究成果。根据《国语·越语》《北史》《魏书》等汉文献记载，布依族先民越人、僚人就有吃狗肉的习俗了。民族志资料显示，布依族嗜食狗肉可能跟信仰有关。一是相信狗能驱邪，二是相信狗肉有药用价值。

马启忠先生曾在其《瀑乡风情录》中记载了两则关于布依族吃狗肉的传说，其中一个是这样说的：

古时候，有一个叫"洞骆"的布依寨，坐落在河流环绕的田坝中间。一年夏天，因暴雨引发洪水，房屋几次被水淹，秧苗栽插完毕，全寨的中年男女突然全部瘫痪。布摩多次举行仪式驱鬼，几个月后仍不见好转。由于壮年人突然丧失劳动力，田间管理和中耕无法正常进行，杂草与秧苗长得一般高。大家都十分忧虑。这时，来了一位老人，他告诉大家：有妖邪进寨，必须用一条狗来"扫寨"，才会安宁。于是，人们找来一条狗，老人扛着一把宝剑，穿上法衣，逐一到每家每户驱邪。最后，带着随行的人，牵着狗把妖邪送出寨门，在野外杀狗煮熟，饱餐一顿之后，将剩下的狗肉汤给每个病人送上一碗。据说，在那之前，布依族因狗曾在祖先寻找谷种过程中立下过汗马

狗肉火锅

功劳而不吃狗肉的。老人见大家不愿吃，于是动员大家："牛给人耕田，孔夫子最尊重牛，但他同样吃牛肉哩！"大家听从老人劝说，把狗肉汤喝下了。几天过后，大家的病竟然奇迹般好了。

事有凑巧。过后不久，另一个叫纳巴寨的布依村寨，很多人患疟疾，几经驱邪退鬼仍不见好转，人们也采用给病人吃狗肉的办法，患疟疾的病人也痊愈了。这样，布依人因相信能治病而吃狗肉，后来演变成了饮食嗜好。

古人吃动物，不仅因为食物链的原因，还往往因为动物本身具有某种禀赋，人们认为食用这样的动物，会获得动物身上的这些禀赋。狗的勇猛、忠诚、顾家等，都是人所需要的，布依族先民也许因为这些原因，才喜欢吃狗肉的。另外，布依族在举行某些仪式时，要用狗作为牺牲，也是因为狗有凶猛的秉性，只有用狗，才能镇住邪鬼恶魔。

布依族的石板房

而布依族祭祀后，都要将祭品吃掉，把这种做法视为陪伴所祭祀的祖先或神灵用餐，与祖先或神灵共享。这也是形成布依族嗜食狗肉的重要原因吧。

作为生物的人，为了维系生命，对食物的要求首先是要求吃饱，但作为高等动物，人又不仅仅满足吃饱，而是要在此基础上，吃得舒服、吃得快乐。于是，各民族因特殊的自然和社会环境，形成了具有自身特点的饮食文化。布依族有自己特殊的饮食嗜好、风味饮食和节日饮食。

1. 饮食嗜好

每个人的饮食嗜好都有一定差异，但作为一个民族，在饮食方面会表现出鲜明突出的共性。如果你到过布依族地区，你会发现除了前面提到的狗肉而外，他们普遍喜吃糯食，爱饮酒、茶，喜吸烟，喜欢酸、辣和甜味。

提起糯食，布依族男女老幼没有不喜爱的，平时以能吃上一顿糯食而感到十分舒心。但因糯谷产量低，为满足因人口增加对稻谷的基本需求，人们不得不一再压缩糯谷的种植面积，所以糯谷就显得越发珍贵了。在平时，一般是收割完庄稼，或忙完一个阶段的活计，或远行的亲人回家团聚，一家人才煮一顿糯米饭，弄几个好菜，喝点酒，以表示庆祝之意。若没有什么重要的事，只有到了节日特别是春节，人们才能吃到糯食。糯食成了祭祀、节日、接待和馈赠亲友甚至生孩子"坐月子"的珍贵食品。据说，吃糯食可以补中气。

布依族的糯食，主要有糯米饭、粑粑两种食品。糯米饭可以做成素色的，也可以做成各种颜色的，可以蒸吃，也可以焖吃。可将糯米蒸熟后倒进粑槽里打成糍粑，也可用植物叶子把糯米包成三角粽和枕头粽。糯食品不仅是人们日常生活中经常食用的食品，也是珍贵的礼品和祭祀祖先和神灵的祭品。尤其是拜年走亲戚和节日，都离不开糯食（粑粑）。

酒、茶也是布依族（主要是男人）嗜好的饮料。

酒用玉米、稻米、麦子、高粱、薯类、红稗、刺梨等酿制而成。酒精含量少，度数低，酒味香醇，俗称"便当酒"。婚、丧、喜庆、节日或平时有客人到家，不管菜肴丰盛与否，质量和味道如何，只要有酒，就算尽到了心意。所谓"老朋老友，黄豆下酒"，反映的正是以酒当茶的习俗。

　　布依族每家火塘边或灶边都有一个土茶罐，老年人每天必喝茶，所以茶罐中经常装满了煨好的茶水。煨时，将茶叶放在罐中冲上井水，放在火边，水开即可。煨过2~3道后，换茶叶重煨。倘有客人到家，刚一落座，得先倒上一杯，双手递上，再递上两张烟叶。主客一边饮茶、抽烟，一边叙谈。

　　吸烟主要是成年男子的嗜好，在黔中一带，一些中、老年妇女也有吸烟习惯。布依族过去主要吸旱烟，或称叶子烟。其方法是将晒干的烟叶掐短，裹成筒，插入小竹竿做成的烟竿斗里，点上火即可吸。在贵州兴义、兴仁、晴隆、普安、盘县等地和云南罗平等地，人们喜用水烟筒。现在，除老年人以吸旱烟为主而外，中青年多吸香烟。

　　口味方面，布依族主要嗜好酸、辣、甜三味。布依族每家都有一坛酸汤，主要用来做酸菜、点豆腐。酸味菜肴为布依族人家里的常备菜肴。酸菜，特别是加辣味后的酸菜具有开胃功效，能刺激食欲，增加食量。故有"三天不吃酸，走路打偏偏"之说。独山盐酸在传统酸菜中加以独特配方，已成一种驰名中外的风味食品。南北盘江流域布依族爱吃的酸笋，也颇具特色。

　　布依族家家种辣椒。凡炒菜均要切几个辣椒一起炒。瓜、豆或青菜、白菜等清煮蔬菜必用干辣椒面和豆豉做成蘸水。辣椒能开胃，如某顿饭缺了辣椒，则食欲大减。

　　布依族嗜甜食。南北盘江流域布依族地区盛产蔗糖（俗称红糖）。蔗糖除自用外，主要销于本民族内。由于嗜甜食，蔗糖是较珍贵体面的馈赠礼品之一。提亲礼品和聘礼中更是少不了蔗糖。食用时主要用于煮甜酒（醪）汤圆、粑粑或稀粥，少量用做烹调佐料。

招待贵客

2. 风味饮食

如果你在别的省份吃过狗肉，再到贵州的布依族地区吃上一顿，会觉得味道大不一样。由于布依族嗜食狗肉，通过长期的烹饪实践，形成了一种独特的风味饮食。

布依族有一种根据毛色来判断狗肉香味的独特方法，叫做"一黄二黑三斑狗，白狗味道最平淡"。意思是说，黄毛狗肉味最香，黑毛狗次之，斑毛狗又次之，白毛狗味最差。但是，在此前提下，狗肉香味如何主要还取决于烹制技艺和调料的搭配。毛色，加上独特的烹调方法、调料等，正是这些因素使狗肉形成布依族中独特的风味饮食。布依族烹制狗肉的工艺独特而考究。将狗宰杀后，首先将毛用开水烫洗刮净，再放在火上烧烤呈嫩黄色。燃料多用稻草。稻草的火苗不能太旺，因此烧出来的狗皮既不至于焦糊，又有一种特有的香味。烧烤时，火候既不能太过，也不能火功不到家。过火则肉皮焦裂有糊味；火功不到家则皮肉软绵不香。布依族喜欢吃的狗灌肠，制作方法也很独特。先将肠子洗净，再剔下狗软骨剁碎与脑髓、血、肺、糯米粉、狗肉香（薄荷）拌和，灌成狗香肠，与狗肉同锅煮熟食用，味道十分鲜美。狗肉味香的诀窍还在蘸水里。蘸水用辣椒面（粉末）、食盐、姜末、蒜泥、葱花、花椒粉、狗肉香、芫荽、胡椒面等做成。各种作料比例、分量很讲究，掌握得如何，直接影响香味。

除狗肉外，布依族的主要风味饮食还有盐酸、猪活血、血豆腐、炒牛肉干巴、炒酸笋等。

盐酸是将青菜洗净晒干，切成一二寸长，与糯米酒糟、盐、辣椒面等掺和在一起，微加灰碱，用手揉搓，使之渍透，装进坛中，一个月后即可食用。其味酸、甜、咸、辣俱全，别具风味。

猪活血是布依族又一种风味饮食。做法是：杀猪时用土钵接猪血，边接边搅，使其不凝固。杀好猪后，切下软骨，切成碎粒，并切下少许瘦肉丁，用猪油炒熟，舀在盆内，待温度降至适宜的度数时，将血倒入汤中稍加搅拌，不一会儿，即成凝乳状活血，吃起来既可口又有营养。

血豆腐也是布依族席上常见的菜肴之一，香味独特。相传是明代一位在土司家里服务的布依族厨师发明的。做法是用嫩豆腐拌以猪的背柳肉块、适量猪血和花椒、胡椒，然后捏成圆球形，用青菜叶包好，放在炕箩上炕干后即可食用。血豆腐有煮、炸、炒等几种烹制法，无论用哪种方法烹制，香味都能满足人的口感和嗅觉。

炒牛肉干巴是布依族男子最喜欢的下酒菜。牛肉干巴的做法，首先是要将生牛肉用盐、花椒粉等抹一道，再挂在火塘上烘干，即成牛干巴。待到食用前，将炕干的牛干巴放到火灰中煨一道。牛干巴遇热即会软化。将煨好的牛干巴放进热水中洗净，切成片，用切成筒状的干辣椒与生姜丝、蒜苗等爆炒，即成为脆香的下酒菜了。

此外，酸笋、油团粑、刺梨酒、腊肉、香肠、波波糖等，也是布依族的风味饮食。

3. 节日饮食

布依族每个节日都有相应的饮食习俗。最有特点的，莫过于五色花米饭。"三月三""六月六"以及部分地区的"四月八""七月半"等节日，人们都要制作花米饭祭供祖先、食用或馈赠亲友。

花米饭用糯米做成。通常染成红、黄、紫、绿（或黑）色，加上米的原色白色，共五种颜色，故称五色花米饭。也有的地区在不同的节日做成数量不同的颜色，如"三月三"三色，"四月八"四色等等。染料全系植物熬成的水汁。这些植物有野黄花或称"染米饭花"（布依俗语称"路亚"[do^3 ? ja^3]）、枫香叶、一线红（布依语称"绛"[t ɕ am^5]）等等。制作方法，先是将米淘洗干净，并将上述植物花、叶放在水中分别熬出各种颜色的水汁，将淘净的米倒进水汁浸泡一个小时左右，再滤干，倒在甑子中蒸熟即可。蒸熟的花米饭五彩缤纷，煞是好看。由于全系植物染料染成，因而一股浓浓的芳香扑鼻而来，使人禁不住馋涎欲滴。吃上一碗，那糯米固有的香味，再加上花草的芳香味，真是令人难以忘怀。的确是"既中看，也好吃"。在一些地方，花米饭中蒸上一些"牛打滚"，又别有一番滋味。所谓"牛打滚"，是指一种用两合米（糯米、籼米）面拌以适量猪油、水、盐、葱末等揉捏成的一个个粑粑，因形似水牛滚水，故有此名。

在布依族节日饮食中，各种各样的粑粑占有很大比重。主要有春节期间的"二块粑"（或"尔块粑""达尔粑"）、糍粑、"枕头粽粑"、"六月六"的三角粽粑、"七月半"的"褡裢粑"、"重

粪子

阳节"的"重阳粑"等。基本原料为糯米或粳米(也称晚米)。由于各种粑粑的辅料和制作方法各异,所以都别具风味。其中最有特色的是"枕头粽粑"和"褡裢粑"。"枕头粽粑"因形似枕头而得名。用糯米加上猪油、排骨、油渣、五香等佐料拌和在锅中翻炒,然后用粑粑叶包裹,用稻穗秆茎捆绑成五节,放在锅中用水煮熟即可。贞丰一带还用平时洗净备好的芝麻秆和糯谷草烧成灰,筛下细灰,用来与糯米拌染成灰色,再加佐料热炒后包裹、煮熟。"枕头粽粑"既有糯米和各种佐料的香味,还有粑粑叶的芳香,十分可口,是待客和馈赠亲友的佳品。

褡裢粑是北盘江流域一带"七月半"食品。先将糯米和籼米磨成粉末,再用水搅拌捏揉,捏成一个个扁形长条,将芭蕉叶撕成五寸左右宽后,两头放上粑粑,包裹好,稍加按压,叶子中间扭一转,于是,粑粑形似褡裢,固有此名。粑粑有甜、咸两味。甜味粑粑不加糖,而是在磨时放适量生黄豆,粑粑煮熟后自然有一种回甜味。

节日菜肴主要有鸡肉、猪肉、牛肉、狗肉、豆腐、血豆腐及各种蔬菜。酒是节日不可缺的饮料。杀年猪的人家,大年三十夜吃猪头肉。鸡肉为每个节日必吃。狗肉只在"三月三""六月六"吃。年三十夜的吃"长菜"和临近秋收的吃"毫母"也很有特色。"长菜"是将白菜洗净后不切、不折,整兜放进锅中与猪头或猪肉一起炖。吃长菜,反映的是人们希望常年有吃的良好愿望。册亨、望谟一带,临近秋收时过"吃新节"。人们从田里捋回即将成熟的糯谷穗子,放进甑子蒸熟,然后晒干。吃时放进石碓里舂出米粒,用开水泡,米粒吸水发胀,即可食用。称为吃"毫母"。其色呈鸭蛋绿,味道香甜,深受人们喜爱。

● 淡雅素净的服饰 ●

布依族服饰的美学风格，总体上显得淡雅素净。男子服饰不用说了，无论款式还是色彩，都比较单调，一般不镶花纹图案，也不佩戴饰物。女性服饰比男性服饰色彩丰富。尤其是第三土语区的镇宁扁担山一带，妇女服饰上镶嵌各种蜡染图案或刺绣图案，色彩十分丰富。服饰的总基调是偏冷色调和中性色调，多为蓝色、青色、黑色或白色，暖色调（主要是红色）在其中似乎成了陪衬。在这种搭配下，整个服饰色彩就给人一种中和、协调、温和的感觉。妇女也佩戴一些金银首饰，但都显得简约，点到为止。

这也许是长期受环境熏陶的结果吧。水的无色透明，溪水的轻盈纯净，潭水的宁静，这些都会无形中给布依人以熏陶。从事农耕、并有丰富的生物资源可以获取，减少了为温饱而奔波的劳顿和焦虑。自然环境的熏陶、相对稳定和安逸的生活，使布依族形成了温和的民族性格和以柔美温婉淡雅素静为主要特色的审美取向。

人类文化发展的历史告诉我们，农业、纺织等都是在采集的过程中逐步发明和创造出来的。最初，人类为了御寒和遮羞，用树叶或兽皮为衣。先民在采集中，发现一些植物纤维，并加以开发和利用，编织成织物，用来缝制衣物，又随着工具和技术的进步在使用中逐步加以完善，形成了既实用又美观的服饰。从布依族地区发掘出来的大量石、陶纺轮看，布依族先民早在新石器时代就已发明了纺织技术。布依族古歌、宗教经典以及大量汉文史籍对布依族纺织和服饰情况均有记载。直到今天，纺织仍是布依族妇女农业之外一大主业。荔波、关岭、贞丰、镇宁、望谟、册亨、紫云等地的布依土花布以及镇宁、关岭、六枝、安顺等地的蜡染甚至成为商品进入市场，远销海外。布依族服饰类型众多，在清新淡雅的总格调下显得多姿多彩。纺织、印染和服饰的制作是布依族人民特别是妇女的伟大创造，是布依族人民智慧的结晶。

"服饰"一词，包括"服装"和"装饰"两部分，从出现顺序看，应该是先有"服"，后有"饰"。布依族服饰，伴随着自然条件、社会条件、意识形态和社会制度的变化而发展演变。

从材质上，服装经历了从树皮、兽皮到麻、棉或丝的制衣过程。最早的衣服是原始人用石器将兽皮简单分割，晒干后披于身上。到了

镇宁布依族服饰

新石器时期，石纺轮和陶纺轮出现，布依族先民学会利用植物纤维进行纺线，编织衣服；再后来，从采摘野棉花到种植棉花技术的发展，这种经济实用耐穿的棉布逐渐成为广大民众普遍使用的服装材料。

从式样上，服装经历了从披袍逐渐过渡和改良到女装上衣下裙、男装长袍形制，再到男女装基本为上衣下裤的阶段。披袍的形制主要来源于最初的兽皮装，将一块完整的兽皮披在肩部或围系于下身，或在兽皮的中央开一个洞，套在脖子上或披于肩上，成为服装最初的形制；后来发展到衣裤（裙）分离，这也是在长期生产过程中总结出来的便于劳动生产的服饰。布依族服饰，总体上"女繁男朴"，男装较为简单，上衣最初是长衫，后改为对襟衣，戴头帕；妇女的服饰以前为上着短右衽大襟衣，下装多以长裙为主；后由于汉文化的影响以及受到政策强制措施等，布依族许多地区妇女易裙着裤装，直至今天。

服装装饰物也是从简到繁，不同的地区表现形式不尽相同，这也充分体现了民族的审美趣味。大体上来说，从色彩上，布依族尚青、尚白，尤其是靛染的出现，"青色"成为标准；服装上的绣花、图案表现了布依族朴素的美学思想，衣裙多以蜡染、刺绣、织锦图案做装饰；各个地方不同的头饰也显示了布依族内部不同地域之间的差别。

布依族服饰发展演变情况从汉文献上可以约略了解，根据《旧唐书·南蛮传》的记载：唐时布依族先民僚人的穿着是"横布两幅。穿

贞丰一带妇女古装，现在只在丧葬仪式上穿着

布依族少女

中而略其首，名为通裙"。明代，妇女的服饰是"以青布一方包头，着细褶青裙，多至二十余幅，腹下系五彩挑绣方幅，如绶，仍以青衣袭之"。

　　青布裹头是蒙髻若帽絮之状。到了清初，着细褶裙没有改变，但各地的布依族装饰有所区别。如南笼府（今安龙）是"堆髻长簪，银环贯耳。项挂银圈，以多为荣，衣多裙长，色惟青蓝，红绿花饰为缘饰。裙以青布十余嗝为细裙、镶边，委地数寸，腰以宽长带数围结于后，带垂若翅"。在罗斛（今罗甸）、册亨等处"妇女短衣长裙，首蒙青花手巾"。独山州（今独山）一带"以青布蒙髻，长裙细褶……年少妇女，项挂银圈，腰系白铜烟盒，彩线丝绦，环身炫目"。这些记载，说明在乾隆以前，各地布依族妇女衣着，普遍为百褶长裙，以银饰品作装饰；安龙、独山等地区还用彩绣或彩绒丝绦缀上衣裙而环身炫目。制作讲究、典雅，银饰多。从明代到乾隆初年，布依族妇女的服装样式没有多大变化，制作则随着经济的发展而更加精致，银饰也随着经济的日益富裕而增多品种，加大数量。乾隆以后，布依族妇女的服装开始发生较大变化。独山州一带妇女渐改汉装，易裙为裤。荔波县的方村等十来个寨子"妇女衣着皆尚青，发挽高髻，斜插长簪"，已不穿裙。都匀、麻哈（今麻江）、平越（今福泉）等地布依族妇女大致也在这时改装。

　　布依族服饰加工制作全凭手工。除了印染，其余工作主要由妇女完成。

　　女孩长到七八岁，母亲就要通过言传身教使她们开始学习纺纱织布的技术。到了十四五岁，她们已初步掌握了采摘棉花、加工、纺织、印染、缝制衣物等一整套工艺。到了十七八岁，就已熟练地掌握全套工艺技术了。

　　过去，农忙季节，劳累了一天之后，吃过晚饭，男人和老人孩子们都已休息，姑娘们还要在昏暗的油灯下纺上一阵子棉花。而在农闲季节，正是姑娘们纺织的大好时机，除去走亲访友、赶集和家务劳动时间外，白天晚上均忙于纺织。

　　布依族自纺的布称为"旁越"，直译是"布依布"，相对于"旁哈"（直译"汉布"）而言。所谓"汉布"，指市场上（商店）出售的宽箝门的机器纺织的布料。布依布主要是为满足一家人的穿用、馈赠亲友或做聘礼。由于自纺自织，大都能满足需求。人们出门赶集或走亲访友，无论男女老少均不穿补巴（补丁）衣服（家境十分贫寒者除外），而且讲究整洁清爽，否则会被人耻笑，认为这家女人没出息，手脚笨。

　　也有一部分布依布拿到市场上交易。购买者有本族人，也有外族人，而以外族人尤其是当地汉族为多。他们主要用于缝制衣物、床单、被套、背带、头巾等等。由于布依布（特别是花布）穿起来暖和，经久耐磨，素雅大方，很受人们喜爱。20世纪80年代开始，布依布开始销往国外。

　　布依族服饰从总体上给人的感觉是素雅。但在这一总体风格下，不同地区、不同性别、不同年龄、不同功能和不同场合的服饰都有差异甚至差异较大，显得种类繁多，丰富多彩。

　　布依族男性服饰各地大同小异。基本式样有三种：一是对襟衣长裤，二是长衫长裤，三是大襟衣长裤。长裤均为大裤管，长衫一般配扎白色、青色或蓝色腰带。第一种比较普遍，中青年多着此服饰，第二种一般是老年人穿着，第三种较少，只在部分地区的老年人中流行。头帕也为各地男性特别是中老年所必需。在罗甸、册亨、望谟、贞丰、关岭等县和镇宁的一些地区，男子使用的头帕多为自织的黑白或蓝白相间的花格布，其余地区则多为青帕或白帕。威宁一带男青年有些特别，他们扎裹腿，热天穿绣花凉鞋。

　　与现代都市中时装变化最快者多为女性不同，在布依族中，男性的服饰往往最先发生变化，而女性服饰则相对稳定。翻开明清以来的汉文史籍，不难看到有关男装"与汉人略同"的记载。所以前述三种男性服饰，除布料多为自织的布依布外，样式其实与汉族男性传统服饰大同小异。

　　汉族男性中新颖服饰的出现往往都能波及到布依族中。中华人民共和国成立后，中山装、列宁装和西裤等汉族男性中流行的服饰，开始进入布依族地区。在此文化选择过程中，西裤被青年男性普遍接受，而上装则部分接受。所以直到20世纪80年代中叶，在黔西南布依族地区，人们可见到这样较普遍的青年男性装束：下装西裤、皮鞋；上装内穿西式浅色衬衣，外穿布依布蓝色对襟衣，戴草绿军帽、包花格布依色织布帕或光头。别看这种倒"土"不"洋"的装束，穿起来还真能显出几分潇洒和帅气哩！随着现代化事业的发展，今天的布依族青年后生也已在服饰上先"现代化"起来了，着西装、系领带者已不乏其人。如果十多年前你曾到过布依族地区，当今天你故地重游，看到当年尚咿呀学语的男孩，已成长为大小伙子并穿着十分洋气地站在你面前时，你无论如何不会把他和当年穿对襟衣的孩子他爹联系起来。这一方面确实反映了现代化对布依族冲击之剧烈，另一方面，你是不是也为民族传统文化的衰退感到些许惋惜和忧心呢？

普安布依族少女

　　妇女服饰稍稳定些，但这不等于它不发生变化。只不过这种变化不像男性服饰那样快那样普遍罢了。从明清汉文史料可知，明清时期布依族妇女普遍着短衣长裤。随着汉文化的影响，一些地区妇女改着汉装，一些地区则在保持传统服饰的基础上吸收汉族服装的特点对传统服饰进行改制，一些地区则仍保持民族服饰。就发生变化的地区而言，时间的先后也是各不相同的。贞丰一带直到20世纪60年代后期，仍有老年妇女着短衣长裙。即使在平常已不着传统裙装，死后也要穿着入棺。据说不穿这种传统服饰，祖宗就不认识，亡灵就不能与祖宗在一起。媳妇在丧礼仪式中，仍需穿着这种服饰，因此一般人家都保留或缝制几套存放，以备不时之需。

　　从现在流行的布依族妇女服饰来看，主要有穿裙和穿裤两大类。而在同一类中，往往因地区不同又有不同差别，所以我们不妨到不同的服饰流行地区作一番游览，以便获得具体的印象。

　　传统的裙装主要流行于镇宁、关岭、普定、六枝、威宁等地，绝大多数属布依族第三土语区。其中以镇宁妇女裙装最具代表性。

　　与布依族其他地区妇女服饰素净淡雅的总体格调略为不同，镇宁一带妇女裙装有素净淡雅的，也有华丽典雅的。同是裙装，不同地区有一定差异。扁担山及城关镇一带，上装为大襟短衣，黑色为底，背的上部绣有红、绿、黄相间的半圈形图案，袖子上衣摆脚、左右襟开口处均有织锦、蜡染图案镶嵌。衣无领无扣，以布带系于右侧。

　　镶嵌的材料和图案不同，衣服名称也就有异，用途也不同。袖肩上以三条图

貞丰布依族姑娘

案各异的蜡染品镶嵌的衣服称"布三我"，姑娘们平时都穿着这种衣服。而袖肩上三条图案的中间条以织锦品镶嵌的衣服称"布孟贵"，是较为珍贵的礼服，要在结婚、丧葬等隆重场合才穿。上装镶嵌的织锦图案有人形、羊形、蝶形、花瓣形、鱼形等；蜡染图案有花瓣形、蕨菜形、菱形、漩涡形、波浪形、多角形等。

　　下装为百褶裙。裙身较长，至脚跟。根据图案及用料等的不同，分为三种。第一种，以白底青色蜡染花布做成。裙下摆约 2/3 幅度全是小方格蜡花纹。裙上部的蜡花纹样有犬牙形、星点形、万字形、圈回形和线条形等等。整条裙子花纹排列有序，图案对称，配合精巧，显得典雅、朴素、大方。第二种，裙的下摆约 2/3 为自染的褐红色布料，上部则与蜡花裙相同，称红裙。多在盛典时穿着。第三种，全是丝料织锦做成，称织锦花裙，最为名贵，数量亦较少。老年妇女平时穿的衣服比较朴素，花纹图案少或无花纹图案,但盛典时仍穿较名贵的衣裙。

　　腰部系围腰。围腰有两种，一种边沿镶有花纹绸缎布料，脚部无刺绣图案，系带向身后挽结，带端无耍须；另一种脚部有刺绣图案，为菱形、回纹形或三角形等，系带向身后挽结，带端镶纹有耍须，耍须上串有珠子。这种围腰显得华丽庄重，较为名贵。

　　头饰，婚前头戴方形的织锦花帕，以发辫和青丝合编为一条辫子，长 2 尺许，缠绕花帕于头上，并在右鬓垂吊丝线，镶有花朵。婚后到夫家坐家之后，则改带"更考"，汉语称"假壳"。"更考"以笋壳做成，为三角形，尖朝后，以青布缠裹，上盖花头帕，以布条扎紧捆实。进入老年后，就不再戴花帕和"更考"了，而是用一匹一丈（3.3 米）长的青布包头。

　　镇宁募役、烈山、马厂等地的裙装与上述地区略有差异：裙子用蜡染布做成，花纹图案比较朴素，白底上衣，裙摆比扁担山一带裙子小。上衣边沿缀有 1 寸多宽绣花布条（栏杆），衣身腰小，摆宽、袖窄，配上窄摆花长裙，显得既素净淡雅又婀娜多姿。这些地区的妇女头饰，随年龄不同而有所区别。十三四岁的女孩不穿裙，头上包自制的青布头帕，头帕上缀有花纹图案。十五六岁开始穿裙，头上，绾发髻作拱状垂向脑后，髻上由前往后插一根比筷子略大的银签。银签长约 1 尺 5 寸。据说古代是牛骨，到了近代，有钱人家以银代之，现代则多以牛骨为签，外包银片。银签上刻有图案，既是装饰品，又是防身武器。

婚后生了孩子，即卸下银簪，改戴银碗。银碗戴在发髻末端，碗重约1两，碗底为圆形银片，碗周以镶接而成，具有较高的艺术性。银碗中吊有两条手工做的小鱼，走起路来小鱼晃动发出悦耳的声音。进入老年时期，不再戴帽，发髻上包一块5尺（1.65米）长的花帕。

其余地区的裙装多为青布或蓝布裙。裙沿或中段均有各色镶边。衣服有的镶栏杆（花边），有的不镶。大多系青布长围腰，并系长腰带。头巾也各不相同，有的戴单层，有的戴多层。六盘水一带妇女戴黑白二层，戴时用银链把头巾连同发辫包扎起来，让白布露出边沿。关岭一带只戴单层头巾，不戴"更考"。威宁一带少女头戴绣花带二十多条，扎裹腿，穿绣花凉鞋，衣裙外另套一件对襟白褂和一条长白围腰，胸部敞开，可以看到小衣大领边沿的图案，颇有特色。

改穿裤装但仍保持传统服饰部分特色。这些地区有贞丰、册亨、兴仁、兴义、罗甸、安龙以及镇宁的六马、云南省的罗平等地。服饰特点为大襟衣、长裤脚，大裤管，戴头帕，系围腰。衣服的盘肩、袖口、襟沿镶有栏杆（花边），多数地区裤脚也镶

镇宁布依族服饰

镇宁布依族服饰

安顺布依族服饰

栏杆。各地的差别主要在于衣服和围腰的长短和裤管的大小，头饰也五花八门。贞丰、镇宁六马一带头上包色织花格布依布头帕，形如牛角，称牛角帕。首饰方面，各地也不尽一致，镇宁六马一带妇女首饰有银凤、银牌、银项圈、银耳环、银手镯等，非常华丽，很多地区则只有手镯。也有些地区，如望谟、安龙、兴仁和兴义等地，头上多包青帕或白帕，衣服也不镶花边。花溪一带中老年妇女，用青帕缝成帽形戴上，衣较长，裤管小。各地围腰大同小异，大多围齐肩高，上半部正中胸口部均有一等腰梯形彩绣图案，绣工精细，图案古朴典雅，充分体现妇女的才智和手艺。围腰的差异主要在于长短及图案大小、纹样不同。围腰的腰带也很讲究，有的在带端留耍须，有的则在带上绣花或镶栏杆，两根腰带系于身后，一端下垂，走起路时一飘一摆，显得十分潇洒。

　　还有些地区的妇女服饰已和当地汉族一样，谈不上什么民族特色了，这部分人约占布依族总人口的 20% 左右，主要分布在都匀、独山、荔波、平塘、贵定等县（市）部分地区。

　　最后，似乎还应看看儿童服饰。儿童服饰地区差别不大。一般在 2~6 岁时，胸前都佩带肚兜和揩鼻涕的手帕。身后系一块布，称"围片"，穿裤开裆。儿童服饰较有特点的是头饰。帽子的形制有尾巴帽、猫头帽、狮头帽、兔头帽、鹰头帽，有仿古代头盔的包耳帽，仿古代文官的乌纱帽等等。帽子前面，一般钉一排银质罗汉或玉质罗汉，并钉上"长

命富贵"等吉祥字样的玉扣，
帽的两侧至背后，吊着彩色耍
须和数个银质小铃铛。镇宁一
带，女孩戴绣花帽，帽沿垂着
耍须，耍须上吊有"吉祥平安"
四个小银牌。总的看来，儿童
服饰结合年龄特点，主要考虑
保暖和便于保持清洁卫生，头
饰有追求美观的用意，但钉罗

贞丰布依族服饰

汉、字牌、字扣等，还包含有祈福消灾的文化心理。

惠水布依族服饰

● 源于"巢居"的干栏建筑 ●

对于房屋，平时人们都喜欢戏谑地称为"窝"。建了新房或买了房，就会说：总算有个"窝"了。

殊不知，布依族古语"窝"和房还真是同一个意思。布依族摩经中有一段经文，名称为《造窝》[ɕaːuᵈðɔŋ²]，实际上内容讲的就是造房。经文是在超度亡灵的仪式上吟唱的，内容讲述别人怎么建房，死者儿子也学习怎样建房，但别家的柱神、窝神都会保佑其家人，而死者家的柱神、窝神却保不住自家人，让鬼进门把老人的命给夺了。于是，死者儿子愤怒地挥动马刀，砍柱和窝，但却看不见印子，死者儿

干栏建筑

干栏建筑是古越人普遍采用的一种建筑形式，直到21世纪的今天仍在百越后裔壮、布依、傣、侗、水等民族中传承。干栏建筑使用木料为主要建筑材料，榫卯结构。浙江余姚河姆渡新石器文化遗址发掘的榫卯建筑表明干栏建筑历史悠久。"干栏"的名称来源于越语。现今布依、壮、傣等百越后裔民族称房屋为[ɣaːn2]或[ran2]，与"栏"音近似，布依、壮语称屋檐为[kaːm3ran2]，可音译为汉语"干栏"。干栏建筑由"巢居"演变而来，是古越人适应依山傍水、潮湿、多虫蛇等自然条件，趋利避害而发明的一种建筑形式。

布依族干栏式民居建筑

子于是想把窝拿去扔了。这时窝神开口说话了："这一代我虽然没保住，但下一代我是保得住的，我要保佑你们的后代，为你们后代抵挡邪鬼，让你们不受侵害。"

不管保还是不保，人总是会死的，摩经用讲故事的方式，通过窝神的口讲要保佑主人的后代，无非是起到口彩的作用，满足人们祈求吉祥的心理而已。

但经文中将房屋称为"窝"，却透露出了布依族先民的居住历史。

布依族先民是"越"。而汉文献中就有越人"巢居"的记载。所谓"巢居"，也就是"窝居"。说具体点，就是在树上搭个像窝一样的棚子，人住在里面。之所以要在树上筑巢而居，是与越人滨水而居的特点有关的。因为滨水，就得防潮；也因为滨水，虫蛇必多，就得防虫蛇。显然，居住在离地面较高的树上比居住在地面更有利。

随着金属工具的出现和技术的进步，先民按"巢居"的形式把房屋建成了榫卯结构的"干栏"式建筑。

所谓"干栏"，是指这样一种建筑形式：它多依山而建，大多为三层，楼下一层圈养牲畜、家禽和放置农具、柴火；第二层是饮食起居活动场所，并放置日常生活用品；第三层放粮食和其他工具、杂物。

布依族干栏建筑有两种形式：一种建于平地上，一种建在斜坡上。

南盘江畔布依族干栏式民居建筑村寨

布依族石头民居建筑

两者的差别在于，前者为通楼，后者为半边楼。无论是哪一种建筑，其基本格局都是一样的。房屋建造，多为木结构。

底层，砌石墙或筑土墙或以竹、木做栅栏围上，用来圈养牛、马、猪、羊等家畜及鸡、鸭、鹅等家禽，堆放农具、杂物和柴草。

二层，用木板铺成楼板，是一家人生活起居的场所。大多分隔为7间。其基本格局，中间是堂屋，是最神圣的地方，正堂后壁设神龛。多半为接待客人和节日庆典时供奉祖先的场所。神龛前多放置八仙桌和凳子椅子。织布机也可放置堂屋一角。堂屋后面一间为厨房，内有火塘，火塘内有铁三脚架，旁边是水缸、灶及各种炊具，为一家人烹调和吃饭的地方。堂屋前面一间为吞口。与吞口地平面一致高，搭有一晒台，延伸至房前空地上。晒台可用来晒粮食和衣物等，晚上可供家人乘凉、聊天。堂屋两侧各有两间，为卧室或客房。

三层，用木板或竹子铺就，多修有粮仓，用来储藏粮食。其余地方堆放杂物或用具。

干栏建筑目前主要流行于册亨、望谟、罗甸、荔波、平塘、三都、贞丰、安龙、关岭、镇宁、兴仁、兴义等县（市）及云南罗平县部分地区。其余地区，由于受汉文化影响，建筑形式发生了变化。

由于受汉文化影响，很多地区布依族民居建筑在保留干栏建筑某些特征的基础上，发展演变为平地房建筑。虽在平地建房，但很多人家仍保留了地楼的形式。地楼主要用来关牲口和堆放杂物。石料比较好的地区，则充分利用石头做建筑材料，形成颇具特色的石头建筑。在城镇附近或公路沿线，有的布依人家建起钢筋混凝土平顶式小楼房。这些就是到目前为止布依族地区同时存在的几种民居建筑样式。

布依族住房多以三开间和五开间式样为主，居室格局基本一致，"干栏"式多分为三层，平房为两层。三层或两层的房屋都是以正堂屋为中心，两侧为左右正房，互相对称。居室安排有一定的规矩，按祖先、长辈、长子、已婚和未婚的顺序安排；上下层按实际功能安排，三层结构的在下层养殖牲畜、中层住人、上层存放粮食；两层结构的下层住人，上层堆放粮食。

正堂屋一般从中柱位置隔成一大一小两间，前面对着大门的一间，是供奉祖先牌位的地方，在大门正对处设置神位，逢年过节专门在此举行供奉和祭祀祖先的仪式。以前正堂屋不准许外人进，也不得堆放杂物，更不能用做卧室；现在正堂屋也可以用做客厅，亲戚朋友来家后可以在此摆谈，也可以兼做餐厅。神位后面的小间，是家里最年长者的卧室，年轻人不能住，否则会被认为对祖先不孝。堂屋的两侧为左右正房，左右正房有两种，一种是分为前后两间，一种不分，进门都朝向堂屋。如果家里儿子多，又没有分家，就按照左右顺序安排卧室。左边为大，是大儿子的卧室，右边是次子的卧室，依次排列。未出嫁的女儿安排在最右边的卧室，如果卧室不够，可以在储存粮食的房屋最上层隔出一间作为卧室，但只能由未出嫁的女儿居住，媳妇不能住，因为未出嫁的女儿被认为是处女身，代表贞洁。

三开间的两侧正房后面隔出的空间为灶房和火塘，一般右边为灶房，左边为火塘；五开间的就可以将灶房和火塘安放在最两侧。灶房

惠水一带布依族平地房民居建筑

主要有土灶、水缸和碗柜，专门用于平时做饭、煮饲料用，过去坡上树多，燃料多为木柴，灶台也就是用土砖砌成的土灶；现今植被减少，用煤做燃料的人家多起来，灶台也在改进，人少又不饲养牲畜的人家还改用铁炉子。火塘是一家人晚上聚会的地方，传统火塘是在地上挖个坑，四周稍微用石砌高，常年炭火不断，火塘上方会架一土陶罐烧水，晚上一家人就围着火塘聊天或唱歌；现今许多地方已经改用铁炉子，房间还会摆放有电视机，晚上的娱乐活动主要就是观看电视节目。

另外，在偏远的布依族聚居地区，如黔西南兴义的南笼古寨，传统的"干栏"式木质楼房还完好保留，其居室布局有其自己的特点。对着正门的地方仍然设置祖先神位，神位后面是老人房间，左右正房为儿子居住。所不同的是，隔出的左右正房是与老人房在一条平行线上，整个房屋实际上是从中间横剖一分为二，前面为活动间，后面为卧室。前面的活动间，没有明显分隔，从左到右通体透亮，只是房屋的左右立柱起到间接分隔作用。一般神位前面的空间不做他用，火塘或其他的安置主要在左右两边，活动空间较大。如果家里人多不够住，或者要设置客房，也可以在左边宽阔处用木板隔出房间，甚为灵活。

黔南地区如荔波一带的布依族木质结构的"干栏"式房屋，其分隔又不一样，虽然也是横着隔开，但是隔在卧室后面，后面也成通体格局，用做灶房、磨坊、织布机房和堆放工具等。

在布局上，平地房的厨房不放在堂屋后面一间，而改在堂屋两侧的任意一间，堂屋后面则用作老人卧室或存放粮食、食品或其他杂物。另外，干栏房的晒台在改成平地房后被晒坝代替。晒坝一般用石板镶成。近年也有用水泥浇铸而成的。晒坝一般在大门口或房屋前。晒台变晒坝，这在文化学上可谓文化事象功能替代的典型一例。这也表明布依族平地房继承干栏房的某些特点，只是表现形式略微不同而已。仔细观察，平地房在形式上还是保留了干栏房很多特点。建筑材料和构架形式自不待言，就两者的主要区别之点的地楼和火塘来说吧，在平地房中仍可看到一些表现。来到已改为平地房的地区，不难发现很多人家有一间地楼，用来圈养牲口。这种地楼与干栏房的区别仅仅在于面积大小和用途广狭。干栏房整个一层（半边楼为一边）用来圈养牲口或堆放柴草，存放农具；平地房一般只用来圈养牲口。之所以如此，还是地形使然。地面不平而要建平地房，只能靠建屋基时填平，而留一间作地楼，既可减少工作量，又解决了牲畜的饲养场所问题。真可谓一举两得。再看看火塘。干栏房与火塘似乎是结下了不解之缘，在流行干栏房地区，还可看到家家都有一个火塘。火塘用石头镶成一个正方形的坑，坑内时常保留适量草木灰。中央安放铁三脚架。架上常年放一铁锅，坑旁放鼎罐、水缸等用具。这种建筑中的所谓厨房以火塘为核心。在厨房的角落，一般都有灶，但它仅用来煮猪食。炒菜煮饭均在火塘进行，用餐一般也围着火塘，即使在炎热的夏天也如此。火塘上悬挂有竹编的四方形竹炕架，平时炕辣椒、豆腐等，冬天可以炕腊肉。改为平地房后，厨房位置转移了，厨房内以灶为核心。灶不仅用来煮猪饲料，也用来烹饪菜肴、煮饭。炕架也挂到了灶上面。进餐场所也相应移到了厨房，但不是围着灶，而是安放一方形木桌，围坐而食。你会问：火塘呢？别着急，让我们到被安排做客房的房间里看看。这儿是专门接待客人的场所，平时作他用。你会看到房里有一张床或者没有床。但在靠窗的地方，修有火塘。只是它多在冬天和乍暖还寒的初春才用。一家人围坐火塘边，既取暖，也烹饪、进餐。火塘上也挂炕架，可炕辣椒、腊肉以及别的食物。这与干栏房的厨房大体相同，只不过是使用时间缩短了而已。

到布依族地区，如果你问房子的高度，主人会告诉你：一丈五八（一丈约等于 3.3 米）、一丈六八、一丈八八、或一丈九八、二丈一八……去掉单位名词，用阿拉伯数字写下，正是 158、168、188、198、218……细心的你说不定会大吃一惊：呀，这不是眼下中国大地上热得烫手的吉祥数字吗？汉语的意思表示"要我发""一路发""要发发""要久发""儿要发"呀！

果真有些道理。在这些数字的选择中的确包括了这些内涵。但到底是偶然的巧合呢，还是因为接受了汉文化，现在还不得而知。

房子由长短不一的圆木凿穿榫眼或做成榫头后与木枋结构而成。圆木分柱、瓜、檩条和楼枕，木枋称"穿枋"。根据"柱""瓜"多少的不同，可分为"五柱四瓜""五柱六瓜""五柱八瓜""七柱六瓜"或"七柱八瓜"等。这其中的数字越大，说明房子的规格越高，面积也越大。"柱"指柱子，"瓜"指长短不一的圆木，凿眼用"穿枋"将其与柱子连成"扇"，用以承接檩条。使用"瓜"，可节省木料，又能解决檩条跨度大可能带来的安全问题。

榫眼凿好，榫头做成，即用"穿枋"将"柱"和"瓜"串联成"扇"。等到吉日良辰，木匠师傅举行完祭祀鲁班仪式后宣布立房开始，众亲友即依先左后右顺序齐心协力将中间两"扇"拉扶立正，用4块大"穿枋"将它们连起，再依次将其余房"扇"立起，用楼枕将它们连接起来。这样，一幢新房的构架就立起了。

接下来是上梁仪式。在布依族民居建筑中，梁的地位十分神圣。这与它在整个房屋结构中起的重要作用分不开。梁一般由外家选上好的结实木料，缠上红、蓝两色布（各1丈2尺长，约3.4米），于立房吉日的头天敲锣鼓、吹唢呐送来。房架立好后，木匠师傅锯、砍好榫套，亲友用绳套住两头，将梁拉上中间两扇房架的中柱顶上，含套在柱顶榫口上。然后，石、木二匠各一人一边吟诵"四句"（祝词）一边分头登上两个梁头。他们继续吟诵"四句"，同时向众亲友抛撒"梁粑"。结束后，上好檩子，钉上椽皮，盖上瓦或草，一幢新房即宣告落成。

古代的布依族地区森林密布，木材取之不尽用之不竭，因而民居除其构架为木料外，其"包装"也大多用木。但人们逐渐发现，用石头做墙，无论从保暖还是坚固来说，都比木材更胜一筹。所以我们在很多地区都可见到人们用石墙封围墙房架。不过要说起石头建筑，还得数镇宁黄果树大瀑布附近的布依族石头寨的石头建筑最有特色。这里布依族民居，除楼枕、梁、檩条、椽皮等为木料外，其余的墙、瓦等均用石头做成。远远望去，寨子犹如一座用石砌的城堡，十分壮观。

布依族地区多石，所以除木料外，石头也是常用的建筑材料之一。石头为屋基必不可少的材料，其次，多用来砌石墙。根据石头质地和加工程度不同，布依族石墙分为几类。

毛墙。用天然石块或开采的不规则形石块稍加修理垒砌而成。这种墙费工少，造价低，对石料要求不高。除墙头、墙角需要体积比较大、也较方正的长方形石块，垒砌技术要求较高而外，一般石头只要不是圆滚滚的均可使用，只要将石块放平稳即可。这种墙在石料质地较差、不太成形的地区比较常见。

沙石墙。石料不好固然可以垒砌成毛墙，但这种墙由于工艺粗糙，为安全起见，一般都不能垒砌过高。于是工匠们创造了垒砌沙石墙这种工艺。即用细沙和石灰搅拌成灰浆，与石块一起垒砌筑成墙。这种墙既牢固又有冬暖夏凉的好处，对石料要求不高，很受欢迎，在黔西南一带很流行。

细工墙。石块不成形可以用铁锤錾子修打成需要的形状，但有些石头品质不好，经不起修打，如果石料品质好，家庭经济条件也还不错，一般都将石墙做成细工墙。这种墙对技术要求高，如果不平，只能用錾子将凸出的部位铲平，而不能在石头下面垫小石块。还讲究美观，石面和整个墙面都必须平整。

民居建筑中的石墙分为"封山""硬山"和"全石壁"三种样式。

封山式。布依族房屋中所谓"山"系指房屋两侧。封山，就是木房架房屋两则后面仅靠柱子垒墙把房屋封起来。这种石墙一般在房屋盖好后再垒砌。

硬山式。指房屋两侧不用木柱，而是以墙代之，只需在垒墙时在相应位置留下穿插楼枕的孔，穿插楼枕后石墙便于中间几扇房柱联结，起支撑作用。硬山墙一般在构制木架时垒砌。

全石壁式。指整幢房屋不用木柱，全由石墙构成。石墙相应位置留楼枕、房梁和檩条孔眼，垒砌好后，安放好楼枕、梁和檩条，盖上瓦或石板，即告完工。

这几种形式的石建筑在各地都可见到，但分布不均衡。流行干栏房的地区，垒砌石墙者相对少些。"封山""硬山"主要分布于流行平地房地区，而"全石壁式"以镇宁一带分布最集中也最典型。由于这一带的石料厚薄均匀、厚度适中，而且石质好，人们都用它来盖房。来到黄果树瀑布附近的石头寨，从外看，石砌的屋基，石砌的墙壁，石盖的屋顶；走进屋，石板铺的地面、石制的用具应有尽有。这一切，不由得使人赞叹：真是石造的宫殿！

20世纪80年代以来，由于森林覆盖率的降低，木材价格飙升，人们修建房屋时，不得不适应新的建筑材料，于是，在城镇附近和公路沿线布依族村寨出现的砖木结构混凝土建筑的平顶、火柴盒式小楼房，从建筑材料和工艺技术看已属现代建筑的一种了。应当承认，这种建筑有保暖性能好、防火性能好等诸多优点，但建筑样式已经离传统建筑文化相去甚远了，没有民族特色，往往破坏了布依村寨的整体风貌，对于民族文化的传承保护以及旅游开发来说，是一种遗憾。近年来，各地开展新农村建设，将火柴盒式建筑略加改造，使其既尽可能保持传统建筑的形式和风格，又具有现代建筑的优点，不失为一种补救措施。

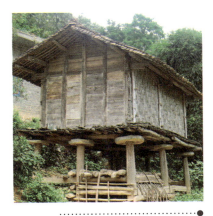

布依族瓦房粮仓

但就布依族地区情况来看，建筑形式和风格很多照搬其他地区汉族民居建筑形式，没有充分体现布依族建筑文化的特点。这又带来了新的遗憾，应当引起足够重视，加以改进。

与环境相适应的传统交通运输

布依族的交通运输分为水上和陆地两大类。与布依族地区的自然环境和地理特征相适应，布依族先民创造了相应的交通运输工具。

布依族滨水而居，为了解决跨江河交通问题，布依族地区建有很多桥梁。古代布依族桥梁有木桥、竹桥和石桥几种。在沟渠或河岸较窄的地方，一般用木料、楠竹或石板搭成简易桥梁，以便行人通行。而在较宽的河面上，就建成石拱桥。而如果江河水面宽度很宽，因技术手段不足以修建更宽的桥梁，就只有用运载工具进行摆渡了。

布依族传统的水上交通工具，主要有筏、独木舟、梭船和木船等。

筏，布依语称"刷"。这是最早发明的一种水上交通、运输工具。即使在金属工具尚未发明的时代，自然倒折的竹、树均可用葛藤绑扎，成为原始的交通、运输工具。

筏的制造材料有竹和木，因而有竹筏和木筏之分。从结构形式看，分为简易式和固定式两种。

所谓简易式，指筏子是用绳、藤或竹篾将若干竹子和木头绑扎而成，平时运送少量客人和货物，需运载大型过重货物时，根据需要加宽加固筏子，运送结束后再将临时用来加宽的材料拆下。

固定形的筏，需将竹或木头凿成孔，用木头砍削成横闩，将凿好孔的竹或木头串联和固定起来。这种筏比较牢固，载重量也大，使用时间较长。

对筏的操控，一般用竹篙。停驻时，用一根结实的棕绳将筏固定在岸边一块巨石上或一根木桩上。筏离岸时，解开绳子，用竹篙用力抵住岸边，双脚则用力蹬筏，让筏驶离岸边。撑筏者站在筏上，用竹篙随时调整筏行驶的方向。

独木舟。舟、船，布依语称"入"。独木舟用一根整木挖凿而成，体腔挖空可容数人，两头尖，形似织布梭，所以布依族也将其称为"入导"（梭船）。独木舟一般只能载几个人，不能载大量货物。少量货物可捆于舟上或背在乘舟人背上。因此它只适用于打鱼、过河劳动、走亲访友、赶场以及少量轻便货物运输。

梭船由独木舟发展而来，用若干块木板拼合而成。形状与独木舟相同，由于舟体加大，所以运量也相应加大。

木船，布依语称"入耒"。船体比梭船大，一头平一头尖，船上用竹席围搭成篷。这种船适用于远程运输和载客。

梭船和木船的制作工艺基本相同，一般用木板制作成形后，再用灰膏将孔隙处刮平，刷上数道桐油，以防漏水和朽烂，延长使用寿命。

册亨一带布依族的独木舟

船上的附件有竹篙、桨、橹、竹绳等。竹篙称为撑竿，在船离岸和到浅水处时使用。桨、橹用于梭船和木船。桨长 1.6 米左右。橹比桨长，固定于船两侧和船尾。船两侧的橹功能与桨同，船尾的橹除此而外还可用来调整方向。纤绳用牛皮、棕丝、麻等做成，用于船靠岸后将其固定，或逆水行船时人工牵引。

近几十年，布依族地区已出现机械轮船，如拖船、机轮等等。但传统的水上交通、运载工具仍频繁穿行于河面上，仍扮演着重要角色。

山区的交通不便，运载工具主要有马匹，地形较平的地区，则有独轮车、牛车、马车和滑板等。

马匹既可载人，也可载物。为安全起见，距离稍远的运输都结伴而行，形成了马帮、马队等等。用马做运输工具，需配备鞍、驮架和马箩等。鞍和驮架等配件与别的民族大同小异。但马箩却有自己的特色。一般分为干箩和油箩两种。用竹篾编成，扁圆形。干箩敞口，专装干货。油箩有封盖，内糊数层绵纸，刷上桐油，专用于装桐油、菜油或酒等。

地势较平地区使用的独轮车，由木架和木轮构成。车架用来装载货物。两根车辕，辕上拴有套绳。运输时套绳挎于肩上，两手执辕，推、拉和掌握方向。现在独轮车已有很大改进。木轮辋外套胶轮外壳，并加安轴承和刹车附件，长、短途运输均可使用。

牛车、马车均为两轮。最早的牛车、马车为木轮，用单牛、单马牵引。现在多为木轮辋外套胶轮外壳，或装上汽车轮胎。单马牵引已改为双马、三马或四马牵引。牛车仍用单牛牵引，使用比马车少。马车分平板车和篷车两种，篷车主要用来载客。车篷多为竹席做成。

滑板是布依族中较有特色的短途运输工具。用一块约 5 寸厚的整木板砍削刨平做成。上平，下为船底形。分干滑、湿滑两种。干滑多用于小煤窑，从煤窑口到堆煤处，挖一条滑道。滑道只需挖掉浮土，露出硬实的老本泥，铲平。滑板两头拴有纤绳，运煤时用人力牵引。湿滑多用于运输较重的石料。滑道需铺一层黄黏土，刮平锤紧，运输时在滑道上洒水浇湿使之润滑。上坡时滑板前面的人用力牵引纤绳，下坡时，前面牵引的人让到路两旁，以免发生危险，后面的人则紧紧拉住绳子控制速度，稳步行进。

滑竿和轿子也是布依族地区曾经流行过的交通工具。过去主要是有钱人、官员和病人乘坐，轿子也用来抬新娘。20世纪50年代以来，除滑竿仍用来抬病人、轿子仍一度用来抬新娘而外，其余情况已不复存在。

　　也许最流行的运载方式是肩挑背驮，最流行的交通方式是步行。在山区，这种原始的方式，随着交通运输的现代化会逐步减少和改进，却不会消失。至少在相当长一段时间内会是这样。

布依族刺绣——围腰

ZHIXUYU
GUIYUE

秩序与规约

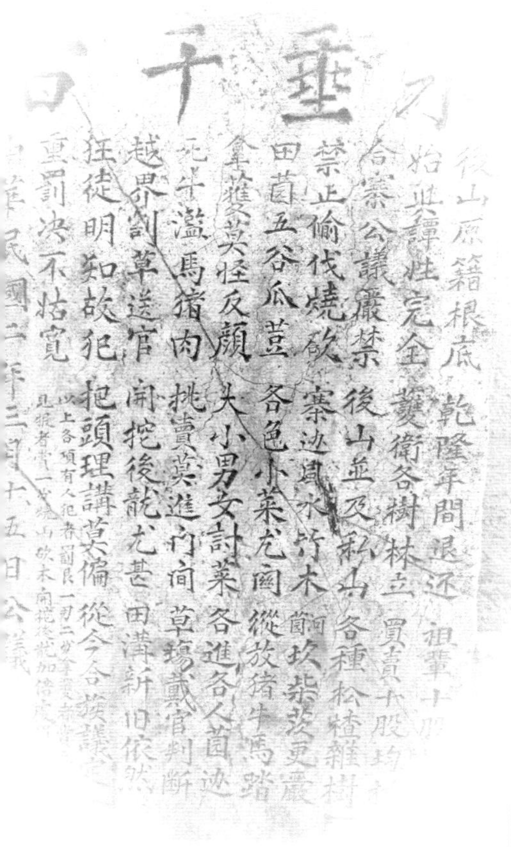

后山原籍根底乾隆年间退还祖辈十……
始具谭姓完全严禁各色树林益买贵十股均……
禁止偷伐烧砍寨边凤行木简玖韭菼茨严……
合寨公议严禁后山並及私山各种松樯树……
田苗五谷瓜茸各色小菜尤菜乙討菜各进各人菌……
拿获莫怪及颜头小男女討菜乙踏田溝新旧依然……
无斗滥马猪肉挑责莫进行间草豫戴官判断……
越界割草送官闹挖后乾尤甚田溝新旧依……
狂徒明知故犯把头理講草偏從今合……
重罚决不姑宽

在我们今天的社会生活中，好像离开了政府、离开了法院、城管，离开了警察以及这样那样的职能部门，社会就运转不下去，就会出乱子。但是在传统的民俗社会中，虽然没有这么多名目繁多的部门，社会照样可以运行，虽然也会出现偷鸡摸狗、杀人越货的事情，但并不需要像现在这样家家户户装上防盗门。路不拾遗、夜不闭户这样的社会环境，恰恰都是出现在我们看来是制度很不健全的乡民社会中。是什么样的一种机制保证了社会居然这样有序？

让我们进入布依族传统社会，我们也许可以发现其中一些奥秘。

从"三老"到亭目：制度文化

布依族谚语：若有事，找"三老"。意思是说，如果有什么事情（特别是纠纷），自己无法解决，可以请求"三老"协调解决。

所谓"三老"中的"三"，只是个概称，并非确数。主要指宗族长老（族长）和寨老。"三老"均为自然领袖。宗族长老多为宗族内辈分较高并有威望者，寨老主要由各家族的长老联合组成。经济大户、在社会中有能力、办事公道、有威望者，虽辈分不算高，也可成为寨老。

家族是以血缘关系为基础形成的社会组织。家族成员同一姓氏，或聚居在一寨中，或分布在不同的村寨中。家族内部严禁通婚。绝嗣户的财产，由家族中的旁系亲属继承；出卖土地房产时，须优先由家族中的人购买，家族中无人购买时才能卖给外人；中华人民共和国成立前，每个家族一般都有数量不等的公有祭祀田产和山林。

宗族或称家族，布依语称"报奥"[pau⁵ ʔaːu¹]，或"然告"[ran² kau⁵]。它由出自共同血缘祖宗的若干家庭组成，家族成员依靠血缘紧密联系在一起。宗族内的各户居住在一个或数个村寨内。"报奥"是布依族社会进入个体家庭以后的社会组织体制，是布依族古代、近代社会的基层单位。

"三老四少"

"三老四少"是布依族传统民间一种松散型的社会组织。所谓"三老"，通常指寨老、家族长老、布摩和村寨自然领袖等，"四少"则指中青年中群众公认的为人正直、办事公道、有一定组织协调能力的中青年代表人物。"三"、"四"都只是概数，不是确指。传统社会组织中寨老制、议榔制等主要商议村寨内外重大问题，对相关问题作出裁决。"三老四少"则主要对村寨中村民之间、家庭成员之间发生的矛盾、纠纷等问题进行调解、协调。"三老四少"的人员并不固定，哪桩矛盾纠纷需请哪些人员组成"三老四少"调解、协调的临时组织，要根据具体情况而定。由于"三老四少"构成人员具有代表性，并有较高威望，因此由"三老四少"出面参与调解、协调往往能收到良好效果，成为维护家庭和睦、邻里团结、社会稳定和谐的重要因素。

龙里孔雀寨碑文

　　"报奥"内部，分为若干"嘎"[ka⁴]或"外"[wai⁴]（分支），相当于汉族的房族。由一个共同祖先繁衍下来的五代以内各家庭，形成一个个"嘎"（外），宗族内稍小一点的集体活动都主要以"嘎"为活动范围开展，只有牵涉到大家族的共同事务，比如修祖坟、祭祀先祖等，才组织更大范围的集体活动。

　　随着人口的增加，宗族逐渐分散各地居住，族长的力量、宗族的凝聚力也逐渐被削弱。只是在每年清明祭扫祖坟时，才举行聚族议事会议。

　　祭扫祖坟聚族会议，一般在清明时节召开。宗族全部成员共同祭扫老祖坟。参祭的人，聚于坟前，由族长讲述家族历史，重申族规。族长与宗族中的主要人物借就餐之机，讨论宗族事务，调解族内纠纷，从而加强宗族内部的团结，增强宗族的凝聚力。一些地区的布依族宗族建有宗祠（多为历史上有权势者），他们将宗祠作为全族祭祖和聚会之所。20世纪中期以后，随着国家行政力量的持续强化，宗族组织已逐渐被弱化，但它仍是布依族地区重要的社会基层组织和社会关系。

护寨碑文

　　寨，布依语称"板"，寨老则称"博板"或"布光"。布依族俗语云"寨有寨老、家有家长"。每寨寨老，少则三五人，多则六七人，视村寨大小人数多少而定。"寨老"不经选举，而是在村民中自然形成。村民中那些办事公道、深明理义、作风正派、德高望重的人，逐渐被人们敬仰，形成自然领袖，也就是"寨老"。寨老有两方面的职责，对内主要是主持和办理本寨日常事务，如节日安排、公益活动、寨神祭祀、处理寨内纠纷以及组织制订、监督执行寨规民约等。寨中的一些重大仪式由寨老主持。

对外，寨老代表本寨，参加解决寨与寨之间有关问题。

贵阳市乌当区布依族传统民居

黔西南州、毕节市等地的布依族村寨，每年要举行祭寨神庙会，庙会由"寨老"主持，其中一个重要内容就是商讨全寨事务。贞丰一带布依族每年要举行三次，当地布依语称"拜亭"或"敬亭"。第一次是正月初三，第二次是三月三，第三次是七月半。毕节市一般在每年农历三月三、六月六对寨神进行祭祀，用牛、猪、公鸡等为祭品，布摩念经祈祷丰收。祭毕，全体人员于神灵前共餐。三次"祭寨神庙会"形式相似，内容各异，正月初三祭寨神，由布摩查看祭鸡卦（即鸡腿骨），根据鸡卦的"卦相"，预测来年吉凶之事告知寨人。"寨老"讲述本寨过去一年诸事；宣告当朝时下政令，提出当年本寨要做的事；制订村规民约，或修改寨规，批评违犯寨规及不道德者；落实官府摊派的各项粮款。三月三"祭寨神"是寨人商讨兴修水利和春耕生产的一次聚会。若有其他事需要解决，也由"寨老"组织大家协商解决。七月半祭寨神，是寨人共商秋收、秋种及处理本寨诸事的一次聚会。

布依族"祭寨神庙会"具有处理事务、调解纠纷、宣传时政、强化寨规、规正行为、凝结寨人的功能。

寨老也是进行民族传统教育的教师。他们常利用各种场合和各种方式对年青一代进行民族传统教育。例如在解决纠纷问题时常引老辈人说的话，并用各种事例说明事理，使当事者和在场的人都受到教育，从而对其决断心服口服。三月三、六月六等节日的祭祀山神、主神活动，也由寨老和宗教祭司布摩共同主持。寨老也要组织参加者总结一年来寨上生产生活与人际关系等各方面的情况及村规民约执行情况，进行道德教育，并重申村规民约。

在兴仁、贞丰、兴义等地，每寨都有一四柱四角凉亭式小型建筑，布依语称"讲苏"，直译即"主神亭"，有人汉译为"官厅"。"讲苏"祭祀的神为寨主神，而寨主神就是寨主（老）神化而来的。这说明寨老社会地位的崇高。这些地区，每年三月三、六月六的节日，由寨老和布摩共同主持的节日祭祀和议事均在"主神亭"举行。

兴仁大山乡波秧村至今仍传承着大年初一到亭前演武的习俗。演武由寨老指定头领指挥，操兵器进行。先在武场中绕9圈，然后列阵两排，忽而相持，忽而相背，作阵法操练。结束时，鸣地炮3响，操练者持兵器叩拜主神而后散。其他村寨的男性青壮年，也有不同形式的武术表演。"主神亭"曾是议事亭和瞭望亭，而寨老（主）有政治首领和军事首领的双重身份。

协调寨与寨之间关系、处理寨与寨之间的事务及纠纷也有相应的社会组织。在平塘和惠水等县有"议榔"，而在望谟、册亨等县则有"议各习"，统称"议榔"。"榔"源于布依族早期社会的血缘组织，后发展为部落议事会，最后又演变为村寨间以地缘关系为主的社会组织。"议"是"集中""聚会"之意。"议榔"设有榔头（首）、祭司以及分管军事、主持司法的头领。人选主要为各村寨寨老。议榔定期或不定期举行议榔大会，讨论有关事宜，制订榔规榔约，选举各种执事头领等。规约的主要内容是保护私有财产不受侵犯，维护生产生活秩序，维护公共道德及纲纪伦常，解决各类寨际纠纷，决定采取保卫集体安全和抵御外侮的具体措施等等。因为它集中体现了组织内群众的集体利益、意志和愿望，具有很强的约束力，人们一般都能自觉遵守。

望谟、册亨一带的"议各习"，一般选择在每年举行祭社神活动的"二月二"或"六月六"选举头领。因为这天村里各户都要参加，并进行聚餐。借此机会，人们共同推选寨首（布依语称"波板"）。村里发生的纠纷，由他来解决；受到外村欺侮时，由他组织、召集全村人进行抵抗；偷盗者一旦被抓获，亦由他负责审理和处罚。对庄稼的保护和管理，由他来主持制订乡规民约等。所制订乡规民约的范围有：全寨性的安全，对个人生产、生活资料的保护等。

每个"议榔制"组织所涉及的村寨数量大小不等，它不限于同姓同宗。议榔组织内部设有各种头领，其最大权力机构是议榔大会。议榔大会制订榔规榔约，选举各种执事头领，讨论议榔内有关重大问题。

椰首要负责监督实施所制订的规约，对违犯者进行处罚。议椰制对保护村民财产不受侵犯、维护生产生活秩序、维护公共道德纲纪伦常、抵御外侮等方面发挥了积极的作用。在黔西南布依族苗族自治州的兴义、兴仁、册亨、安龙、贞丰等县（市），有不少类似椰规椰约的古代碑文，为当地群众所必须遵守。

随着社会的变迁，议椰制逐步与寨老制融合，寨老变成了议椰的椰首。他们在传统乡村社会的管理中起到重要作用。

家族长老制、寨老制和议椰制是三种等次不同的社会组织形式。按现在的眼光来看，它们是粗糙的、不完备的、松散的，但由于它是在民族历史文化的发展进程中自然产生的，根植于民族传统文化，因而其作用不可低估。现在的基层政权若想实施各项政策，搞好农村工作，仍然必须发挥"三老"的作用，调动他们的积极性，否则，往往事与愿违。这说明传统民俗的惯性力量很大。

如果说宗族长老、寨老和议椰还属于民俗社会中的社会组织，那么，亭目领主制就是具有政权性质的社会组织形式了。

布依族地区的土司制度由封建王朝的羁縻政策发展而来，它分封各族世袭官职的首领，借以统治镇压当地百姓。土司之下又有大小亭目，他们是历代封建王朝基层的、特殊的政权统治者和土地占有者，不但管理民政，而且掌握军事、财政命脉等。

布依族土司制盛行于明清时期，但汉时中央王朝开始实行的羁縻政策可视为土司制的先声。元代在布依族地区设置了宣慰司、宣抚司、安抚司、长官司等官职。土司对归附的当地首领赐以名号及爵禄，让他们按旧俗管理原辖区，以实现中央王朝对布依族地区进行间接统治的目的。受封的当地首领（土司、土官）须服从中央王朝的调遣，按期缴纳贡赋，并承担相应的政治、军事、经济等义务。他们既是辖区内的最高统治者，又是当地的封建领主，拥有土兵，设有衙门、监狱、公堂、神祠等统治机构，在辖区内自用其法。明清之际，布依族地区出现了一些势力较大的土司，如金竹安抚司金氏、青岩指挥同知班氏、瓮郎都司杨氏、独山服色土同知蒙氏、安隆长官司岑氏。清雍正五年（1727 年）后，虽"改土归流"，但土司制在偏僻的布依族地区仍延续至民国初年。

在土司制下，布依族地区形成了颇具特色的亭目制。亭目制始于

布依族传统体育竞技——地秋（秋千的一种）

宋皇祐四年（1052 年），终于清末。主要分布于今册亨、贞丰、安龙、兴仁、兴义、望谟、罗甸等县（市）。其首领为岑、黄、王、农、贺、陆诸大姓。亭目分"大亭目"和"小亭目"（或分为"总亭""分亭"）两种，大亭目为世袭土官性质，由长子承袭。小亭目则是大亭目的次子等，被分封到各地分管地方的支系亭目。故亭目数时增时减，一个大亭目之下有若干小亭目。

在大的亭目衙门内设总内把事、师爷、老总头、土兵和各村寨把事若干人。总内把事专管征收粮银、"火烟钱"、棉花等，传达命令、征派夫役，传达民间诉讼案件，逢年过节或举行婚丧仪礼时收受贡物。师爷协助亭目管理政务、办理文案，同时兼任亭目家庭师塾，教育亭目子弟读书。师爷多由汉族秀才充任。老总头管理衙门内部，差人兼管理监狱等。土兵抽农民充当。其名额根据各亭大小而定，一般为10~20 人，也有的多至 50 人。土兵负责维持治安，看守监狱，侍候亭目等。把事多为亭目之心腹，他们负责催收粮银，传达政令事务，不称职者，随时可以撤换。民间纠纷诉讼，必先由把事调解，调解不了的才送请亭目解决。每个自然村寨设把事一人或二三人不等（视村寨大小而定）。

亭目制度下的军事组织称"甲"，首领称"甲首"，由土官统管。甲首通常由嫡长子承袭；不继承甲首的诸子，分派各地为"亭目"。"甲"与"亭"为上下级关系。"甲"后发展为一级封建政权，担负统兵、征赋、治安等职责。"改土归流"后，因拨粤归黔以红水河为界，有的"甲"被一分为二，于是出现"半甲"之称。

明代，土司将其世袭领地分为"公田""私田"两类。"公田"又分为"粮田""夫田""站田""马排田""祭祀田"五种。"粮田"，布依语称"纳粮"，"纳"意即田，"粮"指租粮。是用来耕种缴纳租粮的田。一般由布依族老户耕种，秋收后向土官纳租粮。耕种粮田的土民使用自己的生产劳动工具，农产品归耕者所有，但须负责"印田""把事田"的耕种或者缴纳粮赋。"夫田"即夫差田，布依语称"纳夫"。种田者必须承担某种差役。以差役的类别称呼田名，如伙夫田、挑水田、舂米田、柴火田、小菜田、渡户田、针线田、筷子田、班夫田、四脚马田、妈奶田、打更田、马草田、火药田、摩公田等等。"站田"，又称栈田，种田者不纳粮，亦不服劳役，一般都住在交通沿线，负责接待过往土官及内地驿卒等。"马排田"，又称兵田，种田者必须服兵役。"祭祀田"，种田者每年纳租，供土官祭祀祖先或寨神之用。这些地租形式比较固定，耕种者可世袭耕种，但无所有权，不得买卖和典让。

"私田"有两种：印田和把事田。"印田"又称亭目田，布依语称"纳

体育竞技——押加

印"，意为掌印人的田。印田由当地农民代耕。"印田"带有"职田"性质，亦称"俸禄田"。"把事田"，又称"头人田"，布依语称"纳赶"。它是土官赐予下属职员做薪俸的田地，附近农民代耕，农产品全归把事所有。把事田不世袭，把事去职后，土官再将田分给新任者。

在领主经济制度下，布依族人民被划分为土官和土民两大阶级。土官世代享受俸禄；土民则租种土官的田地，向土官交纳粮租，受到土官的剥削和压迫。土民分为三个等级：一是耕种粮田的土民，被称为"粮庄百姓"，简称"粮庄"。这个阶层人数较多，具有依附农民的性质。在土民中地位较高。二是被束缚于亭目私庄的百姓。他们由外地来投靠土司、土官，没有粮田耕种。由土官给他们指定范围，让他们开荒、耕种。耕种这种田地，不交赋税，但必须直接给当地土官交纳名目繁多的"礼品"，或为当地土官服各种劳役，如砍柴、挑水、烧饭、抬轿、抬嫁妆、抬灵柩等等。他们随时要听从土官的召唤，土官的"劳役田"也多由他们耕种。"改土归流"前，土民不但有巡防戍守的职责，还要耕种"兵田"以自食。改土归流"兵田"变为"粮田"后，"粮田"由农民耕种，除交纳粮银以供兵食外，还要无偿为亭目耕种"印田"和交纳租粮，一般为收谷 10 挑，交亭目 5 挑或 6 挑不等。

亭目的家奴多为女性，她们是亭目家中的侍者，由亭目花钱买来，无人身自由。其家属有钱时可将她们赎回。家奴到结婚年龄时，亭目或将她们卖给人为妻，或让男女家奴自相婚配。

土司亭目是基层统治者，同时也是土地所有者。亭目得到土司的分封，可以世袭。他们一方面行使封建王朝给予他们的权力，另一方面却享有独立的司法权，自设衙门和监狱。以他们的个人意志为法律，随时审讯、关押无辜百姓，甚至对百姓施以严刑。百姓丧失了基本的政治权利和人身自由。对百姓还有许多行为上的限制。

● 无形的规约：习惯法文化 ●

　　每年的三月三，在贞丰县的布依族同胞都要举行祭祀主神的仪式。届时，全村的男性都要集中到主神庙前参加祭祀和各种活动。仪式活动的一个重要内容，就是由寨老主持村民总结上年一年来全寨在各个方面的表现，对做得好的人进行表扬，对不遵守公德的人进行批评，并讨论村民应遵守的各项规约是否需要修改，之后，根据大家意见对原有规约进行调整和修订，在主神面前进行宣布。

　　在主神的面前议定和宣布、重申经村民集体议定的规约，反映了布依族先民的一种智慧：用信仰的力量保证规约得到大家的遵循。

　　这就是我们所讲的"习惯法"。其突出特点是以习俗的形式出现。看起来并没有很强制性的色彩，但却具有一种无形的约束力，发挥着重要作用。传统布依族社会能有序、正常运转，证明这种村民自治模式的有效性。

　　布依族习惯法产生的年代已很久远。原始社会的产品平均分配，固然是基于当时生产力水平而形成的一种分配方式，但这种分配方式实际上就是一种习惯法。因为社会财富有限，如果不平均分配，财富集中到少数人手中，大多数人就会饿死，就必然引起社会混乱。所以，社会要求必须服从这一分配方式，违者将受到众人的谴责甚至惩处。

　　布依族的习惯法从实施惩罚的主体看，经历了从神罚到人罚的发展演变；从表现形式看，则经历了从不成文到成文的发展演变。

　　从发展演变的过程来看，禁忌是布依族习惯法最早的源头。禁忌通过神的意志对人的行为进行强制性规范。比如在布依族中，禁止虐待和不孝敬父母，禁止浪费粮食，并没有任何条文，但是人们相信，虐待和不孝敬父母或糟蹋粮食的人会被雷劈。布依族禁止虐待牲口，也没有任何条款，但人们相信，虐待牲口也将会受到神的处罚，例如，用不洁净的

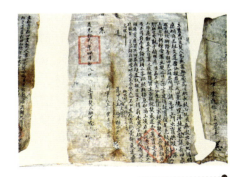

水田买卖契约

东西喂猪，会被猪神诅咒而眼瞎，从而真的眼瞎。在科学文化非常落后的社会历史条件下，禁忌具有很强的防范性。如果违禁，当事者将受到恐怖的精神折磨，有的甚至忧郁而死。因此，禁忌以一种精神的力量约束和规范着人们的行为。

但是，禁忌毕竟是一种观念的产物。在长期的生产和社会生活实践中，当偶尔违禁者或无意识犯禁者发现他们并未受到"神"的惩罚，同时，随着社会生产力和人们认识能力的提高，禁忌也就逐渐失去权威和效力。在这种情况下，通过人实施惩罚的习惯法渐次产生，形成禁忌与习惯法并存的局面。最后，习惯法占据主导地位，禁忌作为防范性措施退避到较小的领域。

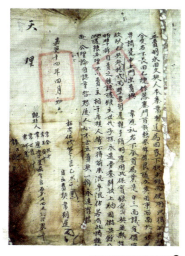

水田买卖契约

布依族历史上相当长一段时期没有产生自己的通用文字，因而其习惯法只有通过口耳相传的方式，通过习俗的方式承传。从唐宋开始，随着汉文化的日渐传入，布依族中开始出现了懂汉语识汉文的文化人。一些宗教职业者布摩开始借用汉字或仿照汉字创造新字，用来记录宗教经文。随着识汉字人数的增多，汉字逐步应用到其他方面和领域，例如用来记录民歌、民间故事和订立契约等。由于资料缺乏，汉字用于订立法规的记录最早的还只能推到明代，清代以后，这方面的资料就比较多了。布依族中用汉字来定立乡规民约已成为一种普遍现象，乡规民约碑遍及广大村寨。这与清代以后布依族地区汉文教育的发展和识汉字者大量增加有关。

在长期的历史发展过程中，布依族习惯法适应社会生产生活中的所有领域，明代以后，中央王朝对布依族的直接统治加强，布依族的习惯法适应领域逐步收缩，到了近现代，布依族习惯法仅仅在婚姻、丧葬以及财产继承与分割等较小的范围内适用。而且在这些范围内，国家和地方政府制定的法律法规也同样发挥作用。例如，按习惯法，布依族离婚是通过"三老四少"（指村民中德高望重者和办事公道、有议事能力者）倾听婚姻当事者陈述后作出决断，但到了近现代，既可采取这种传统方式，也可通过村民委员会调解，或请法院判决。

这种"二元复合"型的法文化运作特点，在布依族中肯定会存续相当长的时间，特别是交通、通讯相对闭塞的边远地区，更是如此。随着现代化建设的发展，包括法文化在内的布依族传统文化将受到更猛烈的冲击，布依族习惯法也将以更快的速度缩小其适用范围。但是可以肯定，布依族习惯法与国家成文法将在相当长的时期内并行。当然，它也将随着布依族传统文化的发展变化而在内容、表现形式等方面发生相应变化。

从不同的角度可以对习惯法进行不同的分类。从内容的角度，布依族习惯法可分为"生产及分配习惯法""婚姻、丧葬习惯法""社会人际关系习惯法"和"刑事习惯法"几类。

1. 生产及分配习惯法

生产方面的习惯法指有关生产领域及其过程中的一些规约。这些规约最先是通过口耳相传或行为示范的形式传承，到了清代，有些地方把相关条款刻在乡规碑上。

通过口耳相传的形式传承的习惯法因历史悠久，已成为人们自觉遵守的行为准则，例如在很多地区，人们在平整水田播撒稻种后，在田中插上若干小树枝作为标志。这个标志的警示含义是：此田已播撒谷种，严禁牛马、鹅鸭践踏。小树枝作为一个符号，其代表的含义靠人们口耳相传进行解释和传承，人们看到这种标志，都自觉遵守。若自己饲养的牲口因看管不严践踏了别人的秧田，都能自觉

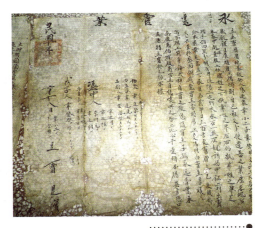

山林买卖契约

向田主人赔偿。又如农忙时的换工，也没有明文规定，但人们习惯形成了这种规约。这种换工不要求同等工时互换，但应大致相当。比如，某甲在插秧时因人手不够，请某乙帮忙插了一天秧。过不久，某乙修建房屋连续请某甲帮忙三天，某甲也不会因吃亏而拒绝。但如果下次某甲有事请某乙帮忙，而某乙借故不答应，那么社会舆论就会谴责某乙，使其在今后有事需请人时无人答应。这种惩罚是相当重的。

在平塘县上莫乡，狩猎者对各自狩猎区域有一个不成文的约定：狩猎人按狩猎方法和捕猎对象不同，分为"上硐煤山"猎人、"中硐煤山"猎人和"下硐煤山"猎人三种。"上硐煤山"专猎虎、豹等凶猛野兽，"中硐煤山"专打野猪、野羊等中等动物，"下硐煤山"则专打山羊、野兔和野鸡等较小的动物。各"硐"之间对这种划分都必须自觉遵守。

生产资料方面，也有相应的习惯法。例如，荒坡、河、山林等生产资料，在中华人民共和国成立前，除私人占有部分外，每个村寨都有一片公有山林，供全寨性的事务和祭祀等用。此外，各宗族还有自己的公共荒山和山林等，作为家族坟山或供全宗族集体事务用。这些公有荒山、山林，任何个人或外村寨、外宗族的人不能擅自占用。

其他方面，如生产工具、牲畜等，其所有权、使用权均属个人，他人不得占有。

分配习惯法，是指适用于分配方面的习惯法。

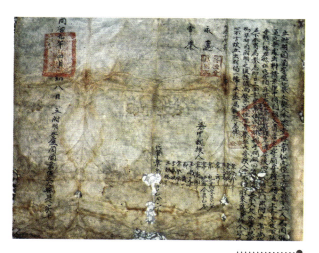

布依族早已进入阶级社会，但原始公社时期盛行的平均主义分配方式仍在很多方面有不同程度的表现。上山打猎，见者有份，就是这种分配方式最突出的表现。布依族是农业民族，狩猎在大多数地区只是季节性的活动。如果狩猎者捕捉到

老宅基地买卖契约

猎物，过路碰见者即使没有参加，也可分到一份。三月三、六月六祭山神，用来祭祀的猪肉大家共聚一餐后，剩余的采取平均分配，任何人不得多占。

在手工艺行业内，师傅和徒弟之间，熟练者和初学者之间在分配上有一定差距。人们对此是能够接受的。但当熟练程度相当后，一般都采取平均分配方式，否则就很难继续合作共事。

2. 婚姻、丧葬习惯法

布依族婚姻中有很多规约，必须严格执行。

同宗不婚。这是指具有共同血缘关系的人之间不能通婚。因同姓往往标志着同宗，因而，同姓一般不通婚。但根据传说，虽然同姓，也可能祖先毫无任何血缘关系，在这种情况下，姓氏相同的两家也可以通婚。如贞丰一带，梁姓有所谓"横梁"[lian²va: ŋ¹]和"顺梁"[lian²tan³]的区别，这两种梁姓没有血缘关系，可以通婚。所谓"横梁"，是指办丧事时，装殓死者的棺材不是顺着梁摆放的，而是与梁横着摆放；"顺梁"则是顺着梁摆放。两种摆法表明两家虽同为梁姓，但不属于同一个家族，也就是没有血缘关系，可以通婚。

龙里县三元场的罗姓与贵定县盘江一带的罗姓据传也来源于不同祖先，可以通婚。但如果根据传说两姓有血缘关系，虽然姓氏不同，也不能通婚。如镇宁扁担山一带的卢、马两姓，安龙县鲁沟乡的余、贺、韦、陆四姓，都匀市平庄的赵、何、骆、罗、杨、刘、孟、陆八姓，据说源于共同祖先，有血缘关系，故不能通婚。

表兄妹、表姐弟之间可以通婚。同宗不婚是为了避免相同血缘者的婚姻关系，但这只是从父系角度而言的。由于布依族父权制有很长的历史，因而从母系角度则不存在这种限制。布依族中盛行"侄女赶姑妈"习俗，姑妈家的儿子可以娶舅家的女儿为妻，两姐妹的儿女也可以通婚，称"姨表婚"。在惠水等地，舅家的儿子还有娶姑妈家女儿为妻的优先权。这种亲戚间的通婚被视为"亲上加亲"，直至20世纪80年代仍很盛行。但通婚者须为同一辈分，禁止不同辈分之间婚配。新婚姻法颁布后，禁止三代以内血亲通婚，这种习俗已逐渐消除。

根据"八字"判定婚姻当事人能否结婚。在习惯法认可的通婚范围内，婚姻当事人双方虽同意缔结婚姻，但还须合"八字"，如果两者八字"相生"，即可结婚，"相克"则不能结婚。

婚后女方暂不到夫家常住。举行婚礼后女方返回娘家居住。每逢节日、农忙时节或夫家有婚丧嫁娶等大事,由夫家接去暂住一日或数日。待怀孕后,才到夫家长住。在镇宁一带,结束女方在娘家长住,需举行"戴假壳仪式"。

未婚或婚礼后女方未到夫家长住期间,青年男女仍有社交自由,但严禁婚前和婚外性关系。布依族对此有一套包括用各种方式将犯事者处死的严酷处罚。

民族间通婚的限制。布依族习惯法对民族间通婚没有明确的限制,但一般在本民族内通婚。主要原因是不同民族间由于语言和风俗、生活习惯不同,婚后生活在一起有诸多不便。此外,也有民族隔阂这一因素。布依族中有极少数与外族通婚者,这部分人多为家境实在贫穷、身体有残疾或有别的原因者。20 世纪 50 年代后民族间不通婚的限制逐步打破。

布依族丧葬习惯法有的是由信仰原因形成的,也有由社会原因形成的。主要表现在对死亡者的处置方式上。对正常死亡者,布依族认为人死后其灵魂将到另一个世界"拜"[pat⁸]界或"仙"[θian¹]界去,因此首先必须给死者剃发或梳洗、含金、换新衣,让其干净整洁地离开阳世,含碎金是让其灵魂到另一个世界后有钱用。亡魂到另一个世界后也需有遮风避雨的居所,因而需用棺木将死者装殓土葬。亡魂到另一个世界也需要指引道路,因而需要请布摩举行仪式进行超度,简单一点也需举行"开路"仪式,否则亡灵会因找不到路径前往该去的地方而在阳世作祟于人,给其亲人带来不幸。亡灵到阴间也和在阳世一样需要耕田种地,故举行超度仪式时要砍牛作牺牲赠送给亡灵,让牛的灵魂到阴间为亡灵服劳役。布依族认为死者墓地选择如何,与死者后世亲人命运攸关,因而非常重视。

因暴病、难产、挨刀枪、摔崖、溺水等死亡的,都属非正常死亡,是凶死。在外凶死者尸体不能进村,只能在村外搭简易窝棚进行超度。如果死者死亡地点离本人居住地较远,抬其尸体经过别的村子时也只能从村外绕过。据认为凶死者尸体进村,其灵魂会对村里人作祟,甚至寻找替身给人们带来灾难。其次,患恶性传染病如肝炎等而死者,其尸体必须火化。一是避免传染,二是人们认为这种人的鬼魂很恶,必须通过焚尸才能镇住。此外,对凶死者还需举行"赎头"

（ðu⁶t ɕau³）仪式，将其堕入苦海中的灵魂救出，再超度到"拜"[pat⁷]界或"仙"[θian¹]界。

由社会原因形成的丧葬习惯法，指的是这类丧葬习惯法是由布依族社会制度而形成的规约。主要表现在以下几个方面。

首先，人死后要立即放鞭炮向世人讣告，同时派人到死者外家和女儿家报丧，通报本家族。其次，丧礼上对死者外家的接待必须十分周到，特别是死者是女性时更应如此。在贞丰一带，举行转场仪式时外家请来的老者作"大老爷"临场坐镇，孝子孝女孝媳孝婿等转到其面前都须行跪拜礼。若对外家有所怠慢，不仅将遭社会舆论谴责，还可能造成与外家的矛盾影响亲戚感情。再次，由于死者亲属处于极度悲痛之中，宗族成员必须主动参与料理死者后事，即使平时与死者家属有矛盾，这时也不能袖手旁观，否则将受世人唾弃和孤立。本宗族特别是血缘最近的本房族各户必须分别承担接待前来吊丧的各路亲戚的任务。这类丧葬习惯法充分体现了布依族舅权的影响、宗族观念和互助精神。

3. 社会人际关系习惯法

指有关社会人际交往中的有关规约。包括宗族内、家庭以及一般人际交往等几个方面。

（1）有关宗族及家庭成员关系的习惯法

布依族每一个房族或家族都有族长。一般由辈分和年纪都比较大的、有办事能力且比较公正的人担任。不同层次的长老在不同的范围内履行职责，房族长老负责处理本房族范围内的事务和纠纷，家族长老则处理跨房族的家族范围内的事务和纠纷。如果是

乡规民约碑

比较大的家族范围内的事务和纠纷，则由各房族长老联合处理。

每一个宗族都有自己的一套习惯法。一些比较大的宗族还在宗谱中载入该宗族习惯法的有关条款。各宗族在具体条款上有不同规定，但总的来看，主要包括下列几个方面。

①祭祖。有的宗族建有宗祠，定期或不定期举行祭祀祖先的活动。每一个宗族都有祖坟，每一年的清明，宗族成员（男性）都必须参加扫墓挂纸活动。年代比较近的祖先的坟墓，由一个或数个房族扫墓，年代比较远的祖先的坟墓，则往往是全宗族集体扫墓，由于牵涉面比较大，因此通常若干年才举行一次。平常年份由离祖坟年代较近的各房族负责祭扫。在贞丰一带，祭扫祖坟采取每户轮流当东的方式，无论轮到哪一户，都不能借故推脱。在望谟一带，通常在三月三举行祭扫祖坟的活动。每一个家庭则对自己年代较近的亲人的坟墓进行祭扫。

②别长幼，明人伦。在宗族和家庭内部，辈分小的必须尊重辈分大的，年幼的必须尊重年长的。如果发生不尊重甚至辱骂长者的情况，轻者受到批评教育，重者将由族长主持召开宗族成员会议，进行处罚（包括体罚）。尊重长者，主要是要求人们不能直呼长者名特别是小名，要按照不同辈分作相应称呼；不能在长者面前跷二郎腿；路遇长者要主动打招呼、让路；见长者负重，要主动为其分担等等。

③宗族和家庭成员的权利和义务。

a.幼年时有受抚养不被遗弃的权利；b.成年时自由恋爱得到父母操办婚事的权利；c.年老后有受到子女赡养的权利；d.如果受到外人欺侮，有要求族人为其复仇的权利；e.在有关宗族和家庭大小事务上，有发表意见的权利；f.成家立业后，有抚养儿女和赡养父母的义务；g.当父母年老或故去，长兄有抚养年幼弟妹的义务；h.当家庭或宗族成员受到外人欺侮时，有为其伸张正义的义务；i.有为本宗族无偿服务的义务。

④宗族内的团结与互助。布依族谚语："家头不和外人欺。"因此比较强调家庭和宗族内的团结和互助。要求全体宗族成员在宗族某一成员受到外侮时，必须团结一致为受害者伸张正义，捍卫宗族尊严。如果临阵退却或当内奸，将受到谴责，以后当这家人受到外侮时，宗族内的人将不会上前为其撑腰。宗族内凡每家有婚丧嫁娶或修建房屋等大事，宗族成员也必须积极参与。

（2）有关姻亲关系的习惯法

　　姻亲即因缔结婚姻而形成的社会关系。布依族谚语："不开亲是两家，开了亲是一家。"原来可能毫无关系的两家因婚姻而关系紧密起来。除适用于家庭和宗族的习惯法如别长幼、明人伦等同样适用于姻亲外，处理姻亲之间关系还有专门的习惯法。在这方面，舅权起着重要作用。除了前面有关婚姻丧葬习惯法涉及的而外，突出的还有下列几点。

　　拜年。在布依族中，给岳父母和外家拜年是一个必须遵循的规矩。从订婚，至少从举行婚礼开始，就必须于每年春节给岳父家拜年，连续不断。按传统习惯，给外家拜年应该拜五代人。现在实际上很难做到，但拜两三代人，一般能够做到。如果违反这一规定，不仅会导致亲戚关系疏远，还会受到社会的谴责。

　　对姑妈受害的追究。布依族中虽然重男轻女现象较严重，但对嫁出的姑妈的命运却一直受到关注。布依族认为，姑妈在夫家受到的待遇如何，不仅是姑妈个人的事，还关系到外家乃至整个外家的宗族的尊严。如属家庭纠纷打打闹闹外家一般不予干预，但若姑妈在夫家受虐待、迫害、残害，外家肯定必须追究，严重的甚至引起两个家族的械斗。与此有关，凡中青年妇女死亡，入殓前必须通知外家前来验尸，证明属正常死亡才能入殓。

　　（3）有关其他社会关系的习惯法

　　其他社会关系，指宗族和姻亲之外的人际关系。在布依族中，有一般的朋友关系，也有相对稳定的伙伴关系。相对稳定的关系如"故同"和"故弄弱"。"故同"是同姓青年男女之间的一种伙伴或朋友关系，若某个青年喜欢另一个年龄与自己相同或相近的青年，则请人从中撮合，结成"同"的关系。"故弄弱"则是大人间以孩子为由建立的关系。孩子小时由于体弱多病或别的原因需找"保爷"，物色好对象后，便通过中间人撮合结成"弄弱"（汉语称"干亲家"）。有时因喜欢某人而又找不到适当的理由，也通过这种方式或当面表达结为"弄弱"的愿望，从而结交。

　　结成"同"或"弄弱"，双方相互视为兄弟姐妹，有的甚至比亲兄弟姐妹还亲密，因此，适用于家庭和宗族以及姻亲的一部分习惯法也适用于这种关系。比如别长幼、拜年等。只不过拜年在"同"之间是互拜，而且年限不定，主要根据双方关系维持的时间而定。"弄弱"

则是"干儿女"家给"保爷"家拜年，一般是拜三年。这些看起来似乎谈不上是强制性的，但实际上，这种习惯是维系双方关系的纽带，离开了它，关系也就难以维系。

无论是哪一种社会关系，在交往过程中都必须以诚相待，不能欺骗对方，否则将导致关系破裂，遭到社会的谴责。

4. 刑事习惯法

指对偷、抢、奸、凶杀、纵火以及坑、蒙、拐、骗等刑事犯罪的惩罚规约。这类习惯法内容丰富。各地乡规民约中，这方面的规约占较大比重。

布依族的刑事习惯法主要包括对杀人犯、偷窃者、抢劫者、强奸者、纵火者等的处置。

在历史上，布依族中发生杀人案件后，一般采取以命抵命的办法，在寨老或地方长老的主持下，受害者家族找杀人者家属论理，若能达成赔偿协议则罢，若不能达成协议，受害者家族即实施复仇，设法找到杀人者并将其殴打致死或严重残废。在这种情况下，杀人者家族为了保护自己亲人的生命，往往奋起抵抗，因而常常发生群体械斗，酿成世仇。因此，每个家庭和家族都把教育子弟不要在外惹是生非作为一项重要内容。人命案也可以采取罚物的方式解决，如册亨坝江乡规碑规定："毒药缢死二比天命，罚钱三千六百文。"

对偷窃者的处置，是各地乡规民约的主要内容之一。各地规定不尽一致。一般采取罚物的方式。如册亨县境的《乃言乡规碑》对偷窃者的处罚是这样规定的：

……日则隐藏家中，盗牛盗马，夜则穿墙挖壁，偷粟盗物。或闻，众户同情协力，共心捉获，而虽追究，理法不容。倘有何人强硬不依，和众齐心，便罚牛一条，重有一百五十斤，酒五十斤，盐二斤，米四十斤，以所祀社之费……

偷盗各行，罚钱一千二、二千四、三千六。

有的地方对偷盗者的惩罚相当严厉。如册亨马黑乡规碑：

……今我寨上，若有为非及行强盗告失主者，人众必同力面差吊打，支用银钱不能相丢。倘有白日夜晚，拿得是贼是盗者，众人一力上前砍手剜目，使成废人……

抢劫是一种比偷盗更加严重的刑事犯罪，处罚自然就更重。个体实施的抢劫，至少要进行体罚并罚钱物。若是合伙抢劫，则被视为匪，对此类犯罪，或联合乡民将其剿灭、驱逐出境，或扭送官府法办。

对强奸者的处罚很重。布依族中这类案件较少，因这种事在布依族看来是一种严重伤风败俗事件，处罚都较重，常有男方被女方父兄吊打致死的情况（通奸者的惩罚相似）。因此一些乡规碑指出："命案出于奸情。"在一些地方，对这类案件的处罚是采取罚钱罚物的方式。如册亨坝江乡规碑规定：

蔑法背伦，串奸有孕，罚钱九十六斤。

白日强奸，罚钱八十四斤。

黑夜通奸，罚钱六十二斤。

水火不留情，火患给人们带来的损失难以估量，它能使几十年乃至上百年积累起来的财产毁于一旦。因此，布依族特别重视防火教育，每年三月三、六月六都要举行扫火星仪式，神庙前由寨老宣布的寨民注意事项中，就有要求各户教育孩子不要玩火的内容。对故意纵火者，处罚也很严重，有体罚、罚钱罚物等。如册亨秧佑乡规碑规定：

一不准纵火烧林，违者议该罚钱一吊二。

布依族从大量刑事案件中发现其根源在于赌博，因此，布依族习惯法中对禁赌都有相应规定。有的是在宗族的宗谱上规定禁赌的内容，更多的是在乡规碑中加以规定。如兴义阿红大寨乡规民约碑规定：

一议不准窝藏赌博。

册亨马黑乡规碑规定：

一禁革不许赌钱。

此外，布依族中对窝藏盗贼、包庇犯人等也作了相应处罚规定。

布依族中对刑事案件的审判、决断和处罚一般由寨老主持。案件审理和对罪犯进行处罚的实施者，根据罪犯的具体情况，分别由寨老或宗族长老担任。审判和决断要根据人证物证进行。布依族谚语："拿贼拿赃，捉奸捉双。"人赃俱在，再根据有关规约进行处罚。

神判也是一种常见的方式。这种审判方式是在缺少人证物证的情况下，利用人们惧怕神灵的心理，借助神的力量进行的。主要有捞油锅、看鸡眼和对神起誓等等。

中华人民共和国成立后，布依族地区在国家法律总原则下，继续沿用"乡规民约"这一传统的自我管理方式。但和旧的乡规民约相比，

具有时代的内容和特点，比如，废除了"砍手""剜目"等残忍而又
违反国家法律的酷刑；处罚以罚交钱、物为主；增加了诸如"遵守国
家的政策、法律、法令"等与新时代相吻合的内容。传统的"瓶"中
装进了时代的新"酒"。布依族的习惯法在新的历史条件下继续发挥
着作用，焕发出新的生命力。

● "代大哈侪样"：亲族与社会伦理规范 ●

　　"侪那哈侪亚，代大哈侪样。"[loŋ²na⁴ha³ɕɛu⁶ða¹, ta:i⁵ta¹ha³
ɕɛu⁶jam⁵]这是摩经《嘱咐经》中的两句经词。意思是给舅舅、外公
外婆拜年，要坚持五代人。

　　经词反映了布依族传统社会重视人伦亲情，尤其是重视加强、巩
固与母亲一方家族的亲族关系。布依族认为母亲对一个人之所以成为
人具有关键意义。饮水思源，于是，母亲一方家族受到特别尊重。布
依族谚语："舅家为大。"充分反映了这种伦理观念。

　　所谓"亲族"，是因联姻而形成的社会关系。布依语称"轿弄"。
联姻的男方家族和女方家族，形成"轿弄"关系，相当于汉语"亲
家"。姊妹（包括旁系姊妹）出嫁后，各自所嫁丈夫的家族形成"维
显"[vi²θɛŋ³]关系，相当于西南地区汉族所称的"姨佬"。无论是"轿弄"
还是"维显"，都属于"亲戚"关系，布依语泛称"比侪"，意思是"兄
弟姐妹"。

　　形成亲戚关系后，一旦其中一方家族中某家有婚丧嫁娶，与其有
亲戚关系的各家都要前往送礼、庆贺，称"更涝"（吃酒，指举行婚
礼）。这些关系中，以舅家与姑家关系最密切，舅家受到格外尊重，
体现了浓厚的舅权特点。比如，在一些地方，姑家嫁女儿，男方要专
门给舅家送一笔礼钱。当然，舅家也会送一点嫁妆。女性去世，要专
门通知舅家前来验尸，看是不是正常死亡，如果身体没有被伤害情况，
才能入殓。如果发现有意外情况，就要问个究竟。据说过去曾有因妇
女被害致死而导致舅家家族兴师问罪，与姑丈家家族发生械斗的事件。
这在历史上曾起到了维护妇女权益的重要作用。

　　布依族的家庭组织，属于父系的一夫一妻制。其中以主干家庭占的比重较大。由主干家庭加联合家庭构成的三代同堂和四代同堂的复合型家庭是人们比较羡慕的大家庭形式。但事实上，真正能实现的只有很少一部分。布依族谚语：树大分桠，儿大分家。儿子长大成家后，大多分家自立门户。

　　布依族一般的家庭都由男性长者为家长，掌管经济并拥有支配每个成员的权利。三代或四代同堂家庭，除兄弟、妯娌之间能和睦相处外，很大程度上是由于家长有威信，指挥管理调教有方。家长老了或去世，由长子继承，故有"长哥为父，长嫂为母"，"有风吹大坡，有事找大哥"之说。家族的长房之中年长、正直无私和办事公道的人，多被推为村寨自然领袖和寨老。

　　布依族分家时，家庭财产除留出父母的"养老田""养老牛""养老树"和未出嫁姑娘的"姑娘田"外，其余的田地及房屋财产由兄弟平均分配。在关岭等地，分家产时，房屋从大到小依次选（即由长兄先选，弟弟则依次选），田地则从小到大依次选。绝嗣人家的财产归亲属继承。"上房倒下房收，家族无人财外流"指的就是这种习俗。出嫁女儿无财产继承权，女婿入赘，可以继承。但很多地方，绝嗣人

敬酒

唱古歌

家的财产也可由女儿继承。分家后，父母多与小儿子居住，以便帮助照顾家务，也可由几个儿子轮流赡养。绝嗣者死后，由亲友代葬，其财产一部分作为死者丧葬费用，剩余部分全归代葬者。

如果中年以后还不生男孩，可以抱养子。养子在家庭中的地位同亲生儿子一样，同等对待，有财产继承权。

妇女的丈夫亡故后可以改嫁，但须征得夫家同意。北盘江流域一些地区，新夫还必须为妻子前夫的父母置备棺材和提供养老费。惠水一带，新夫则须付给妻子前夫的烧灵费用。

家庭成员之间严格按辈分关系互相称呼。丈夫称妻子，公婆称媳均为"乜某"（意为"某的妈"），妻子称丈夫，父母称已有孩子的儿子均为"播某"（意为"某的父"）。生孩子后，"播某""乜某"同时也成为一种名号，从此社会上一般人不再称其小名，而是称"播某""乜某"，或加上姓，称"韦播某""岑乜某"等。

受汉文化影响，现也有称"爹""妈""娘"，或"耶""伯""爸爸"等的。称祖父为"公""爷爷"，称祖母为"奶"。称儿女为"勒闷"，称孙子孙女为"兰"，称重孙为"冷"，但长辈对晚辈一般只在表示亲昵时才直呼"勒""兰""冷"等，平时只称小名。但晚辈对长辈必须严格按照辈分关系称呼，不能直呼其名，尤其对直系长辈。否则被认为忤逆。

由一个父系祖先繁衍下来的若干家庭构成家族（即宗族）。家族内按血缘关系的亲近程度分为不同的"嘎""外"（相当于"支""房族"）。

家族（或支）内，每一家有婚、丧、新居落成或别的喜庆活动，家族全体成员都要积极主动参加，做自己力所能及的事情。如果多次不参加，会遭到家族内其他成员的孤立，使之在相应的情况下受到冷落，得不到帮助。

家族成员如果人数过多，会给开展集体活动带来诸多困难，因此除祭祀远祖这样的活动外，很多家族把集体活动的范围限定在三到五代以内。亲族之间在婚丧嫁娶互相庆贺时，则根据亲疏情况，组织相应范围的家族成员前往。

除了血缘亲族关系，布依族中还通过其他方式，结成虽非血缘但却相对密切的社会关系。如"古同"、"古农"等。

所谓"古同"，"古"直译为"做"，意为结交。"同"意为"伙伴"。因而"古同"可译为"结交同伴"。由于尚未成年，少年儿童之间的"古同"都是在长辈及同辈年长者的教导和安排下进行的。随着年龄的增长，以及社交的频繁，他们的经验逐步丰富起来，"古同"不再需要长辈成年者的介绍了，而是在自己结交的朋友或认识的人中发现值得深交

河边对歌

的对象后，通过第三者正式介绍，与之建立"同"的关系。

青年时代结交的"同"，双方的关系往往要亲密些，这是因为这时他们已比较成熟，"同"是根据自己的意愿结交的。儿童时代结交的"同"则是因为当时未成熟，或不是根据自己的意愿结交的，或者即使是根据自己的意愿结交，但长大后双方觉得玩不来，也就慢慢疏远了。当然，也有很多长时间保持友谊的。

结成"同"后，双方经常往来，互相视作亲兄弟姐妹，遇哪家有红白喜事，便主动上前相帮，为"同"家操劳。结交后，每年春节，双方都要给对方拜年。拜年可约几个同伴一道去，送的礼物有红糖、粑粑等。受拜一方也要回赠对方自织的布依布、自制的布鞋、衣服等，并赠给同去的伙伴每人一双鞋或一张手帕。

在布依族中，几乎人人都结交有"同"，有的甚至有好几个、十几个"同"。人们往往以结交的"同"多来炫耀自己。因为结交的"同"多，可以表明这个人在社会上吃得开，有能力。

成家后，由于家务的增多，"同"之间的往来逐渐减少，有的甚至完全断绝。

"古农"相当于汉族的"打亲家"。有"古农弱"和"古农优"两种。是通过为小孩找"保爷"和定亲而进行社会交往的两种形式。

"古农弱"相当于汉族的"打干亲家"，指为儿女找"保爷"。布依族中这种习俗很盛行。孩子夜间爱啼哭、体弱多病，便认为是犯了"煞"，找布摩或阴阳先生测算，他们常常会告诉孩子父母说需要为孩子找个保爷。于是布摩或阴阳先生又会告诉你：找某个姓氏的，或者某种职业的，要么就是某种属相的。出远门的、外地迁来的人（男人），找孩子拜寄给他。也可以在指定的某一天，带上小孩或让小孩大清早在路口等候，碰到的第一个人便认作孩子"保爷"。

为孩子找到"保爷"后，每年春节就须带着孩子给孩子"保爷"家拜年，一直拜三年，第一年礼品一般送粑粑、猪肉、红糖等，"保爷"须给孩子命名，还要回赠与"干儿子（女）"家馈赠礼品价值相当的礼品。第二年只带粑粑给"保爷"拜年。第三年拜年跟第一年一样，"保爷"则须给"干儿子（女）"做一套（或一件）衣服。第四年以后，可以给"保爷"家拜年，也可以不拜，但干亲家间的往来却是不断的，平时经常往来，双方若有喜庆活动，也互相送礼庆贺。

与"囊绍"活动只在本民族内进行的情况不同，"古农弱"可在异民族中进行。为扩大社交面，认识了某人并认为可以深交，而又无正当理由，往往可以通过第三者撮合，与之"古同""古农弱"。

"古农优"意思是"打儿女亲家"，即为儿女定亲。一般在孩子还小（十几岁、几岁甚至几个月）的时候进行。这实际上是包办儿女婚事。某甲家有一小儿子，得知某乙家有一小女，便请一中间人先作试探，如未许人家，对方又不拒绝，就请媒人带上一块或两块红糖前往正式提亲。过一段时间，再请媒人带六块红糖到女家。女家收下后，说明亲事基本定下，之后双方家里及宗族、亲戚有婚丧喜庆活动，都要互相走访拜贺。

表面看来，"古农"的出发点并不完全是出于社交的需要。但事实上，"古农"都主要与大人社交的需要相关并受这种需要左右。比如，在为孩子选择"保爷"时，在合乎阴阳先生指定的条件的前提下，大人们考虑得最多的就是自己和所要找的这个人和谐地交往的可能性，甚至超越为子女找"保爷"的一般理由，为结交而借助"古农弱"的形式。又比如，为儿女定亲事，按理说来应首先考虑"未来的媳妇"或"未来的女婿"跟自己的儿子或女儿是否般配，是否合得来，这才是决定嫁娶的标准。但事实上，人们在找亲家时往往首先看这个"亲家"为人处世如何，是否合乎社会上人们普遍公认的标准，善不善交际，与自己趣味是否相投，等等。其次才考虑孩子是否般配，是否合得来。由此引起一种有趣的现象是：有些儿女婚事的告吹不是因为儿女不同意（儿女尚年幼），而是因为亲家双方在交往过程中发生矛盾。

布依族谚语：人不走不亲，水不踩不浑。指亲戚、朋友之间要经常互相走访，交流感情，才能保持持久的友谊。若双方长时间不走访，会引起猜忌，导致关系疏淡。交往过程中，双方要以诚相待，注重信誉，并讲究礼节，热情周到。社交及礼节以有效的道德约束，使布依族社会充满了彬彬有礼的风尚，体现了很高的文明程度，十分富于人情味。

无论亲族之间还是社会成员之间，都有一套行为规范。

在布依族中，如果发生晚辈不尊重长辈，年少者不敬让年长者的情况，人们就会谴责说：这人真没家教！先有老，后有小嘛，怎么这么没家教呢？先有老，后有小，这反映了布依族的长幼辈分观念。人们认为，每个人的生命都是父母给的，所以应当孝敬父母，报答父母养育之恩，更应格外尊重祖辈。对已过世的祖先，逢年过节要祭供，三月三或清明节要为他们扫墓。辈分大的，因他们和自己父母或祖父母同辈，所以应该尊重。与自己同辈或比自己辈分小，但年岁大的也应尊重，因为他们见多识广，社会经验丰富。

布依族的家庭孝敬父母被格外看重。即使经济条件很差的人家，也要周到地奉养不能自食其力的父母。兄弟多的人家，如果已分居另住，各家要轮流赡养老人，或商量由谁主要负责。一般在兄弟分家时，必须留下一份财产给父母，如"养老田""养老地""养老树"和"养老牛"等。如果父母年过五十，一般都要为老人家准备寿木和老衣。不得忽略，否则被亲友谴责为"大逆不道"。长长、幼幼的伦常观念，反映在选择婚姻对象时，都有同姓同宗不能通婚，或亲戚朋友中有不同辈分的也不能通婚的习俗。他们认为同姓就是同宗，同宗就是有血缘关系，所以就不能通婚。

家庭和社会伦理中的男尊女卑现象在不同地区有不同程度的反映。一般情况是女儿不能和兄弟平分家产；妇女不能参加大型祭祖活动；有男人坐楼下时妇女不能上楼；等等。很多地区妇女不能与男人同桌吃饭，尤其不能与公公、丈夫的兄长、弟弟同桌吃饭，须等他们

唱迎客歌

吃完后，自己再到厨房里去吃。

晚辈尊重长辈，年幼者敬让年长者，反过来长辈和年长者，也要关心和爱护晚辈和年幼者。不仅生活上关心，还要教会他们基本的生活生产技能及做人的道理。每家都尽其所能送孩子上学。赶场、走亲访友，总要给孩子买些好吃或好玩的东西。布依族信仰中认为每个孩子都有神的保佑，一直保佑到 12 岁。所以父母不能随便打骂孩子，否则神母会生气，使孩子遭受病害。有时父母为了教育的目的对孩子进行体罚，也只是选非要害部位（如屁股）轻轻打几下。布依族中绝对不允许遗弃婴幼儿，无论是男是女，也无论是正常、健康的，还是残疾、畸形、痴呆儿，都不能遗弃，也不能虐待。布依族信仰还认为，孩子是掌管生育的花婆将花魂赋予胎体而成的，如果遗弃一个，花婆生气后将不再赐给你花魂，导致不能生育。

家庭和社会伦理的教育主要靠长辈的灌输以及宗教训诫等方式。时间一长自然就形成了自觉遵守行为的准则。做得好的，人们总是交口称赞，对做得差的，则大加谴责、非议。这种称赞、谴责或非议就是一种有效的舆论导向，无疑会对人的行为发生影响和制约作用。父母兄长及一般长辈，也常借各种场合，对晚辈进行有关教育。除直接讲道理外，还采用讲故事的方式，使人们受到潜移默化的影响。例如在进行孝敬父母的教育时，有这样一个故事：古时有一个人不孝敬父母，舍不得用好碗给父母吃饭，只用木碗给父母吃饭。一天，他的孩子找来一块木头，用刀认真地刻着。他问孩子干什么，孩子说刻个碗给你老来用。他听后触动很大，再不用木碗给老人家吃饭了。这个故事告诉人们，人都会老的，人老了作为子女应该赡养，不能虐待，否则自己年老后，子女也会用这种方式对待自己的。

家族祭祀场合常有进行伦理道德教育的内容。如在"殡亡"仪式上，布摩诵《嘱咐经》时，孝子孝女均跪于灵前听。其中亡灵对生者嘱咐："你们要认真种地／种地才有吃的／神仙才保佑。""三月做地里活／四月做田里活／妻约夫早起／夫约妻早起。"并嘱咐：两口子吵架，不应伤害妻方娘家人。死了父母的孤儿寡女，邻里伯母婶娘要关心、照顾，哭时安慰他们，衣服破了代为缝补。赌博是一种恶习，千万不能染上，染上会败家。此外，三月三、六月六等节日祭祀活动中，老一辈也常常对年轻人进行民族传统教育并共同商订一些乡规民约。

● 客从他乡来：社交礼俗 ●

　　布依族素来热情好客。走进布依寨，无论认识与否，人们见你是外边来的客人，总会热情招呼："老人家，进家来坐坐！"或："这位大哥，从哪里来呀，到我家里坐一会！"他们会自动退让到路边，请客人先走。如果你是问路，他们会放下手中的活，热情地指点，甚至带你找到要找的地方，并不断邀请："等会儿到我家坐啊！"

　　有意思的是黔西南贞丰一带对素不相识或非亲非故的客人的称谓。在20世纪50年代以前，如果来客是吃公粮或有一定身份、地位的男人，一般称为"先生"。50~80年代中期，对吃国家皇粮的人一般称"同志"，但对本民族或在农村的一般居民的称谓，则根据年龄而定。青少年对少年儿童一般称"表"或"农乃"，对年轻人一般称"表哥""表姐"，对成年人称"表叔""表娘""表伯""表伯娘"，对老年人则称"公"或"报隆"（舅爷）、"奶""巴"（舅母）等等。如果你是一个年轻小伙子，进了布依寨你会发现老大爷或老大娘也会称呼你"表哥"。在这种情况下你不必感到奇怪，其实他们是降低自己的辈分，依着儿子或孙子的身份在称呼你。

惠水布依族拦门酒

到布依家里做客，如果是预先知道的，主人家事先就把屋里屋外打扫得干干净净，并做好了款待的有关准备，一家人换上干净衣服，恭候客人到来。如果是"不速之客"，主人也要临时把家里打扫干净，换上整洁衣服招待客人，以示尊敬。

客人进了家，冬天即把客人请到火炉旁，夏天则请到堂屋或客房，搬凳子给客人坐，给客人倒茶，装烟。一家人要依次给客人打招呼，然后留下老人或家长陪客，其他人再去张罗款待的饭菜或做别的事。陪客一般根据来客的性别来安排，均由与客人相同性别的主人作陪。客人落座后，主人不能从客人面前走过。实在不得不走过，要先打个招呼："对不住，从你面前过了！"

给客人倒茶、装烟或添饭要用双手，才算礼貌。客人也需用双手接。主客之间叙谈可以海阔天空，无所不谈，但不能讲脏话，尤其是有女人在场的情况下不能讲脏话，否则被认为粗俗。

直至20世纪六七十年代，一般男女不同桌吃饭，但此后有了很大改变。如果女客人是吃国家皇粮的，要与男人同桌，也不反对，而且男女主人共同陪客人吃饭的情况也比较普遍了。

进餐多在堂屋八仙桌上，八仙桌靠神龛一方为上席，相对一方为下席（实际上重要性仅次于上席，属于"次上席"），是老年人、长辈或贵客坐的。客人到家，为表示尊重，主人一般都请客人坐上席。如果客人认为自己年轻不敢当，也推辞一番，最后大家公推席中年纪最大、辈分也最高者上坐。其余长者或贵客则坐下席，中青年人和少年就坐在两侧。

布依族十分讲究吃相。主客座次排定后，再把碗、筷摆在每人面前，在每人的碗里斟上酒（女客不喝酒则盛饭），主人举酒碗约大家："大家泥滑路烂地来到家，没什么好的招待，粗茶淡饭，简慢大家喽！喝！"客人也称赞和感谢主人家："喝不完的富贵酒，吃不完的丰盛菜！今天来打搅主人家了！"客人这才端起酒碗喝。然后，主人举起筷子相约："大家随便吃菜！"大家才拿起筷子，在主人所指示的盘中夹菜。酒席上主客一边喝酒一边畅谈，不时传来欢快的笑声。如果一上桌就"埋头苦干"，拣自己喜欢的吃，狼吞虎咽，将被鄙视，认为不懂礼节。

招待客人，除猪肉是必不可少而外，杀鸡宰鸭，这算是比较盛情的款待了。鸡炖熟后，砍成"鸡八块"。鸡头、鸡肝、鸡肠奉献给最

惠水布依族拦门酒

尊贵的客人，象征公鸡报晓，万事如意；鸡翅膀次之，富有腾飞之意，给来客中的年轻人；再次是鸡脚杆，称"抓钱爪"，寓意财源不断，给来客的中年成家者；鸡卦（鸡腿第二节）两只，象征永久往来，主客各分一只；鸡腿两只，称"打鼓棒"，象征"擂鼓前进"，给席中年少者。鸡身上的各个部位，以鸡头最为尊贵，主人会把它拈给座上的辈分最高或年龄最长和最尊贵的客人。而被照顾的对象总是会推辞一番。如果席上人们的年龄、身份和地位相差不大，往往会因大家的推辞，使鸡头迟迟不能落实到具体的人的碗里。

席上主人不断给客人劝酒。喝的多是自己酿造的米酒，度数在30至40度，所以都用碗或大酒盅喝。在主人不断的邀约下，主客集体喝完一碗，再斟上一碗，尽量不让谁多喝或少喝，体现出了一种"席间平均主义"原则。这样，一轮又一轮，直到尽兴方休。

女人一般不喝酒，所以一开席就盛饭吃。男人一般是先喝酒，尽兴后才盛饭吃。在关岭、镇宁、贞丰等地，客人吃饭时，姑娘们抬着饭钵在周围服务。谁的碗中饭快吃完，姑娘即及时添上。等客人推说"吃饱了，不添了"，姑娘们便施展她们高超的"劝饭术"，趁客人不注意时蓦地添上一勺。你一声不响倒还罢了，若推让忸怩，姑娘们就显示出他们"隔桌盛饭"的本领，在桌子对面，趁你不注意时抛过来一勺饭，巴巴实实装在你碗中。所以有经验的客人到布依家做客，吃上半碗就推说吃饱了，这样，如果被劝饭，可能就刚好吃饱或还吃得下。如果被"劝"而实在吃不下，也不要紧，大家取笑一下而已。如果先吃完，要给没吃完的人打个招呼："大家慢吃了！"然后静静地坐在原座位，等大家全吃完后才一起离席。没吃完的人也回答："要吃饱哩！不要跷假（客气）哩！"

在贵阳、惠水、龙里、贵定、清镇、平坝等黔中地区，举行婚礼当天，客人进寨，要举行拦路仪式，主人方在进寨路口或寨门摆上八仙桌，桌子上摆放酒壶和 12 个酒杯，客人来到此处，主人方若干人即端上酒杯，唱起敬酒歌，客人喝酒后唱歌应答，几番对唱、喝酒后才把客人放行进入寨子。来到主人门前，还要举行拦门仪式，方式与拦路仪式差不多。双方对唱的内容，主人主要唱客人来到，招待不周，请见谅；客人则唱主人家热情周到，客人来到，给主人家添麻烦等内容。

客人进家，酒席上主客还要对唱酒歌或行酒令。酒歌的内容，主人很谦虚地表示没什么好的招待，简慢大家；客人则称赞主人的酒菜丰盛，菜肴样多，美味飘香，酒醇，人热情等。行酒令主要在婚礼大宴之夜，用三张方桌并排摆成长方形桌，四面可坐 20~24 人。菜肴摆

包粽子

贵阳地区布依族拦门酒

满之后，宾主同桌共饮，酒至半酣即开始行酒令。其目的在于祈求吉祥如意、逗笑取乐、测验口才、罚酒助兴。酒令有"跟官令""各择令""绕口令""暗令"四种。行令前，由大家推举官人发令。每一"官"只能担任一轮。酒壶传递了一周，需另行推选官人。所谓"跟官令"，是由发令人朗诵一首较长的诗词。朗诵完后说："说得过，推杯过；说不过，四大红杯连一座。"意思是：刚才朗诵的诗词，席上的人必须一字不漏地复述一遍。如果不会，或朗诵时漏了字、句，就要罚喝四杯。然后斟满一杯作自己的门面杯。"各择令"是先指定一个范围，各人自编或自选作品朗诵。一般包括诗词和对联，其中要带"头"带"尾"，带"花"带"籽"，句子押韵，内容与婚姻有关。"绕口令"，方法与"跟官令"同，由"官人"朗诵一段绕口令，席上的人都要跟着重述一遍，若漏字掉句，罚酒与"跟官令"相同。"暗令"，指发令人含糊其辞地说一遍，若识不破，就要罚酒。例如，"官人"含混不清地说："有胡摸胡，无胡摸壶。"席上的人长胡子的摸自己的胡子，无胡子的摸酒壶，就算识破了，不罚酒，否则罚酒一杯。

　　如果是正月春节期间到布依寨做客，那你一定会遇上"转转席"。所谓"转转席"，是指若干家轮流请一拨客。正月初二三开始，布依族有给外家、岳父家或亲友家拜年的习俗。拜年，一般不仅仅给一家拜，

布依族拦门酒

而是给一个宗族或房族拜。拜年者给被拜一方宗族或房族每家送一点礼物，然后每家轮流请拜年者吃一餐饭。在兴仁县一带，拜年者送去的粑粑、糖等礼物，主人家甚至分给全寨每家一点，表示心意，然后全寨都轮流请拜年者吃饭。即使是一般客人，遇上请转转席的机会，盛情的主人决不放过，生拉硬拽请到家里，和大家一起热闹热闹。有时几家排在一天里请，往往出现这样的情况：大伯家还没吃完，二伯家就派人来催促，二伯家酒喝得正酣，三叔家就来喊："赶快！赶快！菜要凉了！"……清早开始，就这么不停歇地"转"，在开怀畅饮中，一天就这么不知不觉地过去了。真可谓"乐而忘忧"！

DUTEDE
独特的

RENSHENGLISU
人生礼俗

从生到死，在人生的每一个转折关头，布依族均有一系列独具特色的民俗事象。与生命的产生、繁衍、衰老、死亡这种干巴巴的生命过程的生物学描述相比，布依族的人生礼仪丰富多彩，更显出对生命的珍重和郑重其事。

● 花婆赐子：生育信仰 ●

人的生命怎么来的？对这个问题，不同民族有自己的一套说法，反映了不同的生育信仰与习俗。汉族相信女娲送子或观音菩萨赐子，而在布依族中，送子的不是女娲也不是观音，而是"花婆"，布依语称"囊娃"（也译为"娘娘神"）。

布依族认为，男女结合并不一定就会生子，生不生，生男生女，要看花婆送不送子，送什么性别的"子"。"花婆"是布依族观念中专门赐予人间生命种子的女神。在荔波一带，每个人一生都要举行一次大型仪式，不育者祈求花婆赐子，而有子女者则是报答花婆赐子之恩。

在布依族观念中，人所生活的世界为现世界，人死后去的地方为阴界，未投胎的婴儿住在冥界（或称"花界"）中。活跃在冥界的孩子被称为"花"。"花界"与"人间"隔天隔海，要想使这些"花"投胎到人世间，必须搭一座桥通到花界，向主宰花界的娘娘神祈求，娘娘神就会把"花"通过"桥"赐给人间的已婚夫妇。布依族举行"做桥"或"搭花桥"仪式的目的，就是为了求子。

荔波做桥仪式剪纸孩童像

"花桥"用竹子扎成，形状像一个吊柜，三面封闭，前面开口，"桥"上贴有许多用红绿纸剪成的纸人，红纸人代表男孩，绿纸人代表女孩。"桥"挂在卧室壁上，长期供奉。有的人家，还在"桥"上两侧贴"娘娘送子来，观音保平安"对联，明显是把本民族的花婆信仰与汉民族的观音送子信仰糅合到一起了。有的地方要由外婆家送一对金竹竿来做桥柱。竹竿要一样大、一样高，连根拔，不折尖，体现了花婆信仰与布依族竹崇拜的糅合。

举行"做桥"或"搭花桥"仪式时，布摩在房外举行立桥仪式，唱唱念念，随后到河边"引魂"。"引魂"时将一根白线从河边一直牵到"桥"上，如果有昆虫顺线爬过来，人们就认为是龙王送贵子或花婆送子来了，于是大家就非常高兴，将小虫放进花桥里。仪式结束，将花桥立在媳妇房间门口。

"做桥"与"搭花桥"意义上相同，只是形式与规模各异。"做桥"规模大而隆重，全部亲戚到齐，融歌、舞、乐、曲艺、巫术、竞技为一炉，活动3~7天，念唱《米魂引花歌》《粽子引花歌》和《鸡蛋引花歌》等20余部求子经典（均用布依语唱），边唱边用一块白布甩碰插在花筒的"红纸花"，粘上一枝花，就标志得一个孩子，其场面热闹非凡。"搭花桥"则唱念一天后，用一根白线从"花桥"牵到村外，若见一小虫爬过线上，意味着花娘送来的是女孩，若是水生动物爬过线上，则认为是龙王贵子（男孩）。

一些地方还有"要回伞"和"要花糯米饭"的求子习俗。这两种习俗的内容基本一致，即结婚多年未生育孩子，或小孩夭折，就要到媳妇的娘家"要回伞"和"花糯米饭"。娘家要备一把新伞和糯米等着。娘家去买伞时不能打开看。媳妇在某个吉日，由布摩和族中儿女双全的长辈陪同，带着礼物去娘家要伞。到娘家后，举行要伞仪式，即在娘家火炉边，摆上一张桌子，桌上放上新伞、香纸、酒瓶和插香米一升，杀鸡祭供神母娘娘。布摩摇铃念咒语，内容是："亚姑托"把娃娃藏起来了，不准他随着这家的女子到丈夫家去，现在杀鸡鸭来祭供你，请你把娃娃放出来，跟随女子到夫家去，出世成人。仪式结束，娘家

将蒸好的花糯米饭装在竹笼里，装成若干挑。在糯米饭里放上两个碗、两双筷子给夫妻两人用，点燃几炷香在糯米饭笼上，娘家要请族中子女齐全的老妇人相送回来。临行前，要由多子女的人帮抬担子上肩，帮打开伞、牵着纱线上路。在路上，要伞的

荔波做桥仪式——诵经

女子不准回头看、不准跟别人讲话。在路途中碰见行人，将糯米饭和酒给路人食用，求得几句吉言。遇到过河和听到有小孩的哭声立即就地停下来，举行"接魂"仪式。布摩摇铃念接魂词，大意是："这位妈妈心好、善良、爱孩子，孩子们不要犹豫了，快跟着这位妈妈回家吧。"接魂时，女主人要用新衣服接布摩送的孩子（小昆虫）。到了夫家，将挑来的糯米饭放在堂屋桌上，给来看热闹的人吃。娘家的那挑则拿到媳妇的房间里。从娘家牵来的纱线，一直牵到房间里，有花桥的绕在花桥上，无花桥的绕在蚊帐上。要伞回来，三天三夜不准将米水拿出门，否则就不灵验了。

此外还有一些求子习俗。如老人去世入殓时，家族中无子的中年人，可送一张帕子同殓，祈求保佑生子。中年人无子就"修桥"，修桥时选择在道路的溪涧处搭上几根木枋或石板为桥，方便行人来往，认为这样做便可积下"阴功"，神会赐子。

荔波一些地方为求子举行的"做桃"仪式，规模比"做桥"盛大，历时7至15天，有36个神、36面面具、36本傩书，全堂共有20个具有浓郁的民族色彩的剧目，如《龙公点坛》《怀瓜生子》《祈花求子》《野猪偷薯》《错砍梓树》《背鸡进屋》等。气氛热烈，妙趣横生，内涵深刻。

在安顺市，新媳妇怀第一胎时，为了让她能顺利生下长子或长女，要在家中举行"改都雅"（敬门神）仪式，设坛奉献猪肉、公鸡、酒、糯米饭等祭品。此仪式由舅家选择一对竹节一致、高矮相同的金竹，当时砍下（竹尖留有竹叶表示生命力旺盛），派两名男性长者送竹前来祝贺，意为"神竹送子"。祭师布摩先生用青竹弯成拱门，门上挂着红纸人3排（每排9人）。纸人图案互相牵手，喻示子孙发达。布摩诵祭词谢赐子，祈祷祖神保佑，之后将神竹安放到孕妇卧室门口或床头上方。相信经此仪式，孕妇便能顺利生产，不出意外事故。这根神竹需保留到该妇女超过生育年龄时才能取下。在盘江西岸举行这种仪式时，是由布摩先生采新鲜大楠竹破成一个船形，竹船下扎茅人，茅人身缠一支竹浆，作为祈子神物。将此物放在主家水缸脚祭祀，以竹船渡魂魄过盘江，孕妇便能顺利生育。

● 充满护驾意味的生育习俗 ●

男女婚配为"花"来到人间提供了一个条件。当发现妇女怀孕，说明"花"已行走在通往人间的路途，家里人就开始了小心翼翼的"护驾"，形成了从孕期开始的生育习俗。

直至20世纪80年代中后期，布依族中仍传承着女子婚后"不落夫家"（或译"不坐家"）的习俗，即举行婚礼后，不到夫家生活，往往一二年后才到夫家生活，称"坐家"。这段时间，如男家有婚丧喜庆活动或农忙季节，才把妻子从娘家接来，开始过夫妻生活。女子的母亲会随时对女儿进行生理卫生方面的教育。女儿若感到身体不舒适，就要回娘家禀告母亲，母亲则注意观察判断。如发现女儿已怀孕，就要提醒她在劳动、休息、饮食、卫生等方面加以注意。并捉上几只小雌鸡让女儿带回婆家，公婆和丈夫见后，不言自明，心中有数，就在各方面给予关照。之后，择吉日请布摩给孕妇举行驱邪保胎仪式。

妇女怀孕后，被认为身上会带有邪气，不洁，所以对其行动有诸多禁忌。例如，不准乱串门，有些地方孕妇不能给将结婚的青年缝制衣服铺盖，不能当接亲娘，更不能去看新娘进门，做生意的不让其掌秤，

贞丰一带布依族举行搭"保命桥"仪式

打鱼时不准其拿网，不能播种、酿酒，忌孕妇出殡；妇女怀孕期间，丈夫忌狩猎，忌参战杀敌。

十月怀胎，一朝分娩。孩子是花婆神的赐予，所以降生时得到格外关照。妇女分娩时，布依人家要请有接生经验的邻里或亲戚妇女来接生，用茅草叶来拂打帐内房内，以驱除邪魔。将婴儿胎盘用稻草包扎于竹上，意即以竹助长，繁茂如竹。妇女产子后的一个月之内，不出门，不干活，专心养体，护理婴儿。

布依族妇女生孩子后，不管有无奶汁，都要按习俗请一位健康的奶娘给婴儿喂奶，时隔数日，婴儿才能吃母亲的奶汁，奶娘一般不要任何报酬，等到孩子长大懂事后，其父亲便告诉孩子的奶娘是谁，以便日后记情报恩。

孩子生下的第三个早晨，亲戚和家族中的妇女带着礼物前来祝贺，称为"更三罕"或"更占罕"，孩子的外婆家要送来花布、童衣、童毯、小帽、小鞋、母鸡、糯米、花糯饭、鸡蛋、甜酒等礼物，主家回赠客人一篮五色糯米饭和鸡肉块。还请布摩举行"招魂"仪式或"卜卦""驱鬼"等。若生男孩，供桌上放一本书或笔墨纸张，希望孩子长大读书做官，若生女孩则放一把剪刀、一块土花布或针线，希望女儿日后纺纱织布，刺绣挑花，心灵手巧。在贵阳市郊区布依族中，举行这种仪式时，生育男孩的人家需栽一蓬金竹，生育女孩则需栽一蓬水竹，预示孩子像竹笋那样快快长大，像竹那样四季常青，无灾无病。

为老人举行的祈福仪式

在关岭、镇宁、贞丰、罗甸等地，妇女生第一个孩子，外家还要给孩子举行送背带仪式。背带分里外两层，背面绣有多种花纹图案，工艺精细、考究。这种背带往往要逢年过节，或者走亲访友时才用上，平时只用普通的背带。贞丰一带，缝背带要找 4 位儿女双全的妇女，在堂屋中铺一张席子，一边念诵吉祥祝福的韵语，一边缝制。送到孩子家后，孩子的祖母先要用背带套上一个草墩（稻草编成的坐墩）背着在堂屋里转几转，才把草墩放下，方可用背带去背新生儿。

清镇布依族将小孩出生后第三天的活动称为"洗三"，也叫"吃三朝饭"。这天，家里的长辈要上山亲自采几种草药，洗净后煨水，给产妇和孩子洗澡，从头到脚把全身洗干净，给小孩穿上衣服（洗三之前小孩未穿衣服）。家族及外家的女性都要前来看望产妇及新生孩子，祝贺主人家添子添福。主家要设宴招待，叫"吃三朝酒"或叫"吃三朝饭"。每个来吃三朝酒的人，都要带上礼物，一般是 1 升（约 2 公斤）大米，10~20 个鸡（鸭）蛋，外婆家还要带新生孩子穿的衣物等。"三朝酒"席上全是女客，无一男客。布依族认为，男人吃三朝酒会不长胡子。

席间，主客双方相互敬酒劝饭、说笑，在黔中一带，主客唱酒礼歌，客人恭贺主家人丁兴旺，祝孩子健康成长，感谢主人的盛情。主人家则欢迎客人的到来，自谦说没什么好的招待，请多包涵。同时，主家还会将办月米酒的日期告知外家和吃三朝饭的其他人，请他们到时来吃月米酒。

除了三朝酒，布依族生头胎小孩满月均要办月米酒，或称满月酒。布依语称"哏艾"[$k\text{ɯ}n^{1}\text{ʔ}a:i^{1}$]，其隆重程度仅次于结婚酒，二胎及其以后的小孩，月米酒虽然也要办，但不如生长子（女）时隆重。

办月米酒的时间，一般是在小孩出生两周前后择定吉日举办，这样，所收大米、鸡蛋等食物足以满足产妇坐月期间恢复健康的生活需要。

办酒的当天，要挑选一些年轻力壮的小伙子去外家挑礼物，邀请外家一同前来吃"月米酒"。外家送来的礼物（含亲戚送的在内）有甜酒、大米、鸡蛋、鸡、鸭、小被子、被褥、披风、银头饰等。另外，还送一件衣服和一块纱帕给孩子的奶奶。外家客人到来之前，迎亲客人在寨门口等候。客人到达时，上前迎接，说客气话，唱迎客歌，然后安排客人到住处休息，装烟倒茶。

下午，主人家设宴款待嘉宾和帮忙人员。入席时，外家客人坐一起、亲朋坐一起，主人家有关人员分别陪坐。席间，主客双方互相敬酒、唱歌、说笑逗乐，热闹非凡。餐毕，外家、亲朋各回原地休息。

晚上八九点钟，主人家在堂屋中间摆三张桌子，请外家将送来的背扇、帽子、毛毯、垫单、小被子等礼物，全部摆在桌子上，展示礼物及其针线的手艺，让亲朋、寨邻参观。展示一会儿，外家一边开玩笑，一边唱歌，把展示礼物打成一捆背在老公公、老婆婆（新生儿的爷爷、奶奶）背上，叫做"背子孙"。意思是恭贺主人家发子发孙，发财发富，辈辈出能人。主人家唱歌回敬外家，感谢外家送礼又送心，望多玩几天再转身。展示结束，外家、亲朋等转到安排的下榻处。而主家寨上的家族、寨邻和亲朋也互相邀约，随后来到客人下榻的人家，与客人对歌。青年男女唱情歌、排歌等，成家的中老年人则唱古歌、礼俗歌等等。如双方棋逢对手，往往唱到深夜，甚至通宵达旦。

次日上午，请外家"过早"（吃早餐）。中午，宴请中餐。十二点左右"放客"。"放客"礼仪和结婚礼仪相同：喝拦门酒、唱拦门歌。临行，主家送外婆一套新衣服，并送外家一块猪肉或猪腿，重6斤6两或8斤8两。客人起身之际，主家热情洋溢地唱歌欢送客人。至此，"月米酒"圆满结束。

布依族中，"八字"与人生有着密切联系。如找保爷要翻八字，订婚要合八字，结婚择期要看八字。建房下基、架马上梁、迁新居、安神祭祖的吉日良辰都要查看八字，人死安葬也要用八字来择期。一句话，人生离不开八字。

小孩出生后，要请布摩或当地懂得传统民俗的"先生"写"八字"，即用天干地支八个字记录下小孩出生的年、月、日、时。写八字，时间一般是孩子出生的第三天。先要给祖宗供饭。供桌上摆放饭、酒、菜等祭品，在神龛上点上三炷香和大小烛各一对，把放有三条小鱼（有的人家只用两条）的盆摆在香火（神龛）前，家中长者在供饭时，一边烧纸，一边轻声向老祖宗禀报：家里已经添人进口了，请老祖宗保佑小孩平安无事，轻脚快手，快长快大。供饭结束后，则把小鱼放入河里，叫放生。意为孩子像小鱼一样在水中自由自在地健康成长。

有的人家还要祭祀花婆，请"四大灵母"降临，告诉祖宗某氏门中已新添小孩，望祖宗和四大灵母保佑。

写八字时，布摩要顺便查对小孩十二岁前是否冲犯"三十六关、七十二煞"，若有冲犯，就要解关煞，要择吉日举行"过关"仪式。

"过关"仪式上，要用一把尖刀，一把剪刀，两只公鸡（一只为替身，一只作为引渡），先生念经文，"回煞"，扎花桥，并用一个鸡（鸭）

蛋来为小孩叫魂。

同时还要查小孩八字上的五行（金木水火土）是否相克，是否需要过门或拜保等，先生会将查对的情况——向主人交代明白。

布依族认为，人的八字中最理想的是金、木、水、火、土五行样样齐全。人的八字是天注定，非人为所能左右，但人们相信，可以通过各种方式补救。通过取名加以补救就是其中一种方式。因此，孩子出生后，取名也是与孩子能否健康成长密切相关的一项重要工作，受到格外重视。取名弥补，就是根据八字中五行缺哪一项，就在取名字时加上含有该项的偏旁部首或相应部件的汉字。缺金，就在名字中用上一个金字旁的汉字，缺土，就用一个提土旁的汉字，如此类推。这是受汉文化影响的结果，但在布依族中已成为较为普遍的习俗了。

每个布依人的名字中都有奶名（小名、乳名），学名（书名）、保名等。其中的保名也是因孩子八字"缺陷"或某方面的原因，需找"保爷"，由保爷取的名字就叫保名。

小孩体弱多病，被认为命薄，或因小孩"命"上犯关煞（如阎王关、和尚关、五鬼关、千日关）等，要找"保爷"护佑。拜保爷有拜人和拜物两种。拜人：有的按姓氏或属相选定，或请布摩推算八字，找生辰八字与孩子相符合的人为"保爷"；有的由父母领着小孩、带上酒肉在岔路口等候，以遇到的第一人为"保爷"，规格更高的拜保爷的方式是准备好一桌丰盛的酒席，让小孩站在岔路口等候，遇见先来者，不论男女老幼，贫富贵贱，都得甘当"保爷"，不得推辞，应邀入席；有的是放一碗清水在门边或神龛上，或把小孩的帽子挂在门上，谁先进家门，谁就成为"保爷"。

找到"保爷"后，选吉日，抬着酒肉和大公鸡等去保爷家拜祭。保爷家便宴请家族和邻居相陪。保爷除了赠送一套新衣、红鸡蛋、米、一双筷子、一个碗等礼物（过去还要送一块银质"长命富贵锁"，让拜者挂于胸前）外，还以自己的姓为"干崽"或"干女"取名。从此，孩子的父母和干爹干妈结拜为"干亲家"，来往密切。惠水县一带，拜保爷后，孩子要改口叫亲生父母为伯父、伯娘、叔叔、叔娘等。

保名，就是孩子拜保爷之后，由保爷另取的名字。各地命名习俗不尽相同，但都以保爷姓氏作为孩子的姓。一些地方，孩子的名字以保爷姓氏为姓，名则用"宝"字，如杨宝（保）、陈宝（保）、钟宝（保）等，一是表明孩子的姓名属于保名，同时也取"宝贵"之意。

除了拜人为保爷，布依族中还有拜物为保爷的习俗。

拜何物，也是请布摩测算，一般有巨石、大树等，选择好良辰吉日，孩子的长辈备好肉、酒、水果以及香、蜡、纸、烛等祭品，带小孩到所拜之物前跪拜、祭供。此后，每年都按规定时日前去供祭。有的人家还在住宅附近栽保命树、保命竹，让这棵树（竹）伴随被保之人至终老。

如果孩子生病，巫师或布摩根据八字推算，若犯有"将军关"和"夜哭关"等，则要举行相应仪式禳解，立指路碑和挡箭牌。在民间信仰中，"将军关"是因为冥界将军过路，骑在马背上射箭，无意射中了小孩。这就要立挡箭牌挡住"阴箭"，以免伤人。小孩夜哭不停，若被认为犯了"夜哭关"，要请布摩在三岔路口立一块指路碑，碑上写着"上走某处，下走某处，左走某处，右走某处"。这种指路虽是为阴间鬼指路而立的，但对路过的人也具有指路的作用。

为使小孩能顺利成长，有的人家要搭"保命桥"。如果孩子经常生病，就要请道士、布摩或"雅押"（巫婆）推算，若小孩犯有"断桥关"等，就要请道士或布摩来解关煞。备两只公鸡、刀头、粑粑、豆腐、香、蜡、纸、烛和4米蓝布，在家举行仪式，通过布摩念咒语，烧香烧纸，杀鸡用鸡毛把血粘在布桥上，随即到外面小路上，有小沟的地方，用一块石板搭一个便桥，给行人好走，就算仪式结束。认为小孩生辰八字上犯了"百日关""千日关"等，就给小孩戴锁。用锁来锁住小孩保他日日平安，祈愿小孩健康成长，锁是银子锻造成的锁，有62、125、188克不等，锁上铸上"长命富贵"4字。锁有"百家锁""外家锁"两种，到底戴什么锁，由八字而定。百家锁要化一百家的钱来买锁，外家锁由外家拿钱买锁。戴锁也要择吉日，由布摩举行仪式，亲戚前来祝贺，放鞭炮、拿礼信等，由外家或布摩将锁挂在小孩脖子上，讲些吉利的话。

在布依族观念中，孩子是花婆的赠予，孩子的灵魂则是神母赋予的，并由神母护佑至一定的年龄。镇宁一带布依族认为，伴随着孩子的降生，有12位神母给孩子送魂来，并在孩子左右监护，直到孩子12岁才离开。这些神母，常提到的有"床中神母""山坳神母""河岸神母""田野神母"等。为不得罪神母，不能随便背小孩早出晚归，孩子要少出远门，大人也不能随意打骂孩子。如果得罪了神母，孩子就会生病，须请布摩或"雅押"（女巫）举行仪式祈求神母保佑，据说，只有这样，孩子的病才会痊愈。有些地方认为神母有4位："雅娃林""雅娃翁""雅楞当""雅罗哥"。孩子一旦降生，即为之安神母灵位供奉。人们认为，神母娘娘暗中保佑着孩子，所以，逢年过节均要烧香供饭，每过一年要剪贴一小纸人在圣母位上，直到孩子长到12岁为止。这无疑是母系氏族社会的产物的遗留。

● 囊绍囊貌与坐家：奇特的婚恋习俗 ●

布依族人生礼俗中，最丰富最具有戏剧性也最摄人心魄的，莫过于婚恋习俗。婚恋习俗包括了恋爱和婚姻两个阶段的习俗。

恋爱阶段，布依族中有一个很富有特色的"囊绍囊貌"习俗。

很多有关布依族文化的文章或书中，都把"囊绍"译为"浪哨"，这与原发音 $[na\eta^6 \theta a: u^1]$ 不够吻合，这与汉语西南官话鼻音、边音不分有密切关系。因此，应按原发音将"浪"译为"囊"。"囊绍囊貌"是布依族青年男女间社交活动和谈情说爱形式。先是社交，而有些情投意合者，则发展为真正的谈情说爱。

所谓"囊绍""囊貌"中的"囊"，译成汉语，意思是"坐"，而"绍""貌"，原分别指姑娘、小伙子，后来专指"女情人"和"男情人"。因此，"囊绍""囊貌"翻译成汉语，分别就是"与姑娘（或女情人）坐""与小伙子（或男情人）坐"之意。"囊绍"是从男方的角度而言，"囊貌"则是从女方的角度而言。这种活动有谈情说爱的成分，但更多的恐怕只能算是一种娱乐和社交活动。因为谈情说爱照理说是未婚青年男女进行的活动，而且举行婚礼后女方未到男方家"坐家"期间，男女双方均有参加"囊绍""囊貌"的自由。在这种活动中，未婚青年或没有定亲的青年可以说真正地是谈情说爱，希望能找到称心如意的终身伴侣，而已婚青年，也可能他们的婚姻是父母包办的，他们不满意，想通过这样的方式找到情投意合的伴侣，以表示对封建婚姻的反抗。但是在中华人民共和国成立前的漫长岁月中，封建婚姻制度的锁链并不是想挣脱就能挣脱的，只有少部分勇敢者能挣脱出来，但一般都要付出代价甚至沉重的代价，例如不能立足本乡，只能情侣双双逃离他乡。这就是布依族中会出现《逃婚歌》的原因。

"囊绍""囊貌"主要是青年男女娱乐和社交活动，还有这样的特点：很多青年男女参加"囊绍""囊貌"活动的目的，并不是为了找对象，而是想锻炼一下自己的口才、胆量和交际能力等，因此，他们往往不只是与一个固定的人"囊绍""囊貌"，而是可以与若干个。每个参加者都把能与貌美、口才好、心地善良、为人处世好的人"囊绍""囊貌"而感到荣幸，认为是一种享受。

"囊绍""囊貌"活动多在赶集、喜庆活动以及节日期间走亲访

望谟布依族男女青年对歌的情景

囊绍囊貌

友等场合中进行。结交的方式一般有两种，一种是一方喜欢另一方，却没有第三方从中做媒介，就主动向对方挥动手巾，同时发出"嗷！嗷！"声，召唤和邀请对方，如果对方接受邀请，也会做出相同的回应，两人就慢慢走到一起，交谈、唱歌。另一种方式是双方相互心仪又有双方都熟悉的人从中做穿针引线的工作，之后，女方选择一个地方先走，到一个众目所及的地方等候，男方随即跟上。无论哪一种方式的结交，走到一起后男方都先主动打招呼。第一次见面，双方且谈且唱，内容一般是相互了解对方的一些情况，相互赞美，时间也较短，绝不能涉及爱、婚姻之类的话题，否则会被对方认为可笑，认为粗俗、不懂礼。如果双方觉得谈不到一块，一方就会找一个理由，草草收场。如果双方都感觉不错，就会约下次见面时间。第二次以后的见面就不用第三方撮合了，只要一方发出邀请，两人就继续交谈、唱歌。有的是接触几次后才慢慢感觉实在找不到共同话题了，因此也就结束这种单独的交谈和唱歌，只作为一般朋友见面时打打招呼而已了。经过多次接触，随着感情的发展，双方都感到难分难舍，爱情、婚姻之类的话题才会自然地提出来。但如果双方都因包办而有了对象或配偶（女方未坐家），双方也会掂量结合的可能性，如果决心确实很大，就会相约出逃，到他乡成家立业，如果困难很大，就只能把希望寄托于来生，或将来通过做亲家（干亲家或儿女亲家）的方式来续这份纯洁的友谊和感情。

　　"囊绍""囊貌"活动要遵循一套严格的道德规范和行为准则。首先，必须是在白天。有些不了解布依族习俗的同志把布依族青年男女晚上在家里进行的集体对歌也称为"浪哨"（即"囊绍"），这是不对的。这种集体对歌是一种有一定竞赛性质的娱乐活动。当然也不排除通过对歌，其中某对青年男女相互产生了好感和单独在一起继续交谈、唱歌的愿望，并付诸了实施，这才叫"囊绍"。如果这仅仅是愿望而没有付诸实施，也是不能称之为"囊绍"的。其次，选择"囊绍"的地点，必须在众人目力所及的地方。布依族认为青年男女之间的交往，包括单独在一起的"囊绍""囊貌"，都是正常的，光明正大的，但是越轨却是不允许的。所以，众目睽睽之下一男一女在一起"囊绍"、"囊貌"人们习以为常，但如果两人是在避人处，就会被视为违规，有"问题"，将受到舆论谴责。第三，"囊绍""囊貌"时，两人相距必须在一米以上，不能太近。由于布依族受汉族封建文化影响很深，"男女授受不亲"观念深入人心，男女在一起时，都表

包头帕

现得非常"封建"，更重要的是这种活动受到严格监督，违犯者将受严厉处罚，因此，青年男女都能自觉遵守习俗的规范，在习俗允许的范围内自由享受着柏拉图式的爱情，自由抒发、表达自己的感情。当然，不可否认这种婚姻封建化和恋爱自由的矛盾导致了很多有情人不能终成眷属，遭受痛苦的精神折磨，甚至酿成人生悲剧的事实，但相当多的人则是通过这种方式度过自己浪漫的充满诗意的青春年华，也给自己的一生留下了甜蜜的回味。

布依族青年男女虽然有自由社交和恋爱的自由，但却要受到各种因素的制约，除前面提到的社会舆论和习惯法的严格监督制约和严厉惩处之外，还要受到宗教因素的制约，这是一种精神层面的制约，也是一种更为深层的制约。布依族中有一种"独养"[tu^{2}ʔjam^4]信仰习俗，认为男女之间非婚性关系怀上孩子（布依族传统不能容忍非婚怀孕，所以孩子多半会被弄死）后，该女子身上就会附有一种鬼，称"独养"[tu^{2}ʔjam^4]或"独闹"[tu^{2}ʔdap^4]。这种"鬼"会作祟于人畜，使之发生昏迷、精神错乱等症状。当哪家有人畜出现这种情况时，首先就会怀疑是受"独养"作祟所致，于是就摘来桃树枝，象征性地抽打"受害"的人畜，同时辱骂被怀疑有"独养"的人，喝令其立即离开。如果还不奏效，"受害"者的家人就会用大粪等污物泼洒在被怀疑有"独养"的人家，并大声辱骂被怀疑有"独养"的人。因为这是一种群体信仰，所以群众都站在"受害"者一方，被怀疑对象即使没有其事，也有口难辩，只有忍气吞声。更为严重的是，被怀疑有"独养"的人家受到人们的孤立，人们耻于与之为伍，不愿与之结交、开亲。布依人家在为儿女缔结婚姻时，首先就得了解对方家有没有"独养"这种"不洁"历史，如果有，即使原先不了解后来知道了，婚事都必然告吹。因此，被怀疑有"独养"的人家，只能跟异民族或路程比较遥远而且贫寒的人家通婚。这样一些因素使得这种人家承受着巨大的精神压力，也使青年男女在"囊绍""囊貌"以及日常生活中注意约束自己的行为，以免"一失足成千古恨"，给自己、给家人和后代带来无尽的痛苦。总之，在各种因素的综合作用下，布依族青年男女的"囊绍""囊貌"基本上被框定在娱乐和社交范围内。

布依族婚姻的缔结需经过媒妁。即使在"囊绍"活动中私订终身的也如此。中华人民共和国成立前，有的情侣私订终身后，父母或长辈不同意，姑娘就私奔来到男方家，然后由男家备办酒礼去认亲。也有的双双逃到他乡，独立创建家业。

父母包办的婚姻，一般首先要考虑是否"门当户对"。给自己儿女选择配偶时，通常要考虑这样一些因素：脾气、性格如何，教养情况，家族或亲戚情况（如有无"独养"、麻风病人等），身体状况（五官端正、四肢健全、无传染病等），八字是否相克等等。除此而外，男家主要看女方手工如何，有的还要看其"私房钱"多少。女家则要看男方是否聪明机智，有无本事，孝不孝顺等。

选择对象确定下来后，即进入提亲阶段。一门亲事的确定，往往要经过"三回九转"。布依族谚语："一锄两锄挖不出坑，一次媒两次媒说不成亲。"这样才能显得女方的尊贵。

提亲的程序和礼俗大同小异。第一次一般都是试探。在黔西南地区的贞丰一带，男方家先请一中间人向女家试探，如未许人家而女方家又不拒绝，就请媒人带上一两块红糖向女家正式提亲。

提亲时，主客之间的对话往往不是直截了当，而是用比喻，委婉地表达着自己的意思。安龙县一带，女家明知媒人来提亲，却故意说："今天是哪样仙风哟，把你们吹到我家来了？是过路呢还是串寨？"媒人说："听说你家有枝橘子花，经得风，受得雨，某某家请我们来向你老人家讨这花去栽在他家园里，让花开得更香，结出甜果。"之后，女家招待媒人酒饭。若女家同意这门亲事，媒人临走时就说："我家这枝橘秧还嫩得很，多培植几天再说吧！"暗示媒人过几天再来。若说，"多培植几个月再说吧！"则是暗示媒人过几个月再来。媒人提来的红糖，女家即使同意开亲也不能轻易动用，而是过三五天后托人还给男家，过一个半月，男家又托媒人再带到女家。如此反复，最后女家收下糖不再退还，说明亲事初步同意。这叫"吃走路糖"。

册亨、望谟一带，媒人去求亲时，只带一点小礼物去放在女家神龛上，无须提及求亲的事，只闲谈一阵，问问他家女儿是否在家（意思是嫁出去没有），问毕，媒人返，过几天后，如果女家不退还礼物，说明此事有希望。过一段时间后，男家再请媒人带上礼物前往。有的地区，媒人把礼物放在桌子上，女家即明白来意。媒人绕山绕水地夸奖女家某女孩如何好、如何贤惠，又讲男家某儿子如何有本事、如何会当家等等。在这种情况下，女方家长答："我家女儿年纪小，还等

几年才给她找门户。"这表示女家拒绝了。如果女家答复说："我家
女儿很笨，不会做什么，怕人家嫌弃。"这就表示这门亲事有几分可能。
于是，过一段时间后，男家又请媒人带礼物去讨回话，如女方家长同意，
则给媒人吃一顿便饭，两家商议定亲时间。

　　定亲，贞丰一带称"拜订"。需择吉日，请媒人带上礼物（多用红糖，
加上鸡、酒等），前往女家定亲。数量多少根据女家家族户数和亲戚
的多少而定。册亨、望谟等地，红糖数量需根据对方家族和亲戚多少
而定，给女家的还有公鸡二至四只（以双数为吉），一坛酒，一方猪
肘肉，两套衣料。男方邀约家族中的男人和媒人一起到女家，女家设
宴招待并请家族人作陪。这种仪式称"吃开口饭"，花溪一带称"吃鸡"，
长顺一带称"吃鸡腿"。有的地区，男方去的人吃完饭后将一只鸡腿
用红布包回，供在男家神龛上，并做些别的菜，请家族中人来吃饭，
宣布与某家已开亲了，以后要认识这门亲戚，逢场走亲遇到，要招待，
喊亲。

　　定亲后，要举行"背八字"仪式。贞丰一带布依语称"拜事"。
需择吉日举行。届时，男家请寨中德高望重、能说会道、儿女双全的

兴义南龙古寨布依族干栏式建筑里的定亲仪式

老者率几位年轻小伙子，带上粑粑、猪肉、鸡、酒以及男方的"八字"前往女家。女家杀鸡祭祖，并款待男方客人，请家族男人作陪。席间，主客进行风趣的对话并互相祝福。例如，女方的长者问："今天诸位莫不是走错了路，到此有何贵干呀？"男方使者答："某某家有只小牛犊，特意叫我们拉到这里来请老人给驯。"女方长者道："啊，原来是这么回事！那么普天下这么多人家，寨上也不少人户，不走上家不走下家，不走东家不走西家，偏偏到了这家，是不是走错了？"男方使者答："话虽这么说，但古话说得好：前世有缘，今生才会相逢。走对也好错也好，今天来到你家，是缘分，就认准你家啰！"于是双方发出爽朗的笑声，互邀"喝酒，喝酒"的喊声不断，酒宴充满欢乐气氛。

酒宴结束，女家请布摩或阴阳先生将女儿的"八字"写在未来女婿的"八字"书上，用红纸封好，连同回赠给未来女婿的布（或衣服）、布鞋放在一个篮内，由男方派去的一位未婚小伙子背回男家。小伙子上路后不准回头看，因为篮内有女方"八字"，如果回头看，据说以后女方会依恋娘家，迟迟不来"坐家"。

在"背八字"仪式上，男家还把择定的办小酒和婚礼的时间托使者告诉女家，让其作好各方面的准备。

办小酒，贞丰一带称"捞高弦"或"捞交弦"，是一次仅次于婚礼的较隆重的仪式，男家和女家均要办酒席，内亲和好友都要前往庆贺。

办小酒的主要内容是男家向女家交聘金。届时，男家请两位儿女双全、德高望重的老者做使者，并请几个小伙子挑上红糖、粑粑、酒、猪肉、鸡等酒礼，前往女家。

各地交的聘金和数目不尽一致，但除了给女家置办嫁妆外，很多地区还要交一笔给女方外家的"舅爷钱"。议定聘金时，双方故意讨价还价，激烈争论，叫做"不吵不亲"。男家的使者都留有一手，先要大大"杀价"，使最后双方接受的议定不超过男家交给他带来的数目。人们认为，聘金越高，越显出女方的尊贵，所以女方一般都"喊齐天高"。但也考虑男家的承受力，如果像挤牙膏一样，最后实在挤不出，女方也会"见好就收"，以免影响情绪。

办过"小酒"后，一般距结婚都不会太远。有的相隔几个月，有的相隔一两年，个别七八年才能结婚。这主要看男女双方的"八字"

适宜于何时举行婚礼，或双方家里有无发生变故（如老人去世等），能否如期举行婚礼。

结婚典礼，布依语称"捞老"，是布依族整个婚姻礼仪中的"高潮"。由男家根据男女双方的生辰八字推测吉日，然后通知女家。届时，男女两家均摆酒席，亲友前来贺喜。女方家提前一天请酒。这天下午，男方家请接亲客、鼓乐队挑上酒礼来到女家。接亲客各地不尽相同，但一般都有押礼先生、未婚少女二人和若干抬嫁妆的青壮年人。傍晚，在女家祭祀祖宗后举行交接仪式，由押礼先生做特使代表男家向女家提交礼金和礼品。在贞丰一带，礼金通常有"奶母钱"（父母养育女儿的报酬）、"走路钱"（新娘步行到男家的辛苦费，若坐轿）等。数目均为双数，以 12、120 为最好，表示月月红。交礼时女方的家族均在场，双方进行一番激烈的"讨价还价"之后，仪式结束，摆晚宴招待接亲客。当晚，男家请来的鼓乐队尽情吹奏，青年男女则集体对歌。在黔南、黔中一带，婚礼酒席上亲友边喝酒边对歌，气氛十分热烈。有些地区新郎要带上伴郎亲自到女家迎亲。晚宴，女家在堂屋特设专席招待新郎和伴郎，并请房族同辈作陪。席间有若干姑娘在一旁斟酒添饭招待。姑娘们尽情刁难和戏耍新郎和伴郎，让他们出洋相，以此取乐。例如，用红丝线把筷子捆扎在一起，杯、碗口用红纸封住，若要求解开丝线和红纸，就得给"红包"（内装二角、四角、六角至一元二角不等）。有时则叫新郎唱歌，凡举一件餐具就唱一首，以测试新郎才华机智，若不唱就不让新郎起杯开饮，直到把新郎伴郎作弄得毫无招架之功才罢休。

次日天未亮，鼓乐队用唢呐吹奏开门曲、出阁调，新娘子哭泣（但不唱哭嫁歌），据说要哭才吉利。由送亲娘帮着梳头。

兴义南龙古寨布依族接亲时抬新娘

祭祀祖宗后由新娘的兄长或弟弟背出阁，用轿接的背上轿，不用轿的背出门。平塘同洲一带，新娘清晨梳洗完毕即哭嫁，家中姐妹、姑母、婶母娘也来陪哭，哭时坐在一张长凳上，两足踏在两只小凳上，两腿跨过一个筛子，筛子下点一盏菜油灯。新娘哭到某位长辈时，这位长辈也哭着安慰，并送一份礼物给她，表达了姑娘出嫁即将离别亲人的依依惜别之情。出阁时，大门槛上放一副马鞍，马鞍下点一盏菜油灯，新娘从马鞍上跨过。

　　镇宁、关岭、普定、六枝一带有一种被称之为"打抱古"的习俗。结婚典礼前一天，男家派两名男青年带礼物前去接亲。布依语称接亲的男青年为"抱古"。女家提前一天用20公斤糯米打成两块大粑粑等候。"抱古"名为"接亲"，但并非直接接走新娘，将两块大糯米粑抢回男家祭供祖宗，接亲任务即告完成。届时，女方寨上的孩童以桐籽果、苦楝果、泥巴、小石子为"武器"严阵以待。"抱古"一出现，即用这些"武器"追打，"抱古"冒着"枪林弹雨"，抢出粑粑，抱回男家。孩童们一直追打出本村地盘才罢手。无论自己被追打得如何狼狈，"抱古"均不得还手。

　　除少部分用轿子而外，大多数情况是新娘打着伞与接亲客、送亲客一道步行到男家。而威宁一带，男家专请一帮小伙子轮流把新娘背到男家。途中还用新郎平时穿的衣服、戴的斗笠罩住新娘的全身，到男家时把罩在新娘身上的东西丢在屋檐下，才进屋。

　　男家这天宾客盈门，唢呐声此伏彼起，锣鼓喧天。神龛两侧，大小门上均贴上红纸婚联，大门上挂红布一匹，中间挽成花样，象征大红大喜。神龛上点红烛一对，前置八仙桌一张，上摆着猪头及酒菜。家族中两男两女四位长者分坐两侧，等待子媳的到来。大门口安放八仙桌一张，桌上放一只斗，斗内装稻谷，斗口插剪刀一把、镜子一面。斗前放一装上大米的升子，升口放钱币数元。桌上还摆放数碗酒菜，绑上一把撑开的伞。大门槛上，跨一副马鞍，鞍上放红坐垫。新娘到男家后，一般先在大门口或院子里稍坐片刻，布摩举行"改申"（扫除邪气）或"回车子"仪式后，新娘才由伴娘扶着跨入男家大门。新娘先用手象征性地提一下桌上的斗，跨门时用手摸摸马鞍，意为"进家收租吃，出门有马鞍"。新娘进门后，与新郎举行拜堂礼。随着执事者的指挥，新郎新娘一拜天地，二拜祖宗，三拜父母，夫妻对拜，之后，新娘由伴娘陪着进入洞房。喜酒为期三天。这期间，新娘新郎不同宿，新娘的食宿均由伴娘招待和陪伴。

婚礼当晚，很多地区有闹新房习俗。布依族的闹新房非常文明。贞丰一带，吃过晚饭后，青年们推一位口才好的小伙子，用方木盘端上几杯茶，来到洞房门口，敬给新娘和伴娘，向她们讨葵花籽、瓜子、花生和糖果吃。伴娘们都推说没有，考验小伙子口才如何。小伙子总是使出浑身解数企图说服伴娘。最后伴娘终于拿出来请大家吃。在黔南一带，闹新房的主要内容是"要荷包"，即通过唱歌来索取荷包。两人一对搭帮合唱，也有一人主唱一人帮腔的。男女不限，老少不拘，但都必须唱足 12 首"荷包歌"才能得到一个荷包。荷包用双色布或多色布缝成，有桃子大小，上面绣有各种花卉图案，内装桂圆、白果、花生，这是预祝新娘结婚后得"贵子"。得到一个荷包后，要唱两首"多谢歌"献给新娘，然后退出，好让别的人接着唱。这是一种借要荷包比试歌喉和聪明智慧的娱乐活动，所以参加者很多。

20 世纪 80 年代前，很多地区布依族有婚礼后"不坐家"的风俗。一般在婚礼的第三天早上，男家招待送亲客和众亲友后，请几个小伙子挑上礼品送新娘及伴娘回到女方家，称回门。长顺代化一带，新娘回门时新郎家邀约一帮伙伴相送（人数要成双），带去九个大粑粑、一坛酒，新郎回家时岳父母送一对鸡给他带回。晴隆县、六盘水部分地区婚礼当天娘家就邀约亲友把新娘接回门。他们组成大队人马，但是不能进寨，只在寨门山路上等候，新娘来了，才一路浩浩荡荡地回家。男家也派若干青年男女相送。到女家后，女家又大摆筵席，款待宾客。

此后，男家每遇红白喜事和农忙季节，就由嫂嫂或姑子去把新娘接来帮忙。第一次新娘往往挑一挑水，吃一顿饭即返回娘家，以后在夫家待的时间逐渐增多，每次住一两天至三五天，夫妇同宿。水城一带，新娘回娘家后当年不再回婆家，要在娘家过了最后一个大年，到第二年过大年时夫家才携带礼品接她回去，从此就不能再回娘家过大年了。

婚礼后新娘在娘家待的时间视夫妻年龄、感情而定，三五年不等，少数甚至七八年。一般情况是女方有了身孕即到夫家"坐家"。在娘家期间，新娘抓紧时间纺织和缝制衣物（后期有身孕后还缝制婴儿衣物），挑花刺绣，以备"坐家"后用。同时学习和熟练各种家务，以免"坐家"后因不会操持家务遭耻笑。镇宁扁担山一带，婚礼后结束娘家生活到婆家"坐家"之前，要举行"戴假壳"仪式。"戴假壳"布依语称"长更考"。不管婚礼举行了多久，一般都要在女方长到二十三四岁以后举行。时间多选在农历八月到次年二月。在这阶段里，无论何时，男方家都择吉日，届时请两位中年妇女，提上一壶酒、一只母鸡、一丈二尺自织靛青布，在女方家不提防的情况下来到女家，发现新娘后一把将其搂住，强行松开发辫，梳上一把，有的要剪下一小撮头发，然后将"假壳"戴上，才算完成使命。

　　"假壳"是以竹笋壳为架、用布和花帕子制成。戴上"假壳"，意味着无忧无虑的少女时代已经结束，而步入为人妇为人母的阶段。加上有的婚姻由父母包办，使女方产生反抗心理，因此"戴假壳"往往因女方的挣扎、反抗而需反复几次才成功。如果一次就侥幸戴上，女方家把男方使者带来的鸡杀掉，置酒招待两位使者，之后，使者返回男家。如果没戴上，第二年再照例进行。如果使者三次都戴不上，往后就由女家来完成这个任务。"戴假壳"后，一年半载就得到婆家"坐家"，结束她在娘家的生活。

坐家

　　布依族婚俗。举行婚礼后，女方回娘家居住，到农忙季节或男方家（包括家族）中有婚丧喜庆等事时，由男方的妹妹或母亲去接来帮忙，夫妇开始同宿，这样往返于夫家和娘家之间，待怀孕后，就到夫家长住，称为"坐家"。也有人称这一风俗为"不落夫家"。在镇宁一带，为结束女方在娘家继续生活，到夫家长住，要举行"戴假壳"仪式。所谓"假壳"是一种撮箕形帽子，内衬笋壳，外包青布。举行婚礼过后数年，当男家想要女方结束娘家生活来"坐家"时，就选择吉日，由男方的母亲、嫂子或亲戚中的两个妇女，携带一只鸡和事先准备好的"假壳"，悄悄潜入女方家，隐蔽起来，乘女方不备，突然把"假壳"戴在其头上。如果成功了，女方马上就到夫家"坐家"，如果女方对自己的婚姻不满，就会激烈反抗，使"假壳"戴不成，这样，就得另选时间重来。

● 庄严的超度：丧葬习俗 ●

丧葬时的立幡

生活纵然美好，但生命总会终结。虽说是自然规律，但对于有思想有意识的人来说，这事实未免太难以接受。好在人类祖先囿于当时的生产力水平和知识水平对人死后的归宿作了"安排"，在今天看来虽然荒诞，但在相当长的时间里，对亲人却是一种有效的慰藉，也最大限度地缓解了人类对死亡的恐惧。

布依族认为人死后灵魂不灭。人死后通过"布摩"的超度亡灵回到祖先居住的地方，和祖灵居处在一起，并在冥冥之中对阳世的人发生影响。人死后所进行的一系列活动事项就是围绕这一观念产生的。

布依族的超度过程主要有报丧、换装、入殓、超度、安葬几个环节。各地习俗大同小异。

报丧。死者落气后立即烧落气纸钱，并放铁炮或鞭炮，全家举哀。同时，派人到外家报丧。孝子或使者提上一瓶酒、若干张孝帕，挂着一根龙竹拐杖到外家，如果遇到的是外祖父母，就跪在外祖父母面前，如果外祖父母已去世，就跪在舅父舅母面前哭诉。外家知道事情原委，便随同孝子到丧家探望，共同商议办理丧事事宜。

换装。在派人报丧的同时，丧家将死者抬到堂屋，按男左女右摆放于神龛前相应一侧。遗体下垫一门板或竹巴折。

家族内的人帮忙为死者擦洗、剃头（男性）或梳头（女性），换上早已准备好的"老衣"。将一小块碎银含于死者口内。有些地区只放进口里一会儿就取出。死者为男性，一般穿长衫，长裤，布鞋，头裹黑色丝帕。死者为女性，则穿短衣长裙，脚穿绣花尖翘头布鞋，头戴自织绣花头巾或丝帕。衣服的数量穿单数5或7件。只能用布扣，不能用金属扣，据说用金属衣扣，就到不了祖先居住的"傍拜""傍仙"。穿戴完毕，用白纸盖住死者脸部，并设灵位祭供，香烟不断。

　　入殓。梳洗换装的同时派人去请布摩前来测算入殓时辰和举行超度、出殡和安葬的日子。入殓前，死者亲属要最后瞻仰一次死者的遗容。棺材用两张长凳支垫。棺材底部用草纸、白纸和布垫上几层。并放几块木炭、几小节水麻柳树枝。放入死者遗体后用草纸充塞四周起固定作用，腋下夹落气钱（纸钱）。遗体上盖上布、衣物等。北盘江流域一带，死者家族中的媳妇和亲戚都要送一段白布给死者，用来裹垫或盖死者遗体。布摩站在棺材旁，通报送布者的名字，并祈求亡灵保佑他们一家万事顺遂。之后，盖棺。棺材摆放神龛前正中，一般是头朝神龛足朝大门。也有的是顺梁摆，即棺材与屋梁呈平行。入殓完毕，棺前放一方桌，桌上设灵位，写灵牌，摆放祭品，点香烛，棺材下用碗装菜油做成长明灯。

　　超度。超度亡灵，布依语称"殡亡"或"殡防"。除部分地区吸收了汉文化做道场（布依语称"古道"）外，大部分地区按传统习俗，请布摩诵摩经进行超度。贞丰、镇宁等地是布依族传统丧葬习俗传承较完整的地区之一，汉文地方志记载的布依族"砍嘎""砍替"习俗至今仍保持完好。贞丰县一带布依族"殡亡"仪式大致有如下程序。

　　一是安师。布摩在堂屋右角安小桌一张，桌上放一装满包谷的斗，斗口上盖一张白纸，上面放一升米，点一盏灯（一直点着不能熄），点香（一直点着，不能熄）。布摩祖师香案上摆酒、豆腐等供品。殡亡

丧葬仪式上布摩诵经

仪式开始前，布摩在祖师香案前诵请师经，然后杀鸡，滴鸡冠血于酒中。然后烧纸，主持的布摩与主孝子跪拜。安师，意思是请布摩祖师爷来到仪式现场，用他的无边法力震慑妖魔邪怪的骚扰，保佑整个仪式活动顺利进行。

二是"开天门"。时间为"安师"当晚，表明"殡亡"活动正式开始。届时丧家屋里箱箱柜柜要全打开，所有的人要保持安静不能出声，睡着的人要摇醒。四位布摩肩扛用竹砍削成的"梭镖"站立棺旁默诵摩经。诵毕，击铜鼓、敲锣、唢呐齐鸣，孝女孝媳齐声哭丧。此后，布摩一直日夜诵经，举行各种仪式。这个仪式的目的是打开亡灵去往"傍拜"、"傍仙"的通道，使其能顺利通行。

三是立幡。立幡仪式于"开天门"次日早晨举行。幡竿用数丈高的大楠竹做成，三节埋入土内，于土外往上数第六节处，挂上竹篾做成并用白纸条裹就的"桥龙"（象征通往冥界的桥）。竹竿的上部做成支架挂上写有幡文的白布或白纸。幡文要写明死者籍贯、生卒年月日时以及即将前往的境界。

四是祭奠。立好幡后，布摩用竹篾做架用白纸糊成隔坛，将堂屋隔成两部分，后部分为停棺及孝子（女）守灵处，前部分为祭桌及布摩诵经桌。祭桌上，摆着一个装满大米的木升子，写上死者灵位的纸封用竹签穿插后插在木升上。之后，内亲们陆续来为死者点香烧纸和祭奠。出殡日，凡亲戚均带祭品前来祭祀。摆好祭品后，吊祭者跪于灵前，布摩诵《祭祀经》，丧家发一块孝帕给祭丧者。祭毕，吊丧者率自己的亲友将祭品收到指定的人家煮饭吃。

五是转场砍牛。出殡当日下午一两点，丧家先在专用来转场的场地上栽上木桩，拴上专买来做超度用的黄牛。届时，布摩带领众孝子、孝女、孝媳和孝婿来到拴牛场地，围绕牛先按逆时针方向转三圈，再反转三圈。孝男们头上顶着一块长长的白布，跟在布摩的背后，后面跟着孝女孝媳。周围围满村民和亲友。唢呐、锣鼓声不断，气氛庄严而热烈。转完后，女婿（大女婿或小女婿）家亲友留下来砍牛，其余转场的人回丧家，准备出殡。把牛砍死后在场地边上架锅煮熟招待和女婿家一起来吊丧的亲友，孝男孝女孝媳均不能吃这牛肉。

六是出殡。转场仪式结束后，举行一个模拟仪式，表现儿子外出做生意回家，听说亲人亡故而痛哭的过程。死者的儿子挑着小猪和装

转场仪式上孝子用食物喂牛，嘱咐牛到阴间为亡灵耕田

着豆腐、香烛、纸和鞭炮的篮子，围绕幡竿按逆时针方向转三圈，然后走到大门口。这时大门已关着。死者的儿子大喊三声"开门！"屋内布摩问："你到哪里去来？"答曰："去做生意来！"布摩说："你爹（妈）死啰！"死者儿子一下子推门而入，扑到灵前铜鼓上失声痛哭，站在一旁的人连忙接过担子。过一会儿，人们将其拉到一旁，劝慰其止哭。

　　接着举行"孝子祭""女婿祭"仪式，然后放倒幡竿，拆掉隔坊，布摩诵《嘱咐经》，告诉亡灵通往冥界的路途及注意事项。同时，众亲友站在棺旁做好准备。待布摩诵到相应的经文，发出信号后，人们即把棺材抬到大门口院子里绑扎好。一阵鞭炮声过后，灵柩缓缓抬出院子。死者长子手执引魂幡走在最前面。一长者提着装有纸钱的竹篮，一路抛洒买路钱。每走几步，众孝子孝女回头向抬灵柩的亲友们磕头，一是表示感谢，二是请大家走慢点走稳点。每过沟、桥，抬丧者大喊"孝子搭桥"，孝子中一人即横卧沟、桥上，让灵柩从上面通过。鼓乐队跟在抬丧者后面，一路上唢呐声、锣鼓声、号声、鞭炮声和火药声不绝于耳，一直到墓地才停止。

　　安葬。布依族对墓地风水十分讲究，认为坟地葬在"龙脉"会给子孙带来福祉。因此，坟地需经阴阳先生选择。出殡当日，一大清早即请几个青壮年人到阴阳先生选定的坟地挖坑，称"圹"。阴阳先生在挖好的圹内用朱砂拌米画上太极图，把一只公鸡赶进圹内，称"暖井"。再把酒洒在穴内，用一把米或土撒在圹的四角。然后，众人将棺材放入。孝子先填上三铲土，众人接着填土，用石块垒成坟，将纸伞灵房等放在坟上。如具当天不能"落土"，即在棺材下垫上一块篾片，两端露出坟外，待到能"落土"的吉日，将篾片扯出即可"落土"。第三天，亲朋好友带上糯米饭、鸡等来为死者"复三"。

在超度仪式中，舅家特别受到尊重。转场时在场地边摆放一张桌子，上面放着死者灵牌，桌旁放着灵房。舅家请来的两位长者端坐桌后，充当"大老爷"，负责坐镇监督。砍牛的女婿家在这里有事均需请示他们，征得他们同意后才能行事。转场时每个人来到他们面前均得下跪磕一个头。

如果家庭经济困难，可以不举行超度仪式，只请布摩举行简单的"开路"仪式即可。以后到另外的亲人亡故，而家庭经济又宽裕，才一并超度，这类亡灵称"冷鬼"。

死者外家和女婿家吊丧时，要扎上染成各种色的皮纸、竹篾扎成纸旗、纸幡、纸伞和灵房等。云南罗平等地要用彩色纸和竹篾做成房屋形状的棺罩。这些祭吊品均为剪纸，图案丰富，工艺精细，色彩斑斓，是很有特色的工艺品。

布依族丧葬期间和之后有一系列禁忌，如超度期间不能吃荤，有的地方忌食鱼肉和菌子，据说祖先由鱼变来，或菌子由死者尸体变来。孝子不能吃鸡头，不准坐上席。守孝期三年，孝子家在此期间内贴春联只能用绿纸或黄纸，不能贴红纸。第四年才开始贴红纸。

葬后，有些人家立即立石碑，也有的第三年才立。有的家庭经

丧葬仪式上用的彩色纸旗、纸幡

济困难的也可以不立石碑。

布依族有"回煞"的习俗。六盘水一带，第三天丧家请布摩来诵经。死者女儿做糯米饭及菜肴来供祭。丧家把屋子打扫干净，撒上麦灰，神龛上供上祭品。布摩诵完经，全家即外出躲避，过一会儿才开门回家，看地上有无脚印，以判断亡人是否回来。在一些地区，如果第二天早上发现有动物脚印，即认为是亡灵变成这种动物回家来过。

对非正常死亡者，布依族要专门举行特殊而隆重的超度仪式。贞丰一带称"入交"，直译的意思是"赎头"，镇宁、六枝一带则称"罕亡"，紫云、镇宁、望谟等县交界地区称"挡域"[tap^{8}mjut^8]，汉语称为"赶八难"。

非正常死亡，布依族认为是凶死，指被刀枪打死、溺水死、摔岩死、难产死等等。布依族认为，凶死者灵魂坠入游魂世界或地狱，需举行仪式将其"赎"救出来，再超度到"傍拜""傍仙"，否则亡魂因受苦受难而经常骚扰阳世的亲人，使家中人畜生病或办事不顺。

各地举行仪式的方式、规模不尽相同。在很多地区，每个死难者的救赎仪式都是单独举行仪式进行，而在紫云、镇宁和望谟交界地区布依族的"挡域"[tap^{8}mjut^8]仪式，则为若干死难者举行救赎，仪式上，死者亲人和亲友都前来参加，场面十分壮观，令人震撼。

凡在外病死或惨死（意外、横祸、溺水、灾害等非正常死亡）者，亲人都要举行"挡域"仪式，将死难者灵魂救赎回故里，使其脱离苦海，

紫云、镇宁、望谟交界一带布依族"挡域"仪式

并超度进入祖先亡灵居住的"傍拜""傍仙",保佑生者平安顺利。

举办"挡域"的时间不固定。需要为死去的亲人救赎的各村寨人家事先向布摩提出请求,当请求的人家达到 36 户以上,即可举办一次。举办的具体时间、地点由布摩头领决定。仪式是在野外略微宽敞的田或地里举行。据说,凡举办过的地点(田地)60 年内不得重复举行。

时间、地点确定后,逝者人家要做好相关准备。首先要为每位逝者雇请两名妙龄少女来参加整个仪式过程。物色好人选后,要为少女购置一套崭新服装、首饰、雨伞、毛巾等。接着,为亡灵制作一个用芦苇编织的轿子,轿子上面铺一块黑色新头帕,并摆上供品和人形剪纸。同时,砍来 5 棵带叶金竹,准备好长约 3.3 米的黑色土布,用来搭建逝者灵堂。最后,还要准备好花米饭、鸡、鸭和纸钱、香烛、油灯等物。除了每家自己的各项准备外,参加仪式活动的各家还凑份子,集体购买仪式所需的狗、羊等动物,成立专门的"炊事班",在举行仪式活动的场地上搭上锅灶。

主持仪式的布摩班由 10 余位布摩组成。布摩班一般需在仪式举行的 5 天前就作准备,主要工作是抄写逝者诉状和各类文书,选择场地,修建"玉皇大帝殿",设置仪式场地和逝者灵堂,立幡上旗等。

举行仪式当天卯时,天还未亮,布摩班便要带上经书、各类文书和鼓、钗、钵、锣等乐器来到举行仪式的场地。逝者家人到齐后,跪拜在"玉皇大帝殿"前。仪式开始,一阵锣鼓声之后,布摩开始念诵经文。诵毕,将诉状文书装在竹筛里用火焚烧,并在逝者家人头顶扬翻筛簸。焚烧结束后,逝者家人起身合十作揖。

随后,布摩班指导和参与各逝者家人搭建逝者灵堂,并在各家灵堂旁插上彩幡,彩幡上书写"中央普掠地狱""北方冥泠地狱""东方风雷地狱""南方火医地狱""西方金刚地狱"等文字,并插上东西南北中各方的符条,围起黑色土布,灵堂的东西南北各方拴上供鸡,葬坑内放上一只活鸡,并用筛子盖住。

逝者家人将各位逝者的轿子按顺序摆在玉皇大帝殿前。布摩诵经超度完毕,焚烧一只活鸡后,便将轿子送回各自灵堂内摆好,供上供品和亲朋好友赠送的钱物。与此同时,各家雇请的少女穿上艳丽的百褶裙装,戴上银饰串珠,打着花伞,挂上毛巾,等待绕场。

随后,布摩班分为两组,一组在挂着写有"符元将运二郎七星三郎将运四元枷考五雷将六丁六甲七星将运八大金刚九天仙女十雷神十一大十二美矣"字样的长幡下吟诵经文，另一组在长幡对面的芦苇架下吟诵经文。末了，布摩首领跪在地上，向西方天空射三支竹箭。接着，在布摩班的

布依族摩经

带领下，少女们排成两列，手持香烟和纸钱，开始长达一个时辰的"破狱"绕场。绕场进行的同时，各位逝者家人在逝者灵堂前，焦急地等待着象征逝者魂魄的小动物，比如蜘蛛、蝗虫等来到轿子中摆放的头帕上。他们有的在伤心哭泣，有的在倾诉衷肠，有的在宣泄怨恨。当发现有小动物爬上轿子中的头帕上时，逝者家人立即用准备好的碗盖住，用头帕包好，并用线系牢，拿回家，放在神龛供奉3天。抓住小动物就意味着"招魂还乡"成功，布摩用香火在逝者名册上做个标记，就可以烧纸钱和人形剪纸，捆扎5棵金竹。然后由布摩念咒语、喷圣水后，将一棵一棵金竹砍断，带叶的金竹一节拿到殿前集中焚烧，另一节拿回家使用。当所有逝者都"招魂还乡"成功，"破狱"绕场接近尾声，少女们将手中的香烟和纸钱放在长幡下的香炉焚烧。

之后，还要在长幡一侧举行"过狗肠"仪式。由两名布摩当场宰杀一条狗，敲击狗头后，用刀切开狗腹掏出狗肠横放在地上，并不断往火盆上撒谷壳，当即烟雾弥漫，参加转场的少女们按顺序在烟雾中从狗肠上跨过。"过狗肠"有"打狗散场"的寓意，表明仪式过后，阴阳分离，人走人的阳关道，鬼走鬼的阴间路，互不干扰。"过狗肠"结束后，少女们随即卸妆。布摩班为远道而来的外乡逝者家举行送别仪式，并分组上门为本地各户逝家"圆满"，即用念过"佛法"的锄头，在逝者家的大门门槛下挖一洞，放上碗，烧上纸钱，布摩念咒语、喷圣水后方结束。

　　最后，在布摩首领的指挥下，点燃玉皇大帝殿、带叶竹节和逝者轿子，而逝者各家各户，则在举行过仪式的场地上，带着一种已为死难亲人救赎成功的释然心情，共进露天午餐，整个仪式结束。

花溪布依族祭祀椋台

ZAIXINYANGYU
在信仰与
YULEZHIJIANCHANGYANG
娱乐之间徜徉

一方面是庄严肃穆的祭祖敬神，一方面是轻松愉快的消闲娱乐，这就是布依族节日习俗给予人们的主要印象。

节日，作为一种综合性很强的文化事象，承载了布依族诸多历史文化信息。走进布依族节日，在一定程度上，就是走进了布依族历史和文化。

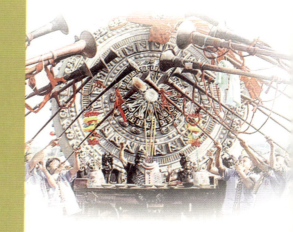

● 月月都过节 ●

平塘清水布依族六月六

布依族传统节日多。说布依族月月都在过节，其实一点都不假。从农历正月起，先后有大年春节、正月十五、正月末的了年、二月二、清明、三月三、四月八、端午、六月六、七月半、八月十五、尝新节、重阳节、牛王节、灶王节等。

根据汉文献的记载可知，布依族历史上曾先后使用过以十一月、十月望日和十二月为岁首的纪年方式，清代中叶以后才逐渐改为以正月为岁首的纪年方式。现在的节日，都是以此为基础确定时间的。

节日是一种综合的文化事象，但为了便于把握，笔者根据节日活动内容的侧重，将布依族节日分为祭祀性、纪念性、季节性和娱乐性四类。季节性节日与农业活动紧密相关，都是在农业生产的某个环节的间隙，举行祭祀、娱乐、社交等活动，有敦促和勉励人们生产或喜庆的性质，纪念性节日是追念民族英雄或重大的历史事件；娱乐性节日是通过歌舞游艺活动，为青年男女间的社交往来搭建平台。歌会、歌节都属此类节日；祭祀性节日原是祭祀祖先或神灵以禳灾祈福、驱邪避瘟等信仰习俗，有的现已失去原来的宗教信仰色彩，很多已经演变成了单纯的习俗活动了。

布依族的每一个节日往往综合了两个以上的内容。如"三月三"就有祭祀和娱乐两个方面的内容，"六月六"既有祭祀山神、田神（或水口神）内容，又有青年男女游乐、对歌的内容，有的地方还加上纪念发明稻谷栽培技术的祖先或民族起义英雄的内容。不妨来看看各个节日的具体情况。

正月，布依语称"练香"，直译是"过节的月份"。对布依族来说，正月确实是一个名副其实的"过节的月份"。在一个月内先后有三个节日，即"香老""香习哈"（正月十五节）和"香讨"（了年）。

其中，"香老"（大年除夕和正月初一）仿佛是戏的开场，并是重头戏，正月十五是过渡，而"了年"则是最后一幕，表示"过节月份"的完结。在整个正月间，至少是正月十五以前，人们基本上停止农事活动，从除夕开始各家自行祭祀祖先，一般到初一初二即结束。初一或初三开始，人们到外家或保爷家拜年，走亲访友，或接待应酬，其乐融融。直到过完"了年"，人们才把精力转到春耕备耕上。

正月三十晚至二月初三，水城一带布依族有过"小年"的习俗。届时姑妈和已出嫁的姐妹们都要回外家团聚。因时值大年过后，故称"小年"。

农历二月初二的"二月二"节，在很多地方主要是祭土地神，吃黑白两色糯米饭。云南罗平和贵州兴义一带布依族，则是在"老人房"祭祀祖先或"寨神"。

三月三，在整个布依族地区都过。各地过节时间略有差异，有的过农历三月初三，有的地方则过三月的第一个"虎日"，各地节日的过法有别。如安龙、贞丰县北盘江镇一带，过农历三月第一个寅（虎）日。主要内容是扫寨、祭山神和吃花糯米饭。乾隆《安龙府志》载：布依族"其俗每岁三月初三宰猪牛祭山，各寨分肉，男妇筛酒，食花糯米饭……三、四两日，各寨不通往来，误者罚之"。现在各地三月三过节情况与此记载大体相符。所谓"不通往来"，指的是外寨人在初三这天不能进寨，或不能从寨子里通行。本寨外出人员也必须在扫寨前回来。三月三这天，举行扫寨仪式后，村民用绳子横拴在村口道路两旁树上，行人一旦看见，就不得强行通过。如果强行通过，就必须为今后这个寨子可能发生的火灾或其他灾害负责。册亨、望谟、罗甸等地在三月三这天挂青上坟，

望谟布依族三月三歌节

与汉族"清明"扫墓活动类似。不同点在于布依族这天要邀请至亲好友参加，在亲人坟地上祭祀后集体用餐。在贵阳地区，三月三被称为"地蚕会"。布依族先民认为地蚕是天神放到大地的"天马"，专门咬食种子和幼苗，人们用了很多办法都无法治住地蚕。经过长时间的反复摸索和实践发现炒包谷花喂地蚕，能堵住它的嘴。于是，每年这一天，人们就炒包谷花到地里祭地蚕，俗称"地蚕会"。人们利用这天聚在一起，炒包谷花，将其代表地蚕，将包谷花吃完，表明地蚕已被消灭。人们在节日中载歌载舞，后来逐渐演变成歌会。据说，谁要是在野外放声高歌，天神就会赐给他（她）一副好嗓子，地蚕听到清脆悦耳的歌声，就不会出来危害庄稼了。

四月八，布依语称"牛王节"或"开秧门节"。镇宁一带称"牧童节"。黔南一带这一天要做黑糯米饭敬"牛王"，并让牛休息一天。册亨、罗甸、贞丰、安龙、紫云等县，这一天吃黑、白、黄、紫四色花糯米饭，也让牛休息一天，并用枫香树叶泡水给牛洗澡，表示对牛的一种慰问。

五月初五端午，布依语称"香独努"，这天，每家在门上挂艾蒿、菖蒲，用雄黄兑酒喷洒房前屋后，并喝上一口，据说可以防蛇和毒虫。用竹叶包三角粽吃。五月中旬，在水城一带，还于第一个寅申（猴）日过"寅申节"，祭祀山林和水口，纪念布依族古代一位将军。人们挖菖蒲根置水缸底辟邪驱毒，吃雄黄酒、粽粑，青年男女要跳"刷把舞"。

六月六，这是布依族传统节日中较为隆重的节日之一。有"小年"之称。一般在农历六月初六。但在贞丰一带，可以根据季节和农事活动的情况安排在六月十六或二十六过节。也有的是农历六月的第一个寅日过节。六月六内容十分丰富，除祭山神、田神和祖宗外，在惠水、六盘水等地，青年男女还举行规模盛大的对歌活动。饮食方面，最有特色的是吃五色花糯米饭、吃狗肉。

六月二十一，在兴义一带，还有为查郎白妹这对古代为民族除害而双双殉情的恋人而举行的盛大纪念、游乐节日活动"查白"歌节。

七月半，在汉族中被称为"鬼节"，整个节日充满鬼气，而布依族的"七月半"则可说是充满仙气。节期多在每年的农历七月十四，有的地方也搞烧包祭祖活动，但大多数地区不烧。晚上要插"路香"接谷魂，青年男女于明月当空的晚间进行"当敬"娱乐活动。在南北盘江流域一带，家家都要用糯米面和籼米面做成"褡裢粑"。贞丰一带则利用"七月半"来祭山神，预祝五谷丰登。

尝新节，没有固定日期。根据各地谷米成熟的情况，一般在谷米将成熟时，大家共同约定一个日子，到田边扯几把谷穗，舂好、蒸熟打粑粑吃，以示迎接秋收季节。

八月十五（中秋节），一般不祭祀祖宗，但晚上要用核桃、炒葵花籽、瓜子等到院子里祭祀月亮，之后一家人坐在月光下嗑葵花籽、瓜子，拉家常。有些地区晚上兴"偷"别家老南瓜来煮糯米饭吃，或者用红布将老南瓜包好，送给没有生育孩子的中青年妇女，送时一路放鞭炮，主人家热情接待，并将"偷"来的南瓜煮好，款待送瓜者吃夜宵。南瓜籽多，繁殖力强，送南瓜即意味着送子，寄托了人们的祝福。被"偷"老南瓜的人家，明知被"偷"，也不打骂"偷"瓜者，会意一笑而已。

重阳节，节期在农历九月初九。很多地方要打糯米粑，祭祀祖宗。有些地方将尝新节时蒸煮的糯米穗脱粒，之后将糯米与板栗混合在一起蒸成糯米饭，并将芝麻和包谷糖加热使之成为饼状的芝麻糖，一起

贞丰布依族六月六

老人房

老人房，指布依族村寨中专门用来祭祀祖先神灵的庙宇，兴义等地称"然老报"[ra:n²lau⁴bau⁵]（汉译"老人房"），兴仁一带称"亭赛"[tiaŋ²sai⁵]（汉译"官厅"），贞丰、镇宁、关岭一带称"亭苏"[tiaŋ²sai³]（汉译"主子亭"）。小庙宇内只有祭坛，没有偶像，也不写神灵牌位，只有部分地区在庙宇门枋上贴"公生三月三日，民祝万代千秋"对联。各地祭祀时间不尽统一，有的在春节期间初二初三早上，有的在三月三。各地所祭祀的对象名称虽然有"老人"、"官"、"主"等不同，但实际上都是具有相同的社会地位。祭祀时，各家族村民集体参加，这表明，祭祀对象可能是古代布依族部落首领。

（2008 年）布依族少女在贞丰六月六

食用。

十一月初一，过牛王节。这一天必须让牛休息，并打粑粑，将两个大糍粑挂在牛角上，表示对牛的慰劳。黔南的一些布依族村寨在十一月初一这天过年。顺口溜云："练一将布依，练腊将布绒，将劳将布哈。"意思是："冬月是布依年，腊月是仡佬年，大年是汉族年。"这恰与"以十一月为岁首"的记载相符，反映了这些地区继承了本民族传统的大年习俗。

腊月初一，黔南三都一些布依族村寨以此作为过年的日子，而且在一年中最隆重。过年期间，各家各户杀鸡宰猪，酿制糯米酒，做豆腐，打粑粑炸米花，炒米，给亲友家拜年，亲友宴聚，青年男女社交、谈情说爱。腊月初八，黔中一带有些布依族村寨户主集中祭祀土地神。黔南三都县一带则过"别雅蝈"节，葬青蛙、举行摔跤比赛，祈求来年丰收。腊月二十三，一些地区还有祭灶神的习俗，请灶王爷上天帮说好话。

布依族节日多，但同时也有区域性的特点，除春节、清明、三月三、四月八、端午、六月六、七月半等大节日通行于整个或大部分布依族地区外，其余均只在一定范围内流行。节日活动的内容也有一定的差别。这使布依族节日习俗表现出了内容的丰富和形式的多样。

● 六月六：布依族的文化名片 ●

在一年所有节日中，似乎很多在名称、内容上都与其他民族相同，那么，哪一个节日最具有布依族自身特色呢？

答案是六月六，其次，就是三月三。六月六已经成了布依族的文化名片。

在布依族中，六月六是仅次于春节的本民族节日，有"过小年"之称。

六月六的得名，主要是因为一些地区节日时间为农历六月初六。除农历六月初六过节之外，也有部分地区是在农历六月的第一个寅日、卯日、巳日、辰日、申日等，有的则于农历六月十六、二十六日过节。无论哪一天过节，用汉语都称为"六月六"。如果把"六月六"直译为布依语，应该是"若外若" [rok⁷ŋut⁸rok⁷]，事实上，很多地区用本民族语言称呼这个节日，都叫"香若" [ɕaŋ¹rok⁷] 或"将若" [tɕaŋ¹ðok⁷]，意思是"六月节"。

这一情况至少说明两个问题：第一，布依族六月六受到汉族文化影响；第二，六月六是布依族固有的民族传统节日。

由于受到汉族文化影响，因此节日的汉语称谓与汉族相同，一些节日内容也吸收了汉族节日文化因素，比如一些地区在节日这天

贞丰布依族三月三祭祀寨神

洗晒衣物等等。之所以说它是本民族固有的传统节日，是因为虽然都在农历六月过节，却日期不统一，并且与布依族经济文化类型特点——稻作农耕相吻合。六月六与水稻耕作时令有关，节日内容（祭田神、水口神、驱虫吃花米饭、粽子等）均属稻作文化范畴。因此，布依族六月六来源于布依族水稻耕作经济文化类型。

汉文献中有关布依族六月六的记载较少，目前掌握的有清代乾隆年间李吉昌所纂的《南笼府志·地理志》对今安龙一带布依族三月三和六月六的记载："以俗每岁三月初三宰猪、牛祭山，各寨分肉，男妇饮酒，食黄糯米饭，苗（指布依族）语以是日为'更将'，犹汉语呼为过小年也。三、四日，各寨不通往来，误者罚之。六月六日，栽秧已毕，其宰祭分食如三月，然呼为'更六'，犹汉语曰过六月六也。"《安顺府志》也有类似记载：仲家"以六月六谓之'过小年'"。这些记载没有对布依族六月六来源作出解释，但有两点值得注意，一是反映了布依族六月六的隆重程度，被称为"过小年"；二是点出了六月六的时令是"栽秧已毕"。既然"栽秧已毕"，那么在秧苗返青到中耕期间就有一个间歇阶段，也就是农闲。在知识水平和科学技术水平都比较落后的古代，为了丰收，先民通常要举行祭祀活动和驱逐害虫的仪式。水稻种植这种时令特点使节日活动的举行有了时间上的保证。

对六月六的来源，布依族民间有多种传说。各种传说内容不同，但绝大多数传说都与稻作文化有关。

流传于紫云、贞丰、镇宁等县交界地带的《"六月六"节的来源》说，布依族祖先盘古创造了种植水稻的技术。流传于兴义地区的叙事长诗《六月六》反映的是，年轻夫妇得某得茂（人名）在太阳月亮派来的两匹白马的帮助下，率众开展灭蝗斗争，最终取得了胜利。流传于黔南平塘县一带的《天王石》说，后生六六与月亮公主成婚生了天王。六六和月亮公主斗败了残暴好色的国王后升天成仙去了。天王长大后也挫败了恶霸土司的种种阴谋诡计，他获胜升天时给人们留下了一块形如老翁的巨石"天王石"。每年六月六，人们都要到天王石前举行祭祀祈福活动，以求风调雨顺，五谷丰登。《天马吃庄稼》说，天马（蝗虫）是古代一个大财主王幺公的大老婆王大娘变的。王大娘心黑手毒，因惧怕将来王幺公的二老婆的儿子暮连比玉连能干，家产落到暮连母子的手里，就起了歹心，多次设计加害暮连。暮连从军，屡建战功，后当上大将军回乡。王大娘又羞又恨，一头撞在石墙上死了。寨邻们抬来许多柴草，把王大娘的尸体架上去烧。王大娘的尸体烧成黑灰后，变成了黑麻麻的"天马"，扑进田地里吃庄稼。暮连想到王大娘见到自己穿官服、举旗帜就撞石而死，说明她害怕这些东西。于是就叫随从们扛着旗子到田地里去转。果然"天马"一见到红红绿绿的旗子，就像王大娘见到暮连一样，全飞跑了。从那以后，人们就用鸡血、猪血染成各种小旗帜插到田地里吓"天马"，以免它伤害庄稼。久而久之，相沿成习。

各地布依族六月六节日内容既有相同点，又有自身特点。归纳起来有以下几个方面。

（1）祭山神、社神。这是多数地区布依族六月六共有的内容。山神和社神在布依族信仰中，都是村寨保护神。六月六举行祭祀仪式，意在祈求人畜平安、五谷丰登。在贞丰一带，祭山神当日还有"躲山"习俗，人们带上节日食品，到村寨附近的场地"六月场"集中，老年人聊天，青年人对歌，少年则嬉戏游乐。下午，以户为单位或几户集中一起吃花糯米饭、粽子、鸡肉，男人则喝酒。祭山神完毕，放炮为号，各户才回家，分祭山牛肉煮食。躲山表面原因是为了不让人们在村寨里弄出声响，以免惊动山神，实际上是人们借节日进行集会，开展社交，以增进团结、加强凝聚力。

（2）祭田神、水口神。即到田坝中或田埂出水口处举行祭祀仪式。这也是多数地区共有的节日内容。祭祀活动大多为单家独户各自进行，也有一些地区集体祭祀。

（3）祭"虫王"、驱虫、赶旱魔涝魔。大多数地区，六月六在田埂边或田埂出水口处杀鸡祭祀后，用鸡血淋在预先做好的纸旗上，将血染的纸旗插在田中，意在驱虫。龙里、贵定一带则要举行祭祀"虫王"仪式。在镇宁一些村寨，要举行"扫田坝"仪式。这天，每家用白纸做成若干小三角旗（自家耕种的田土有多少丘就要做多少面旗），用两尺长的细竹片穿上，在每块田边各插上一杆旗。然后，每家出一定的米、柴、盐、菜等，集体买一头猪到寨中央的"神庙"去宰杀，祭祀"寨神"和"五谷神""土地神"。

无论是祭田神、水口神还是祭"虫王"、驱虫和赶旱魔，都与水稻种植有关。祭田神是祈求稻谷丰收，祭水口神是祈求神灵不让肥水

六月六祭田神，在田中插纸马驱虫

外流，同样是为了稻谷丰收。而祭"虫王"和驱虫，反映了古人在科学技术十分落后的条件下对害虫的无奈，只能采取讨好和强硬两种办法，软硬兼施，期望战胜虫灾，保证丰产。水稻栽培离不开水，干旱对水稻生长危害甚大，为了保证插秧后不受旱灾威胁，布依族先民于是举行驱旱魔仪式，相沿成习。

（4）社交和娱乐。这是各地布依族六月六重要的节日内容之一。社交包括"躲山"时村寨范围内村民之间的交往、拜年时亲戚之间的交往、节日集会时各地社会成员的交往和青年男女之间的交往。娱乐形式多种多样，青年男女的对歌是主要内容之一。平塘县清水、惠水县董朗河畔、长顺县古羊一带以及紫云的"六月场"，都是历史悠久并且在布依族中是十分著名的几大六月六节日集会地点，届时往往上万乃至数万人云集，场面十分壮观。在没有大型集会的地区，到外家拜年时青年人往往邀约朋友和同伴前往，到了目的地后，当地异性青年也邀约同伴与来访者对歌、"囊绍"、丢花包等活动。在黔西南、安顺市部分地区，节日期间青少年还汇集在水边，用竹制的水枪互相射水，表示驱逐邪气，祈求吉祥，此外还举行荡秋千、踢毽等体育和娱乐活动。

（5）节日饮食。主要是吃粽子（三角粽）。黔西南州、安顺市等地有吃五色花米饭和狗肉等习俗。

翻开近几十年的地方报纸，几乎都可以看到各地布依族同胞举行六月六节日活动的报道，六月六已经成为布依族的文化名片。

作为布依族的文化名片，六月六有几个显著特点。

一是具有一定独特性。我国汉、土家、苗、侗、瑶等民族的局部地区都有过六月六的习俗，经比较我们发现，布依族六月六有一些节日文化因素与这些民族有相似之处，比如一些布依族地区六月六要翻晒衣物等，就与汉族和一些少数民族相同。但布依族六月六具有自己的独特性。比如过节时间不统一，祭水口神、山神，节日饮食中的吃狗肉、吃五色花米饭、吃粽子以及节日活动中对歌、打水枪等，都是独具特色的。在时令上，六月六正好处于插秧和稻田中耕间歇时期，对于长期从事稻作农耕的布依族来说，是农闲时节。再从六月六中有很多稻作农耕文化特点来看，与布依族的经济文化类型是吻合的，说明它是布依族的传统节日。但是它确实也吸收了汉族节日文化部分因素，比如一些地区把节日时间定为初六，有的则增加了晒衣物的内容等等。因此，现在的六月六是在本民族节日文化基础上吸收汉族节日文化部分因素形成的。由于各地吸收情况不同，形成了一定的地方差异。我们说布依族六月六具有一定的独特性，就是针对这种情形说的。但正因为有了这些独特性，使布依族六月六与其他民族六月六有了质的区别。

花溪大寨村布依族荷花节

　　二是具有普遍性。与汉、侗、苗等民族的六月六只流行于局部地区不同，布依族六月六流行于布依族绝大部分地区。尽管各地过节时间不尽相同，过节内容和形式也有一定差异，侧重点各不一样，但用汉语大都称为"六月六"，用布依语都称为"香若"或"将若"。而且都过得很隆重。

　　三是具有很高知名度。从贵州布依族分布地区方志均有关于布依族六月六的记载可知，布依族六月六早就为包括汉族在内的其他民族知晓。中华人民共和国成立后，党和政府贯彻落实党的民族政策，在宪法和民族区域自治法等法律中明确规定要尊重少数民族风俗习惯。20世纪50年代到80年代，中央民族学院布依族师生、干部每年六月六都要聚会，欢度传统佳节，六月六是布依族传统节日这一事实早已被各民族师生和社会各界普遍认识和接受。现在，布依族自治地方逢六月六都放假一天，欢度佳节。1981年国家民委正式公布六月六为布依族传统节日后，从惠水举办董朗桥六月六歌节开始，陆续出现了由地方政府组织六月六节日活动的新的办节模式。比如贵阳、贞丰、六盘水等地都举办过大型六月六布依族风情节活动。政府举办传统节日活动，旨在"文化搭台，经济唱戏"，每次都有众多媒体进行宣传报道。2007年，六月六被列入贵州省第二批非物质文化遗产名录。通过媒体不断宣传报道，布依族六月六知名度越来越高，成了布依族的一张文化名片。

惠水布依族六月六

乌当偏坡布依族六月六

节日娱乐：青少年向往的活动

节日，这是布依族青少年向往的美好时光。倒不仅仅是因为那风味独特的节日饮食，而主要是节日中要开展各种情趣盎然的娱乐和体育竞技活动深深地吸引着他们。当大人们还没张罗有关过节的准备活动的时候，青少年们已开始计划着节日中怎么个玩法了。

社交娱乐活动主要有青年男女的对歌、"囊绍囊貌""当敬"和少年儿童的游戏。

正月，作为"过节的月份"，正是布依族青年男女对歌、囊绍囊貌的大好时机。当几位小伙子或姑娘到某寨走亲戚，吃过晚饭后，该寨的姑娘或小伙子们就邀约着到他（她）们住的这家，和他（她）们对歌。歌的内容，开始时只是一般的歌，如果双方唱得情投意合，也可以唱情歌。但在黔南的贵定、龙里一带，晚上在家里对歌，一般不涉及情歌内容，即使涉及，也只能以"客"互相称呼，而不称"哥""妹"或"情哥""情妹"。对歌是一种比智慧、赛知识的活动，双方根据对方所唱的内容即兴编唱。若双方旗鼓相当，往往唱到通宵达旦，甚

惠水董朗桥六月六

至第二、第三晚上继续进行。

有的节日，由于青年男女集体对歌而被称为"歌节"或"歌会"。如黔西南安龙一带三月三后第一个巳（蛇）日，来自册亨、望谟、贞丰、兴仁、兴义以及云南罗平、广西隆林等地的青年男女相聚于安龙县德卧一个名叫"毛杉树"的地方，对歌、囊绍，因而被称为"三月三毛杉树歌仙节"。六月六，惠水的董朗桥、老鹰坡等地，也有盛大歌会活动，青年男女汇聚一起，对歌、"囊绍囊貌"。六月二十一的"查白歌节"，来自贵州、云南、广西的布依、壮等民族青年男女数万人，汇聚到兴义顶效查白，开展对歌娱乐活动，吃"狗肉汤锅"，纪念查郎和白妹。长顺古羊的"六月桥"歌节、黔西县治中一带的"跳六月坡"歌节等，也是著名的娱乐性节日。

"歌会"或"歌节"中的对歌，既有一般的对歌，也有"囊绍囊貌"活动情侣的对唱情歌。这种大型集会为青年男女提供了一种社交场所。他们或者先是对歌，继而一些情投意合者发展为"囊绍囊貌"；或者通过中介进行"囊绍囊貌"活动。在这两种情况中又有一部分发展成了谈情说爱。这种活动满足了青年男女社交的需要和谈情说爱的需要。他们可以相识相交自己的同性或异性朋友，交流各方面的信息，了解外面的世界，从而增长见识。一部分青年男女也还可在这种场合中物色和选择自己的终身伴侣。在一些地区，青年男女用两个约20厘米的竹筒刮薄后，一端蒙上猪尿包或鸡嗉包皮，中穿一根线（长可达10余米或更长），连接两个竹筒，做成"土电话"（布依语称"古问莽"或"达订"）。青年男女各在一边，推举代表与对方代表对唱，或轮流与自己的意中人交谈或对唱。

正月初几到十五，或七月初几到十五，在很多布依族地区，布依族青年男女都要举行一种带有迷信色彩的娱乐活动——"姑敬"或"当敬"。活动是先选一个能说会唱的小伙或姑娘表演，让其坐在院子中摆放的大簸箕中，念咒后用头帕将其头蒙住，有的地方还以蜜蜡熏之，由一个人坐其身后将其扶住。不一会儿，表演者处于昏迷状态。据说其灵魂进入十二层天或进入仙境，请来神灵附体，可以满足人们的要求，请远方的朋友或死去的亲人前来对歌和对话。或者请仙灵附体后仙灵找"同伴"对歌。"同伴"由在场会唱者扮演。若旗鼓相当，对歌显得十分精彩，包括恋人才唱的情歌也能唱，因此听者甚众，听到高兴

平坝羊昌乡布依族三月三歌节

处就发出哄堂大笑，听到悲伤处则凄然泪下。

有的娱乐活动也兼有体育性质。如春节期间，各地青年男女的丢花包即如此。花包也称"糠包"，用青布或白布、花布缝成菱形小袋子，装上糠壳、棉籽或豆，四角系上各色鲜艳的彩带。各地花包形状及充塞物略有不同。丢掷时男女各站一边，距离在30~80米之间。一方掷过去后，对方即争着接住。若掷到谁面前而未接住，需在花包上别上小礼物掷回去。有时先分帮，再丢掷，以接得次数多者为胜，输方要用手帕来赎。掷花包往往是青年男女互相认识、谈情说爱的媒介，所以他们多向自己的意中人投掷，加强联络，加深感情。

节日体育活动丰富多彩，主要有磨秋、踢毽、拍线球（打抛）、摔跤、赛马、游泳等等。贞丰一带用枯芭蕉树皮或包谷壳扎好，插上几根鸡毛，形如羽毛球，两人相距对拍或若干人分站两边集体对拍，以失球多者为输。

最有趣的莫过于农历七月十三（七月半）都匀市江洲一带布依族

的"香瓜仗"。打"香瓜仗"布依语称"迪勒歹"。七月十三下午，各家青少年从自家地里摘回半大的嫩南瓜，插在竹竿尖上。吃过晚饭，将一两百根点燃的香插在南瓜上，当寨上领头的青少年一声吆喝，青少年们就扛着香瓜，一齐奔出寨外田坝中。这时邻寨的青少年也扛着香瓜奔来。双方在田野里相遇后，即以香瓜互相碰击，并对骂粗话，闹成一团。远远看去，月亮下像无数萤火虫般的香火晃动着，煞是壮观。当双方香瓜上的香均被碰落熄灭后，即摔起跤来。最后，双方向本寨方向撤回数十步，返过身来一边等，一边用竹制弓箭互相射击，或向对方丢掷泥团、石块。直到双方打、骂都筋疲力尽了，才一边唱着山歌，回家休息。据说这香瓜仗打得越热闹越好，祖宗才高兴，鬼魂不敢作祟，人间才能平安。所以不论当晚打得如何激烈，骂得如何粗野，都不会为此真正闹出纠纷，第二天照样往来如常。

兴仁县大兴寨七月半的"打火箭"，也颇能表现布依族的尚武精神。"火箭"用蒿秆做成。蒿秆一端捶烂成绒须，两根捆成一支。绒须与秆身交结处用黏性很强的白沙泥包上一坨，以加大重量，便于抛掷。

贞丰布依族六月六

七月十四晚先由少年们抛掷，继而男女老幼均参加"试火箭"，将蒿秆捣烂一端点上火，手拿枝秆一端，朝空中抛去，连续抛两三个小时。十五晚上正式打火箭，一直打到次日凌晨活动才结束。"打火箭"时，只见空中如万星流动，划破天空，十分壮观。据说，大兴寨王姓的某代祖先奉命征战，因敌营垒难以攻破，便下令用棉织引火物裹于箭头，蘸上油，点燃后万箭齐发，烧掉了敌营，于七月十五取得了胜利，以后便把这天定为纪念日，并于当晚投掷"火箭"，以示纪念。

节日期间的少儿活动也很多。如捉迷藏、打童棍、掷石子、打陀螺等。云南罗平一带，三月三节大人用各色纱线为小孩编织鸡蛋状的小口袋。初四、初五和初六，少年们背上蛋袋，和青年男女们到河边玩耍。青年男女们划竹筏比赛，用竹制水枪互射，少年们则转水车，玩水枪，尽情嬉戏玩乐。到吃饭时，大人们背上花米饭和鸡蛋，送到河边给孩子们，席地而坐，欢乐地吃起来。

贞丰一带，七月初到十五晚上，少年儿童们则喜欢玩一种叫"天牯牛"、"地牯牛"的游戏。先在小男孩中物色（或小男孩自愿参加）两个人，两脚两手爬地，其状如牛。再由一位懂咒语的成年人对他俩念咒语。之后，围观的小孩几声唱道：

天牯牛，地牯牛，放你下来撞羊头。撞得赢，种庄稼，撞不赢，炕干巴。

随着吆喝声，两个小孩开始作角抵状，并模仿牛的斗架认真地斗起来。围观者喊着加油，气氛十分热烈，角抵者也受气氛的感染，斗得难解难分。一人斗败后，换一人在继续斗，直到兴尽方止。

紫云一带布依族七月十五晚兴"追野猫"、"爆疙蚤"活动。所谓"追野猫"，是在河里漂放彩灯，千万盏灯笼放在河里，顺流漂下，你追我赶，非常壮观。"爆疙蚤"则是将一束冬青树枝夹在干稻草中，点燃火，使冬青枝叶着火后发出噼噼啪啪的声音。这种活动既富有情趣，又包含着驱邪逐虫的内涵，寄托了人们的良好愿望。

贞丰布依族六月六

GUWENDUOBIYULUNWANG
"古温"、"哚比"与"论王"：

DUTEDEBANSUILISHI
独特地伴随历史

　　"古温"，相当于汉语的"唱歌"；"哚比"或"故比"，相当于汉语的"诵民谣"或"编顺口溜"；而"论王"或"搭削"则相当于汉语的讲（唱）故事、聊天。这些通过唱、诵和讲的方式演绎的文学作品包括了歌谣、神话、传说、故事等。千百年来，这些民间文学作品不仅作为布依族民众自我娱乐、自我教育的生动教材，并且在生产生活中发挥着重要的作用，独特地伴随着历史，成为后人认识和了解布依族历史文化的珍贵资料。

"古温"、"哚比"：独具神韵的歌谣

　　布依族是一个喜欢唱歌的民族。日常生产生活要唱歌，节日欢聚要唱歌，婚丧嫁娶和新居落成要唱歌，青年男女谈情说爱、社会成员社交也唱歌……可以说，唱歌已经成了布依族生活的一部分，须臾不能离开。人们用歌表达感情，用歌宣泄情绪，用歌交流思想，用歌进行娱乐和自我教育。

　　布依族把有调的韵文体民间文学作品称为"温"或"分"（第三土语），没有调的称为"比"。因此，唱歌，布依语称"故温（分）"或"喏温（分）"，有韵而无调的韵文体作品，则称"比"，诵民谣，称"哚比"或"故比"。"温（分）"与"比"合起来，相当于汉族的歌谣。

　　从语言使用情况看，布依族民间歌谣有布依语和汉语两类。"温"，布依族民间主要指用布依语演唱的歌，用汉语演唱的歌，也可以称"温哈"（汉歌），但大多按汉语称为"山歌"。

　　如果按照我国现在通常的民歌分类标准和分类方法，布依族民间歌谣包括了劳动歌、苦歌、反歌、习俗歌、情歌、儿歌和新民歌等各种类型。按表达方式分，有抒情歌和故事歌两类。

　　布依族的汉语民歌主要分两类，一类是青年男女社交和谈情说爱过程中演唱的歌称情歌，另一类是礼俗歌。

　　如果不是仅仅着眼于民歌的语言，而是着眼于汉族和布依族民歌生态，我们就可以发现其中的重要差别。

　　汉族由于宋以后婚姻封建化程度逐渐加重，青年男女实际上已经没有了恋爱的自由。因此，汉族即使唱情歌，也只能在山间野外作为一种消愁解闷的方式偶尔为之。布依族虽然也受汉族婚姻文化影响，出现了包办婚姻，但却难能可贵地传承了青年男女可以自由社交和恋爱自由的习俗，青年男女可以公开聚会甚至在家中集体对唱。可以说，在相当长的历史时期里，汉族的情歌基本上存留在书本里，而汉语情歌的种子撒落到了布依族文化土壤之后，生根开花结果，形成了布依族文化中既具有汉族文化因素又具有布依族文化底蕴的新的文化事象。

　　所谓礼俗，指礼仪习俗。某个社会群体世代沿袭的社会行为法则、规范和仪式，婚丧嫁娶、小孩满月酒、为老人祝寿、新居落成以及社交等方面的礼节，都属于礼俗。而礼俗歌，就是在礼俗活动中唱的歌

晴隆二十四道拐

　　二十四道拐是一段有二十四
道弯的公路，位于贵州省晴隆县
城南郊1公里处，始建于1935年，
是黔滇公路的必经之路。

　　二战时期，美国的援华物资
到达昆明以后必须要经"二十四
道拐"才能送到前线和重庆。日
寇曾多次对二十四道拐公路进行
轰炸，欲截断黔滇咽喉。太平洋
战争爆发后，约瑟夫·史迪威受
任美军中缅印战区总司令，美陆
军部长史汀生要求史迪威"维持
滇缅公路"的运输。1942年，
美国的公路工程部队对二十四道
拐进行维修，保证了运输畅通。
1945年，第一批由美国军驾驶
的车队通过中印公路到达重庆，
蒋介石将滇黔公路重新命名为
"史迪威公路"，晴隆二十四道
拐由此而载入史册。

　　二十四道拐公路，全长4公
里，垂直高度约250米，坡的倾
角约60度左右。

晴隆二十四道拐

或吟诵的无调韵语。

布依族、汉族等都有礼俗歌。汉族的礼俗歌主要在仪式活动上由木匠、石匠或主持仪式的司仪吟诵，布依族礼俗歌除此之外，在社交和酒礼中集体对唱是一种更普遍的形式。从礼俗歌所用的语言来讲，布依族中的礼俗歌也包含了布依语和汉语两类作品。

布依族汉语礼俗歌（包括无调的韵语）在演唱形式上，有一些与当地汉族相同，但是，如果我们总体上对两个民族礼俗歌进行比较，就会发现，布依族与汉族的礼俗歌也有着较大的差异。相比较而言，布依族汉语礼俗歌流行范围和参与面比汉族礼俗歌更广。

汉族礼俗歌（包括无调的韵语）主要在婚礼、丧礼、新居落成等仪式上吟诵和演唱。婚礼上，司仪在杀鸡祭祖和回车马等仪式有韵语的吟诵；丧礼上，主要有守夜和吊丧人们吟唱的孝歌；新居落成典礼上，立房上梁仪式主要是石匠和木匠的"对四句"韵语吟诵；新房大门做好后，要选择吉时举行开财门仪式，有木匠和"财帛星"扮演者在大门内外"对四句"，祝愿主家财源广进，幸福吉祥。在这些礼俗歌（韵语）的演唱（诵）中，以唱孝歌最为普遍。仪式上的韵语吟诵者一般是工匠或宗教职业者，而唱孝歌则比较普遍，只要参加守夜，又会唱、喜欢唱，就可以参加。

在黔中布依族中，除了唱孝歌习俗没有汉族那么普遍而外，无论

唱古歌

哪一种庆典活动，除了工匠和宗教职业者在仪式上对诵吉祥韵语外，参与庆典活动的人几乎都会参加各种对歌活动。中老年人唱酒礼歌，青年人唱交友歌、情歌，在酒席上，也唱酒礼歌。总之，不局限于某种仪式，

也不局限在工匠或某个职业的人员中。

布依族汉语礼俗歌的对唱有非常突出的竞赛性质。对唱时，虽有诸多现成的作品，但这些现成作品只是作为对唱开始时的引子，一旦对唱深入下去，就必须根据对方所唱内容，有针对性地对唱，俗称"见子打子"。这对歌者的反应能力、艺术才能和知识面等是严峻考验。如果"棋逢对手"，对歌时间就会很长，并且精彩纷呈。无论在酒礼歌集体对唱的场合还是青年男女交友歌、情歌的集体对唱，往往出现这样的场景，对唱过程中逐渐有人"江郎才尽"唱不下去，只剩下少数几人继续对唱，直到有一方连续几首无法回应为止。

可以看出，布依族汉语民歌这些特点的形成，都是与布依族传统民歌演唱形式有着密切关联。因此，虽然语言上是汉语的，但演唱形式却是地道布依族的，借助汉语民歌语言和体式的艺术品与布依族传统文化有机结合，形成了既与原生态汉语民歌有别，也与布依族传统民歌语言和体式有异的文学艺术样式。

布依语演唱的歌谣体式有三言、五言、七言、杂言等。其中以五言体作品最多。汉语民歌中的山歌往往有固定的句数，比如七言四句。但布依语民歌句子数量没有固定模式，一般都是根据表达情感的需求而定。布依语民歌押韵方式与汉语民歌押尾韵不同，是押头尾韵或腰韵。下一句第一个音节与上句最末一个音节押韵，称为头尾韵，下句中间的某个音节与上句最末一个音节押韵，称为腰韵（或"腰尾韵"）。比如押头尾韵的民歌：

Raanz xib jauc guc jauc,	十个头九个头的房屋，
Jauc laez jauc faixraul?	哪个头是枫香树？
Saul laez saul faixsoh?	哪根柱子是泡桐树？
Boh laez boh jaanglraanz?	哪位是这家中的老父？
Xaanc lauc naail deel goons,	举这杯酒先问候他，
Xaanc xaz yanh deel goons.	端一杯茶先递给他。
Raanz xib jauc guc jauc,	十个头九个头的房屋，
Jauc laez jauc fairaul?	哪个头是枫香树？
Saul laez saul faixngeeh,	哪根柱子是岩桑树？
Meeh laez meeh jaangl raanz,	哪位是这家中老母？

Xaanc lauc naail deel goons,　　　举这杯酒先问候她，

Xaanc xaz yanh deel goons.　　　端这杯茶先递给她。

　　这是一首布依族《敬酒歌》，客人来到主人家，受到主人家热情接待后，用这首歌答谢，是典型的押头尾韵的民歌。第一段，第一句最后一个音节的韵母和第二句第一个音节的韵母为 au，第二句最后一个音节与第三句第一个音节都是 au，第三句最后一个音节和第四句第一个音节的韵母都是 o，第四句最后一个音节的韵母和第五句第一个音节的韵母都是 aan，只有第五句和第六句是腰尾韵。第二段，除第三句最后一个音节和第四句第一个音节换成 ee 之外，其余与第一段相同。

　　又如押腰尾韵的民歌：

　　　　Jacngonz bai1 jacngonz,

　　　　Jacngonz bai1 xeeuh saaux;

　　　　Jacngonz aaux bas bol,

　　　　Jacngonz os rauz byah,

　　　　Jiezdeel byah ramxmis miz somc,

　　　　Jiezdeel byah ramxomx miz neeul,

　　　　Rauz xih byah xonzgaangc xonzreeul miz ndaix.

　　　　太阳走远了，

　　　　离开地面有一竹竿那么高了，

　　　　慢慢翻过山去。

　　　　太阳走了我们也该分别了，

　　　　分别了醋不酸了，

　　　　分别了米粥不黏了，

　　　　我们不能在一起说说笑笑了。

　　这是一首布依族情歌。杂言句式，押腰尾韵。腰尾韵的"腰"，不一定是居于句子中间，可以是句子首位以外任何一个音节，它们分别与上句最后一个音节押韵。这首歌的第一句最后一个音节韵母与第二句第二个音节韵母是 on，第二句最末音节韵母与第三句第三个音节的韵母是 aau，第三句最末一个音节和第四句第三个音节韵母是 o，第四句最末一个音节和第五句第三个音节的韵母是 a，第五句最末一

个音节和第六句第四个音节的韵母是 om，第六句最末一个音节和最后一句第七个音节的韵母是 eeu，分别构成押韵关系。

除了独特的韵律外，布依语民歌的艺术表现形式也有自身特点。

首先，具有强烈的抒情性。

抒情是诗歌的重要表现特征之一。尤其是情歌，比起其他歌来，其"情"就更为浓烈。我们看看这样一首布依族情歌。

> 哪天能和初恋情人成家？
> 和心爱的人儿结为夫妇？
> 要是有那么一天，
> 我们的生活一定像果蔗那么甜蜜，
> 果蔗都说不上最甜，
> 只有我们结成夫妻，
> 那才是最甜蜜。
>
> 但是，今天无论怎样赞美"吊"树，
> 也得不到它来造船了；
> 无论怎样赞美松树，
> 也得不到它来做梭子了。
> 无论怎样赞美初恋情人，
> 也不能和他成家了。
> 树啊，我只能白白地看着你了！
> 土啊，我只能白白地哭泣了！
> 赞美树木，或许还能得到它来修筑阁楼，
> 赞美土，或许能用它来修筑水渠，
> 但聪明的哥哥啊，
> 我却只能眼睁睁看着你从我的身边离开，
> 眼睁睁看见你成为别人的丈夫！

这一首流行在望谟一带的情歌，反映了一位女孩子在失恋后对初恋情人的诉说，歌中运用了各种比喻，将浓烈的情感展现得淋漓尽致。

其次，善用比喻、夸张等艺术手法。善用比喻、夸张是民歌重要的艺术特征。布依族摩经中汇集了很多优秀的民歌作品。这里引一首流行于贞丰一带摩经中的《温经》作品，在歌中，无论是倾慕、相思、

热恋还是哀怨和失恋等情感，都通过一系列巧妙、贴切的比喻以及大胆的夸张，形象而生动地表现出来：

　　口口声声说我不思，
　　口口声声说我不想。
　　想你放弯树，
　　弯树它会倒；
　　想你放艾叶，
　　艾叶它会枯；
　　想你放坡上，
　　这山坡会垮；
　　想你放寨中，
　　寨中它会沉；
　　想你放"绛"丛，
　　"绛"莒还要长；
　　想你放秧林，
　　秧苗要移栽；
　　想你放蚊帐，
　　帐老人要笼；
　　想你放井中，
　　井舀水会动；

　　想你放月亮，
　　中秋老人要赏；
　　想你放竹篮，
　　竹篮老人要用；
　　想你放心头，
　　才能想一辈子。

唱古歌

　　歌中用了一连串比喻，把对恋人的思念具象化了，使比较隐秘的心理活动生动、具体可感。青年男女对恋人的思念，无论放到什么地方什么场合，都是靠不住的，你看，放在弯树和艾叶上，它们要么会倒，要么会枯，而放到山上或寨中，山或寨子就会垮沉，这些一方面说明思念的分量之重，同时也说明这样的思念不可靠。后几句向人们表明，任何事物都有自己的功能，不能寄予太大希望，所以最可靠的，就是把对方时时扎在心间，这才是最宝贵的。

"对四句"或"说四句"

流行于贵州汉、布依等一些民族中的礼俗歌演唱形式。由工匠（石匠和木匠）或仪式主持者（司仪）在仪式上表演。比如，新居落成要举行上梁仪式，由石、木二匠分别从两侧一边对唱（说）"四句"登上房顶，骑在梁头上，继续对唱（说）。然后向楼下参加庆典仪式的众亲友抛撒"梁粑"（或称"富贵粑粑"），内容包括追述大梁不凡的来历，祝福主人家"富贵双全"、儿孙满堂，万事顺意。大门做好后，也要举行"开财门"仪式，由木匠和歌师在新门内外"对四句"，祝福主人家"财源滚滚"、"金玉满堂"。"四句"也有单唱（说）的，如婚礼庆典仪式上，当新娘来到新郎家门口时，要举行"回车马"仪式，新娘才能进新郎家门，仪式上司仪也要"说四句"，祝福新郎新娘婚姻美满，早生贵子。"四句"实质上是一种吉祥韵语，形式上是诗，吟诵时声调有些夸张性延伸，抑扬顿挫，韵味十足，显得悦耳动听，但没有旋律和调，算不上歌。每首长短不一，不一定刚好是四句。布依族中"对四句"、"说四句"用汉语，是受汉文化影响而产生的一种文学样式，已经成为布依文化的重要因素之一。

唱迎客歌

● "论王"：从神圣到凡俗 ●

提到布依族文学，有一首著名的古歌《安王与祖王》。

安王、祖王，分别是这首古歌中两个主人公的名字。他们的父亲叫"盘果王"，都有一个"王"字。其实，布依族民间文学，尤其是神话或古歌，其中被称为"王"的角色还真不算少。

"王"是一个什么角色？在布依语中，"王"既是最高统治者，又是造物主。前一个意思与古汉语"王"的含义相同，很可能是同源词。后一层意思在汉族文化中，与炎帝神农轩辕有点相似，因为在汉族观念中，炎帝是农业的发明者，但在布依族中，世间万物都是"王"发明创造的。

布依族古籍《安王与祖王》

"论王"或"搭数（削）"，"论"[lɯn⁶]、"削"[ɕue⁴]，意思是讲述。"搭"[ta:t⁷]是动词，与"削"搭配，可以解释为"讲故事"。两种称谓，一种主要指对远古神话的神圣讲（唱）述，另一种则主要是指对生活故事的凡俗叙说。

总体上看，布依族所称的"论王"或"搭数"，指的是讲述或演唱叙事性文学作品，如神话、传说、故事童话、寓言等。这类作品的主要特点是有故事情节、有人物形象。作品的体裁，既有散文体的，也有韵文体的。无论是讲述散文体的神话、传说和故事，还是唱述神话故事的古歌以及故事歌等都属此类作品。从传承的领域来看，则既有世俗百姓的讲述和唱述，也有宗教仪式上作为经典的吟诵。于宗教仪式上吟诵的作品，我们称之为摩经。

布依族村寨都有一些老人，尤其是布摩，他们懂得很多本民族传统的礼仪、规约，会讲很多民间故事传说，会唱很多本民族传统歌谣。如果你有耐心，他们可以坐下来给你摆，给你唱，三天三夜也不会翻头重复。真可谓摆不完的古，唱不尽的歌！

如果按照民间文学类型学的分类方法，可以说几乎所有类型在布依族文学中都可以找到相应的作品。如果分门别类进行介绍，可以专门写一本厚厚的书了。在这里，笔者只对神话、传说和故事中最具本民族特色的作品做简要介绍，以一斑而窥全豹。

神话无疑是布依族文学中较为古老的样式之一。分为散文体和韵文体两种形式。内容主要有开天辟地、宇宙形成、人类起源、射日、洪水泛滥、再造人类、造千种万物等几个方面。

开天辟地和宇宙形成神话，顾名思义，就是原始先民为了解释天地、日月星辰形成的神话。按照布依族的说法，最初世界一片混沌，是混沌王或者盘果王、力嘎用鞭子劈开或用大楠竹把天地给撑开的。这些作品中，盘果用鞭子劈开天地，与布依族悠久的稻作农耕文化密切相关。布依族很早就进入了牛耕稻作，而鞭子是牛耕主要工具之一。不仅能起到鞭策耕牛的作用，还能用来指挥耕牛，使其不走错道。用大楠竹撑天，是与居住在南北盘江沿岸布依族先民居住环境有关：江岸到处长满高大结实的楠竹，古人想象：神把天地开辟后一定是用像大楠竹这样的柱子撑起的。

在布依族先民的观念中，天有十二层，海也有十二层。每一层都有不同景象。古歌《十二层天十二层海》用亲历纪的唱述方式，为我们展现了每一层天每一层海的景象。

……
我们上天来到第七层，
七姊妹正在织绫罗。
七姊妹呀七张脸，
人人长得像朵红桃花。
弯弯的眉毛像墨染，
长长的手指像嫩竹笋。
穿梭像射箭，
织布像闪电。
那织布机声咔咔地响呀，
好像在弹月琴；
那穿梭的声音呀，

惠水布依族

好像仙女在唱歌。

……

下到第六层海，

碰见红龙骑着海马出龙宫。

红胡子的龙前面走，

黑胡子的龙后面跟。

海马走像飞，

海马跑像风。

红胡子的龙在海中办案，

黑胡子的龙在海中审案。

……

唱古歌

十二层天、十二层海，每层中的景象都是想象的产物，但由于想象都是以现实生活为基础，因此在这些描绘中，其实折射了现实人间的影子。

宇宙起源与万物起源神话以韵文体作品《造万物》为代表，全诗共3 400多行，21章，歌中叙述了布依族祖先布灵和勒灵两代，前仆后继，创造和发明了宇宙万物的宏伟业绩。可以称之为一部宏阔的"宇宙谱"。

《造万物》告诉我们，最初宇宙是空濛无垠、空空荡荡的。后来，从遥远的苍穹分别飞来一个红色的"圆坨坨"和绿色"扁块块"，碰在一起后，出现一团火，从火光中显出一个猿猴形状的"布灵"。他将飘浮在空中的清气和浊气收到手中，像捏糍粑那样捏成团，用斧砍削，成了像两口锅一样的物体，一口往上升，成为天，一口向下沉，成为地。布灵用四根神竹竿将天地撑住，形成了天地。

接下来的各篇章，分别唱述布灵和勒灵两代如何造太阳、月亮、星星、天河、雷电、风雨、云、人烟、年月、山岭、树、藤、花草、雀鸟、狮虎、河海、鱼虾、弓弩、火、稻麦、棉、靛、歌、木鼓、月琴、姊妹箫等，创造之物，既包括宇宙万物，也包括人，还有一些生产生活的工具、粮食、纺织印染材料以及娱乐的歌和乐器等，涵盖面非常广。

人类是怎么起源的？这是远古人类共同关注和思考的重大问题。于是，产生了各民族关于人类起源的神话。

在《造万物》中，布灵受到梦的启示，拔下自己身上的汗毛，哈气将汗毛吹向空中，变成了人。在《人与动物是怎样产生的》中说，人与动物都是神用树木劈制而成，这种说法可能是布依族手工艺木工产生后的产物。

过去很多谈布依族人类起源神话的文章或著作都把洪水泛滥与人类再生作为人类起源神话来看待。其实，洪水过后重新繁衍的人类在神话语境中，属于第二代人类。布依族中，既流传与其他民族同类神话相同或相似的作品，如《伏羲姊妹造人烟》，也有属于本民族独特解释的作品。在前一种作品中，洪水过后世间除了乘坐葫芦得救的两兄妹外，其余全部被淹死。两兄妹按照神的旨意结为夫妻，生下一个肉团，愤而砍成很多块，撒向四面八方，第二天，到处都重新有了人烟。在黄义仁先生和韦永奎先生搜集的一则神话中，洪水过后剩下的是两兄弟，他们分别沿红水河而上，与猴女、猿女婚配，于是又重新繁衍了人类。在前一种解释中，反映的可能是远古血缘婚的记忆，而后一种解释则反映了布依族先民从对猿猴形体的观察，猜想人类与猿猴的亲缘关系，虽不是科学的人类起源观，但却具有朴素唯物主义的思想内涵。

在很多民族中都有洪水神话和射日神话。在布依族中，这两类神话往往是一个作品中的两个重要内容，而且形成一种因果关系，这样的作品目前在其他民族中还没发现。

各地作品在前半部分大同小异：天上出现 12 个太阳，晒得大地酷热难当，江河干涸，植物干枯。"王"以好田土为报偿招募射日者。射日主人公"香"（或"金"）应诏射下 11 个太阳。"王"食言。"香"（或"真""金""文信""姜""丁"等）一怒之下用蛇为纤绳，用黄鳝做鞭子，用狗和猪作为牵引力耕田，以亵渎神圣的方式激怒天神，天神降下很多天的倾盆大雨，导致洪水泛滥。

但是在接下来的情节中，不同作品出现了很大差异。在《柔番沃番钱》（赎粮魂钱魂）中，洪水过后粮种绝迹，逃到伦罕坡、雄梅坡、坝罕坡顶上避难的人们发现鸟的嗉囊里有谷粒、高粱籽等，取下来，待洪水消退后播种，人间才重新有了粮食。而在《罕温与索温》中，射日英雄文信用猪、狗犁田激怒天神后，天神降下暴雨，引发洪水。文信在一位老人的指点下，用计捉住了雷公，将雷公装在铁笼里，准备上山砍树来烧死雷公，出门前告诫一对子女伟荣和伟莹：千万不能拿水给雷公喝。文信出门多日不回，伟荣和伟莹玩陀螺时，陀螺不幸落入铁笼，两兄妹索要陀螺时，雷公以两个孩子拿水给他喝作为交换条件。两兄妹想起父亲的嘱咐，不敢拿水给雷公喝，却拿了猪潲水递给雷公。雷公得到水喝后，马上电闪雷鸣，挣破铁笼飞走了。临走时，为感谢两个小孩，送给了兄妹俩一颗葫芦种，嘱咐赶快栽下，以后遇险的时候有用。兄妹俩栽下葫芦后很快长出葫芦并快速长熟。两兄妹将里面挖空。雷公上天后发下洪水，淹没了大地，人类灭绝，只有播朗山上索密老人的家没被淹，兄妹俩乘葫芦得救。在索密老人劝说下，两兄妹遵从天意结成夫妇，后生下一肉团，将肉团砍成碎块撒向四方，变成了人类。

本章开头提到的《安王与祖王》是一个反映布依族父权制社会确立初期父系氏族内部王权和财产争夺斗争的故事。这个作品既作为一般民间文学在民间讲述，也是摩经中的一部重要经卷，在超度非正常死亡者的"赎头"或"招魂""超八难"仪式上吟诵。作品主要流传于望谟、罗甸、贞丰、册亨、安龙、兴仁、关岭、镇宁等地。版本很多。其中数流行于望谟的卷本数量最多，篇幅较大，情节也更加丰富、完整。无论各地版本有怎样的不同，其实故事的主干都差不多。故事讲述盘果王打鱼认识鱼女，两人相爱结为夫妻，生下安王。因安王欲烹食鱼，母亲告诫不听，回到水中。盘果鳏居，续娶妻，生祖王。祖王在其母教唆下，欲害死安王，独占家产和王权。安王知道祖王要害死自己，外出躲避。父亲生病，安王回家探望，祖王令人挖深井，叫安王下去找龙须凤蛋为父亲治病，趁安王在井下，祖王往井里推石块、木头，欲害死安王，安王向龙王、雷公呼救，最终得救。安王对祖王发出诅咒誓言，将降下各种灾害。最后，兄弟俩妥协，以安王管上方，祖王管下方的安排结束争斗。作品中，反映了布依族

布依族文学作品

龙（鱼）图腾、雷图腾、天体（北斗星）图腾以及后母说话具有分量等母权制社会鲜明特征，而长子继承权已经确立则表明社会已经跨入父权制时代。这首古歌对研究布依族历史、宗教、婚姻习俗等均具有重要价值。

布依族的传说，包括了史事传说、人物传说、地方风物传说、习俗传说等各类型，作品很多。这里我们仅就一些最具有代表性或流传比较广的作品进行介绍。

谷种是怎么来的？古歌《造万物》中的《造稻造麦》告诉我们：稻种来自天河。天河奶奶种稻，有谷种，于是勒灵上天讨要，人间才有了谷种。《造万物》属于万物起源神话，因此，有关谷种起源只是其中一个方面。

只有专门解释谷种来源的叙述才算是谷种来源的传说。这方面的作品有《王茫寻种》和《茫耶寻谷种》。两篇作品应该是一个作品的不同版本。《王茫寻种》故事的展开从洪水泛滥后开始。故事是这样说的：洪水过后，粮种全部没了，人们焦头烂额。一位叫阿鲍的老人告诉大家，南边很远的地方有一座大山，山腰有一个仙洞，里边有金银财宝和谷种，但要爬过49条大河，还要战胜豺狼虎豹，才能到达。布依后生王茫自告奋勇，带着一条小狗，告别乡亲们，上路了。王茫经历了千难万险来到仙洞，把守洞门的神将只允许他从粘谷种和糯谷种中各取一颗。取到谷种，王茫带着小狗赶回家乡。谁知快到家时，又遇暴雨，河水猛涨，在过河时王茫溺水献出了生命，只有小狗过了河并带回了乡亲们日夜盼望的谷种。为了纪念王茫和小狗的功劳，北盘江上游的布依人每年农历七月的第一个辰日都要过尝新节。过尝新节这天，人们把田里的新稻谷做成新米饭，祭供王茫和小狗，同时喂自己家里养的狗。

这个作品的主干是关于谷种来源的传说，由于与一些地区的吃新节联系起来，于是又变成了解释吃新节来历的习俗传说了。

与洪水神话和节日习俗没关联的谷种来源传说是《茫耶寻谷种》。《王茫寻种》和《茫耶寻谷种》两个作品主要情节有相似性，都是一个后生带着狗到很远的一个神洞里取谷种，最后主人公死了，由狗带回了谷种。但有几点不同，《茫耶寻谷种》的主人公叫茫耶；寻谷种是因为古时世间没有五谷，人们吃兽肉和树皮，但人们都知道在很远的西边天脚下有一个神洞，里边藏有谷种，必须有一个勇敢的人不畏艰险才能取回，于是茫耶自告奋勇，带上小狗前往；《茫耶寻谷种》寻种的方位在西边，而不是像《王茫寻种》那样讲的是在南边；此外，《茫耶寻谷种》去时主人公骑马，遭遇的考验更加严峻和艰险。这些，可能都是流传过程中发生变异的结果。

布依族中流行面较大的还有以《德者的故事》为代表的人物传说。与这个作品有共同母题的作品流传于镇宁、关岭、贞丰、册亨、长顺、罗甸、贵阳等地。但各地的故事名称不同。镇宁、关岭叫《德者的故事》，贞丰叫《草寇王》，长顺、罗甸叫《金竹扰朝》，贵阳一带叫《金竹师的传说》。故事梗概为：德者（或草寇王、金竹师等）骑编草鞋木马或从金竹稍弹飞到京城读书，早出晚归。但其母不知晓。眼见媳妇肚子一天天大了起来，认为媳妇不"正大"（指有外遇），就天天骂。媳妇受不了，就告知婆婆，你儿子天天晚上回家的。为了证明丈夫晚上回来，有一天，德者的妻子趁丈夫熟睡，偷偷拿了他的一只鞋，准备拿给婆婆看。第二天天没亮，德者起床，找不到鞋，就到处找，眼见太阳升高了，他用手将太阳挥退回去，如此三次，鞋还是找不到。他只好匆忙中用蜡临时制作了一只鞋。回到京城后事情败露。皇帝认为这个人定会造反，于是派官兵追杀。德者飞回家乡，用藤子拉两座大山准备将其并拢，在山顶上建王城堡垒据守，谁知其母在上面喊："断啦！断啦！"果然藤断，堡垒建不成，德者踢翻家里三囤箩黄豆，德者抓黄豆撒向四方，黄豆顿时变成很多兵，与官兵搏斗，但这些黄豆兵都没有头。原来是德者的母亲没有听德者叫她不要乱动黄豆的嘱咐，抓一把来炒吃了，所以变成了无头兵。德者战败，头被砍后，德者抱着头回家问母亲：头断了还成人吗？其母悲痛，用反话说："成！怎么会不成！"于是德者把头放回脖颈上，又转回去与官兵继续战斗。第二次被砍头，德者抱头回家问妈妈，妈妈还是如第一次那样回答。第三次德者被砍头后，其母说了实话："蕨菜断了不发芽，人头断了还成什么人呀！"德者头一下子滚落地下，临死前诅咒其母："你几次坏我大事，不会当妈，我死了没人侍奉你，你死了就吃猪屎狗屎吧！"并嘱咐其母将其尸骨装在坛子里埋在房屋后面竹林下，一百天以内不要揭开。谁知第九十九天，其母听见竹林里埋德者尸骨处嗡嗡的叫声不停，好奇，就揭开盖坛子的盖子，发现是一坛马蜂，就用沸水将马蜂烫死，只飞出三只马蜂，有的说是飞到京城把皇帝蜇死了，有的说是蜇死了很多官兵。还有的版本说，德者的母亲说德者头断了不成人，德者自己把头扔进房屋旁边的竹林，从那以后，竹林里常听到嗡嗡的声音。据说每一根竹节里有一个竹节兵，声音是他们在吹号，他们在等着德者再生，好听他一声令下，跟官兵战斗，保护德者称王天下。

在关岭、贞丰等地，据传过去曾有庙宇祭祀德者和德者母亲，但祭祀德者母亲是用猪屎或狗屎，既反映了布依族的信仰，也表明了人们对德者母亲的态度。壮族地区广泛流传的《莫一大王》和仫佬族的传说《七里英王》与布依族德者传说情节相似，有可能是由古骆越传承下来的共同精神财富。由此可见这故事历史的久远。

布依族的历史人物传说和史事传说还有《竹王传说》《王囊仙传说》《杨元保传说》《罗华先传说》等，解释民俗文化事象及其特征来历的民俗传说，如《六月六的由来》《铜鼓的来历》等，解释山川风物名胜古迹的地方风物传说，如《黄果树瀑布的传说》《仙人塘的传说》等，解释动植物特征来历的动植物传说，如《马桑树长不高的来历》《"催米虫"的传说》等。传说具有历史性的特点，虽然不是历史，但对研究历史仍具有重要价值。如农民起义领袖王囊仙、杨元保等的传说，对研究布依族民众对王囊仙起义和杨元保起义的态度和评价，是文献典籍，尤其是汉文典籍看不到的，具有重要历史价值。《竹王传说》与夜郎历史紧密相关，对研究布依族与夜郎的关系也有重要的参考价值。

布依族民间故事，最让人难以忘怀的，就是甲金的故事了，其次，就是卜当的故事。

甲金的故事和卜当的故事都属于布依族的机智人物故事。甲金的故事偏重于讲述下层劳动者与地主、土司等剥削者的斗争，而卜当的故事，大多反映穷姑爷与富丈人的矛盾冲突。

民间故事中有一个类别，就是长工斗地主的故事。当民间故事家们将与地主展开机智斗争的下层劳动者集中到一个人身上的时候，就形成了机智人物故事。

甲金中的"甲"，布依语是"孤儿"的意思，而"金"，则是名，"甲金"，就是"名叫金的孤儿"的意思。各地对这个人物的叫法不一致，有的叫"甲金"，有的叫"阿金"，也有的叫"金冗练"。

甲金与财主或土司的斗争，主要有几种方式，一是利用财主或土司对生产和生活的无知来整治他们；二是以牙还牙，让财主老爷自讨苦吃；三是利用语言上的谐音来惩治财主、嘲弄财主。在这些作品中，甲金用他的机智，常常让那些有钱有势盘剥百姓的地主老财或土司受到捉弄，狼狈不堪。我们来看在《巴独并》[pa³tue²pit⁷]（一百只鸭子）中甲金是怎么捉弄土司的。

布依族民间故事《甲金》

布依语讲一百只鸭子和鸭子嘴是一样的，都叫"巴独并"。一天，土司家请布摩来举行驱鬼仪式需要一百只鸭，就叫甲金到集市上去买。甲金兴冲冲地答应了。

买好一百只鸭子，甲金约上几十个穷朋友，赶到其中一个穷朋友家里，把鸭子全杀煮吃了。然后，甲金拿起一个鸭嘴装在背包里，慢慢走回土司府。土司见到甲金，劈头就问："你买的巴独并呢？"甲金说："肚子饿了，吃完饭再说吧！"土司只好耐着性子等。

吃完饭后，甲金不慌不忙打开背包，拿出鸭嘴，递给土司说："苏大（布依语，指土司），巴独并在这儿呢！"

土司一看，气不打一处来："我叫你买'巴独并'，你给我买这个'巴独并'，气死我了！"

甲金说："是啊，你叫我买'巴独并'，我就是按你的吩咐，买了'巴独并'呀？错了吗？"

土司无可奈何。

甲金的机智不仅表现在与社会恶势力的斗争中，还表现在他与自然界猛兽的斗争中。有这样两个故事讲甲金智斗老虎。一个说甲金上山砍柴遇见老虎，老虎要吃甲金。甲金说，可以，但我的肉有点酸，等我回去洗干净再让你吃，不过我怕等会儿回来找不到你，因此我要把你拴在这里。老虎答应了。甲金解下捆柴的绳子，把老虎捆结实，对老虎一顿猛打，老虎连声讨饶：我不吃你了，饶了我吧！还有一个故事说甲金上山打猎，坐在坡坳上休息。突然蹿出一只老虎，坐在甲金面前，大口张开，口水直淌。甲金装出没事的样子，掏出一把叶子烟，卷成筒放在鸟枪筒上，吧嗒吧嗒地咂起来。老虎好奇地问："你吃哪样？"甲金说在吃烟，问老虎吃不吃。老虎说想吃，不但想吃烟，还想吃甲金。甲金说，好吧，那你先吃烟。于是，就把冒着烟的枪筒戳进老虎嘴里，一扣扳机，把老虎打死了。

卜当的故事主要流传在望谟、册亨一带。根据民间的传说，卜当原是一个贫穷人家的后生，在一个财主家当长工。他聪明，勤奋，财主家女儿爱上了他，两人产生了很深的感情。但财主夫妇不允婚。多家来提亲，女儿又不答应。财主两夫妇感到为难之际，决定到庙里求神，看女儿命该落富家还是穷家。后生闻讯，早早就去躲在神像背后，财主夫妇问神：我们这女儿不听话，要嫁一个穷鬼。到底这女儿命该落穷家还是富家呀？神像背后的后生憋着嗓子说：你女儿命该落穷家，如不依从，你们家就会有灾难。两夫妇没法，只得允婚。结婚那天，穷后生因买不起猪，就捉了很多蚂蚱，用油炸了招待亲朋，于是有人开玩笑说，你要是生了孩子，就取名叫"细当"吧，你就是卜当喽！卜当的名字就是这么来的。在布依语中，"当"[tak⁷]的意思是"蚂蚱"，"细当"[ɕi²tak⁷]意思是"蚂蚱孩子"，卜当[po⁴tak⁷]则是"蚂蚱爹"之意。

卜当虽然娶了财主的女儿，成了财主的女婿，但财主始终嫌弃卜当，生性又吝啬，不仅不接济卜当一家，还时时想占点便宜。卜当与老丈人的矛盾便不可避免了。卜当的故事很多就是讲卜当如何用自己的机智捉弄老丈人。如《探宝筒》讲：卜当在孩子出生后不久即外出当长工，五年才回家一次，卜当一家一直靠吃野菜度日，孩子记忆中唯一一次吃肉，是卜当老婆捡到一只死鸡打整干净煮来吃的。孩子到外公家被撵出门，还被骂穷酸崽。卜当于是取下水车上的竹筒，用刀刮得透亮，并打了几个孔，用纸蒙住竹筒一头，号称是探宝筒，并说要拿到外公家探宝，叫妻子赶快去告诉外公，把财宝藏好一点。妻子去娘家，卜当悄悄随后来到老丈人家，躲在房屋后面偷听，掌握了老丈人藏宝的地点。第二天，卜当带着"探宝筒"来到老丈人家，东探西探，探出院子里枣树脚下一坛银子。财主担心其他财宝被探出来，就赶忙制止，并把卜当探出的那坛银子送他，免得他继续"探宝"。吝啬的老丈人被卜当着实教训了一番。

其他作品，如《火龙袍》《炒菜火锅》等都是整治老丈人的。卜当的故事也不全是反映卜当与老丈人的矛盾斗争的，其中的一些作品也反映卜当与财主及社会恶势力进行斗争的。比如《皇上豆豉》《皇上猎狗》《皇上神羊》等就是这方面的作品。这些作品与甲金的故事有交叉，与甲金的故事反映的主题有共同点，有可能是把甲金的故事附会到卜当的故事的结果。

● "削肖贯"与"温朗论" ●

除了韵文体和散文体之外，布依族民间文学还有一类散韵兼行的文学体裁，主要分布在望谟、册亨、罗甸、贞丰、镇宁、关岭等地。"削肖贯"主要根据望谟一带的称呼，"温朗论"或"分朗论"则是镇宁一带的称呼。"削"意思是"叙说""聊"，"肖贯"意思是"古代""古时"。因此，"削肖贯"主要是从作品反映的内容进行命名的。"温"或"分"意思是"歌"，"朗"是连词，意思是"与""和"等，"论"则是"讲述""叙述"等，直译成汉语，就是"唱与说"或"说唱"。可见，"温朗论""分朗伦"是从体裁进行命名的。

这是一种将叙述与歌唱结合，有说有唱，以说为主的文学形式。演唱时多以月琴、箫和四弦琴等乐器伴奏。不过，有点遗憾的是，我们在出版物中看到的搜集整理后发表的作品大多改变了原体裁形式，有的整理成韵文体，部分则改成了散文体。

20世纪80年代初期，笔者在贞丰县岩鱼布依寨搜集到一部《凡龙与绍宋》，就是说唱体的。作品唱述了凡龙与囊秀相爱结婚，被财主儿子绍宋陷害离散，历经波折最后团圆的故事。凡龙是一个布依族后生，囊秀是一位布依族姑娘。他们相互爱慕，成为亲密恋人。财主儿子绍宋垂涎于囊秀的美貌，欲与凡龙争夺囊秀。但囊秀对凡龙情有独钟。两人结婚后，绍宋仍不死心，使计让凡龙从军参战。凡龙从军后，绍宋继续纠缠囊秀，没有得逞。为了让囊秀彻底断绝对凡龙的念想，绍宋安排使者到囊秀面前传播凡龙死讯。囊秀听说夫君战死，悲痛欲绝。绍宋趁机强行把囊秀抢回家。囊秀寻机跳窗逃出绍宋家，跳进河中，被鲤鱼救起。鲤鱼知道囊秀的遭遇后，自告奋勇赴军中给凡龙送信。凡龙闻讯，带领兵卒赶回故乡，凡龙与绍宋战斗，凡龙杀死了绍宋，夫妻两人终于团聚。

这个作品流传于贞丰、望谟和册亨等地。20 世纪 80 年代中期，岑美强、王封常和毛鹰搜集流传于望谟的作品，翻译整理成《金竹情》，故事情节与流传于贞丰一带的《凡龙与绍宋》大同小异，可是体裁是长篇叙事诗。是作品原本就这样还是整理时译成了全韵文体，整理者没有交代，所以不得而知。不过，布依族民间文学很多作品有同时以各种体裁呈现的情况，因此，《金竹情》原本就是全韵文体也未可知。

布依族说唱文学的内容大多与恋爱、婚姻、家庭以及弱者反抗社会恶势力的斗争相关，一些作品把故事放置在国与国之间的战争大背景下来展开，并且国王（或皇帝）、丞相都成了故事矛盾主体的一个方面，一些故事反映男主人公考取功名或立了战功被召为驸马等内容。因此可以推知其时代是在阶级、国家产生后。而从艺术表现上来看，很多作品有一个突出特点，就是具有幻想性、传奇性。读这些作品，好像是在读幻想性故事即通常所称的童话。

《光芭沙》是一个流行于望谟、镇宁、关岭等地的作品。

相传，很久很久以前，有一个布依后生，人们叫他光芭沙，他是一个种庄稼能手，还是一个歌手。隔山的寨子有一个布依姑娘，人们叫她囊嫩，不仅长得漂亮，还有一副好歌喉，也是一个歌手。两人互相慕名，却一直无缘相识。有一天，光芭沙来到囊嫩寨子附近，想见见囊嫩，但找不到从中搭桥的人。光芭沙见树上有一只白斑鸠，就请白斑鸠传话，白斑鸠拒绝，光芭沙很生气，就抓了一把灰朝白斑鸠撒去，从那以后，白斑鸠变成灰斑鸠了。有一只白老鸹飞过来，光芭沙又求白老鸹传信，白老鸹拒绝了，光芭沙生气，又抓一把锅烟墨朝白老鸹撒去，白老鸹从那以后就变成黑老鸹了。光芭沙看见一只水鸭在池塘里戏水，便请求水鸭传信，水鸭正忙着找鱼虾吃，拒绝了光芭沙，光芭沙气恼，用斧头猛捶鸭嘴，从那以后，鸭嘴就变扁了。后来，一只毛色很难看的野鸡帮光芭沙传了信，光芭沙高兴，采来各色美丽的花瓣，编织成一件美丽的衣裳送给野鸡，于是，野鸡便披上了五颜六色的羽毛。光芭沙和囊嫩终于见面了。两人相见恨晚，很快发展成恋人，堕入情网，发誓生死不离。囊嫩的父亲势利，嫌弃光芭沙家穷欲拆散光芭沙和囊嫩。于是将囊嫩嫁给财主韦家。囊嫩思念情人，郁郁寡欢，病倒了。光芭沙决定约囊嫩一起逃婚，请画眉传话。但囊嫩病重，无法成行，叫画眉告诉光芭沙。于是，光芭沙又决定趁韦家娶亲途中，抢出囊嫩。韦家娶亲吉日到了，当韦家迎亲队伍浩浩荡荡走进囊嫩家时，囊嫩悲愤过度，气愤而死。光芭沙闻讯，决定为囊能超度，但因仅仅是情人，没有娶过门，没有布摩愿意为他主持超度仪式。光芭沙于是在囊嫩坟旁搭了一个棚，为其守墓。每天，都有很多鸟儿飞来为他唱歌，解除忧愁。一周年的忌日到了，光芭沙邀约伙伴们为囊嫩献祭。祭礼举行时，囊嫩的坟顶突然冒出一株嫩苗，渐渐长成绿光闪闪的烟草。一瞬间，烟草变成金黄色，被大风吹落在纸钱堆中，燃烧起来，冒出一缕白烟。烟雾中，出现了囊嫩的身影。光芭沙情不自禁地扑上去，拉住囊嫩的双手。伙伴们唱起了歌。囊嫩和光芭沙双双起舞。人们见他们俩随着烟雾渐渐升高，飘进五彩云霞之中。

这个传说故事的结尾颇有点像汉族传说中的《梁祝》的意味，富有浪漫主义色彩。而贯穿作品始终的各种鸟类在故事中扮演不同角色，成为推动情节发展的重要因素，这就是民间童话的惯用手法。在《凡龙与绍宋》中，最后凡龙与绍宋的恶斗都是变换成不同动物进行的恶斗，它们可以上天可以入水，无所不能。作品想象的大胆和奇妙，场面之宏大，只有在神话和幻想性故事即童话中才可看到。

"削肖贯"在表现形式上，由叙说和唱相结合，讲述者边说边唱。作品中人物行动过程用叙说方式，而人物对话则用唱的形式来表现。让我们来看看《光芭沙》中的开头几段：

很久很久以前，布依山寨住着一个勤劳的后生光芭沙。他不仅是个种庄稼的能手，还是一个唱歌的行家。

隔山的寨子里有一个姑娘叫囊嫩，长得像一朵刚开放的刺梨花。她有一副金嗓子，开口一唱歌，就能把山中的鸟儿逗引过来。很多小伙子去找她对歌，她总是用歌盘问他们，问得他们一个个答不上来，灰溜溜走了。光芭沙听说有这么个漂亮又厉害的姑娘，很想去见识一番。

一天，他来到囊嫩的寨子附近，可是找不到牵线搭桥的人去传话。这时，他看见一只羽毛雪白的鸟儿在树上"咕咕"地叫，便对它说：

> 白鸠白鸠咕咕咕，
> 请你搭桥跑趟路；
> 囊嫩窗前传个话，
> 后生等她在山谷。

白鸠忙着梳理羽毛，爱理不理地答道：

> 咕咕咕咕咕，
> 我梳妆正忙碌。
> 别来啰嗦我，
> 没工夫白跑路。

光芭沙很生气，抓起一把灰向白鸠撒去，把它满身染得灰扑扑的。从此，白鸠的羽毛就变灰了，人们叫它斑鸠。

一只白老鸹"呱呱"地叫着飞了过来，光芭沙便央求它说：

> 白鸹呱呱呱，
> 请你把桥搭：
> 囊嫩窗前去传信，
> 后生等她在山垭。

白鸹没好气地回答：

> 呱呱呱呱呱，
> 不会说巧话。
> 如要传书信，
> 你去找别家。

与故事讲述和故事歌演唱相比，"削肖贯"的表演性更强了。所以，从文本上说，"削肖贯"当然是一种文学形式，但从表演来看，则是一种曲艺形式。

专门研究布依族戏剧曲艺的冯景林先生曾就"削肖贯"采访过望谟县民间老艺人陆国器、王辅周等人。据老艺人们回忆，过去，每当逢年过节、丰收之后，或农闲时节，村民就会自动聚集在一起，请说唱艺人表演"削肖贯"。在现场，会吹奏乐器的人就自拉自唱，不会唱的就拿起乐器伴奏。演唱时，有单人单唱，也有双人合说、男女合说等形式。四弦胡、二胡、月琴、勒尤、木叶、箫、笛、唢呐说等都可以用来伴奏。

　　有一种传统说法：戏剧、曲艺等综合性艺术形式，一般都是贸易经济发展到一定程度后，人口集中，形成集镇，才逐渐产生的。流行"削肖贯"的地区恰恰都是布依族中交通、通讯十分闭塞的地区，这对矫正此说提供了新的例子，有着不可忽略的价值和意义。

布依族妇女在采茶

MINJIANYISHU

民间艺术:

SHANGDAIKAIFADEWENHUAGUIBAO

尚待开发的文化瑰宝

　　布依族作为贵州少数民族中人口列第二的世居民族，在民间艺术方面，直至目前似乎还没有什么叫得响的艺术样式。是没有，还是没有被发现？

　　黔西南布依族苗族自治州一些学者总结出了黔西南布依族文化艺术中的几大"宝"，有说五宝的，也有说八宝的，比如说布依铜鼓调、布依八音、布依戏、小打音乐、曲艺"削肖贯"等。

　　这个"宝"字用得好！是宝，就说明不仅是有东西，而且这东西有自身独特性和价值，珍贵；是宝，说明这东西还珍藏着，没有被更多的人发现，有待挖掘。

　　但五宝也好，八宝也好，只是黔西南总结出来的。那么黔西南州之外的布依族地区，黔南州布依族中有没有宝？安顺市布依族中有没有宝？贵阳市、毕节市、六盘水市布依族中有没有宝？绝对是有的。布依族经典民歌《好花红》就流行于黔南州和贵阳市，而黔南州布依族中，粑槽舞、铜鼓刷把舞、矮人舞，遍布各地布依族中的工艺美术等等，都是相当有特点的。

　　布依族民间艺术，是绽放在山野中的奇葩，是尚待开发的无价之宝。

● 铜鼓与八音：宫廷音乐的流风余韵 ●

布依族音乐，从演唱场合、演唱风格、使用语言、使用乐器等角度，可以划分出不同类别。比如，从演唱场合分，布依族音乐可以分为祭祀歌、婚礼歌、立房上梁歌、酒歌、情歌等。从使用的语言分，有"明歌"（汉语歌）、"土歌"（本民族语歌）以及"夹璜歌"（汉语与布依语夹杂的双语歌）。从调式与演唱风格分，有"大歌""小歌""大调""小调"。从使用乐器分，有"勒尤调""笔管歌""铜鼓调""唢呐调"等。从功能上分，有用于娱人的世俗音乐，有主要用于娱神的摩教音乐等等。布依族的乐器也很多，比如唢呐、勒浪、勒尤、姐妹箫、箫筒、月琴、四弦胡、葫芦琴、牛骨胡、马骨胡、铜鼓、皮鼓、锣、钵、镲等，都是常用的乐器。

1. 铜鼓

铜鼓属于一种"节奏型体鸣"乐器。布依族使用铜鼓的情况，可以用八个字来概括，历史悠久，使用广泛。

先讲历史悠久。

　　在云南楚雄市东南方向约 7 公里的万家坝发掘的铜鼓是目前发现的人类最早铜鼓，时间在公元前 7 世纪左右，约在春秋战国时期。滇西一带当时分布着濮人。濮是一个包含了若干族群的民族集团，其中就有布依族先民骆越人。汉文献典籍在提到铜鼓时，大多是与布依族先民有关系的。《后汉书·马援传》中说，马援"好骑，善别名马，与交趾得骆越铜鼓，乃铸为马式，还，上之"。骆越是布依族先民。这些记载明确把铜鼓与骆越联系起来，同时也说明，布依族先民至迟在汉代就开始使用铜鼓了。贵州省博物馆 1978 年在布依族聚居区普安发现铸造铜鼓的沙石范，经测定，时间为汉文帝年间（前 179~前 157 年）。这说明，布依族先民早在 2000 多年前就已掌握了铜鼓铸造技术。明弘治《贵州图经新志》卷一二载："仲家，范铜为鼓，其制鼓类，无底……"相传由布依族人文始祖报陆陀编创的布依族摩教经典《摩经》中，对铜鼓的铸造情况就有了描述。《摩经》是在布依族远古神话、传说基础上形成的，由此也可见布依族铜鼓历史的悠久。

　　再讲使用广泛。

　　所谓广泛，一是指分布广，二是指用途广。

　　布依族铜鼓使用的广泛，首先表现在全民族都使用铜鼓。布依族主要分布于贵州，此外，云南省的罗平、马关、河口、东川、巧家等地，四川宁南、会理、惠东等地也有布依族分布。根据各地语音的差异和词汇的不同，布依语分为三个土语。无论分布于何地、操哪一种土语的布依族，毫无例外的，都使用铜鼓。

　　布依族铜鼓主要用于以下几个方面。

　　一是用作乐器。《旧唐书·南蛮西南夷列传》载："东谢蛮，其地在黔州之西数百里……有功劳者，以牛马铜鼓赏之。……宴集则击铜鼓，吹木角，歌舞以为欢。"东谢蛮

布依族铜鼓

是东汉末年崛起于南中（包括今四川大渡河以南、云南、贵州大部分地区及广西北部边缘地区）的大姓势力之一。据学者研究，谢氏是出自少数民族上层的大姓，主要活跃于牂牁一带，而这一带是布依族先民分布地区。因此，这条记载反映的应是古代布依族习俗。明《贵州图经新志》中也有"仲家……遇死丧，待宾客，击（铜鼓）为乐"的记载。清嘉庆《黔西州志》载："仲家岁时击铜鼓为欢。"在布依族很多地区，直到20世纪60年代中期的"文革"前，仍有于春节、七月半等节日中击铜鼓娱乐的习俗。"文革"结束后，很多村寨布依族又恢复了节日期间敲击铜鼓的习俗。而黔南荔波一带，至今有在丧葬活动中跳铜鼓刷把舞的习俗。

二是用作礼器和法器。所谓礼器，就是用于仪式的器物；而法器，佛教本指木鱼等器物，这里泛指用于宗教活动的被认为具有神力的器物。作为礼器，铜鼓增加了仪式的庄重感，而作为法器，铜鼓则具有一种神秘感，并且人们相信它能沟通阴阳、沟通神人。但是布依族铜鼓并非用于所有仪式，比如婚礼、新居落成等重大仪式就不击铜鼓。布依族铜鼓主要用于丧葬仪式。在布依族传统丧葬仪式上，铜鼓必不可少。人们相信，只有敲击铜鼓，祖先才能听到，亡灵才能得到超度，加入到祖先行列中。贞丰一带，由于"文革"期间铜鼓被当作"四旧"收缴，很多村寨不得已用铁皮按铜鼓形状打制金属鼓作为替代品，可见其在仪式中的重要性。在黔西南兴仁、兴义和安龙等地，祭祀树神时也需用铜鼓。在这些地区，如果村寨遭受重大灾害，就要择吉日举行三天禳灾祭祀活动，其隆重程度不亚于丧葬仪式。此外，在举行驱逐邪魔的仪式活动中，也要击铜鼓。从这些用途来看，铜鼓兼有法器的性质。

三是用于传递信息和号令。据传，古代布依族村寨一旦发生猛兽和外敌进犯，就敲击铜鼓，向寨民通报，同时发出出击的号令。寨民听到后，立即行动，驱赶猛兽和入侵之敌。

现当代，布依族中普通人家拥有铜鼓十分正常，而在古代，铜鼓是社会地位和财富的象征。

《广州记》说："俚僚（布依族先民）贵铜鼓……欲相攻击，鸣此鼓集众，到者如云。有是鼓者，极为豪强。"《隋书·地理志》说布依族先民"有（铜）鼓者，号为都老，群情推服"。"都老"是布依语音译，意思是"老大"，指有社会地位者。唐代刘恂《岭表录异》载："蛮夷之乐有铜鼓焉……贞元中，骠国进乐有玉螺、铜鼓，即知男酋首之家，皆有此鼓也。""酋首之家"才有铜鼓，说明拥有铜鼓是一种社会地位的象征。《续资治通鉴长编》说布依族先民"家有铜鼓，子孙秘传，号为右族"。《明史·刘显传》说布依族先民"得鼓二三，便可

布依族铜鼓

僭号称王"。而如果在战争中丢失了铜鼓，那就意味着统治地位和权力的丧失。《明史·刘显传》载有这样一个史实："克寨六十余，获贼魁三十六，俘斩四千六百，拓地四百余里，得诸葛铜鼓九十三，铜铁锅各一。阿大泣曰：鼓声宏者为上，可易千牛……相传诸葛亮以鼓镇蛮，鼓失，则蛮运终矣。"所谓"鼓失则蛮运终矣"是指"阿大"的统治地位从此丧失。这些记载充分说明古代布依族社会中，拥有铜鼓，象征着拥有社会地位，拥有权力。今天，布依族社会中传统的社会分层已经不明显，但是铜鼓存放的人家往往是布摩、德高望重的寨老或家族长老，这种被社会认可的铜鼓存放制度，实际上在某种程度上仍延续了铜鼓作为社会地位和权力表征的作用。

铜鼓还是财富的象征。明朱国《涌幢小品》载："蛮中诸葛铜鼓，有剥蚀而声响者为上上，易牛千头，次者七八百头，藏二三面者，得僭号为寨主矣。"上好铜鼓相当于千头牛的价值，次一点的也相当于七八百头牛的价值，可见拥有铜鼓就是拥有财富。《赤雅》也载："（铜鼓）两粤滇黔皆有之……夷俗赛神宴，时时击之，重货求购，多至千牛。"由于铜鼓被赋予了财富的意义，社会中的上层或有钱人为了炫耀财富，不惜重金购买。《异林》说："夷俗最尚铜鼓，时时击之以为乐。土人偶于土中掘得，辄称伏波将军或诸葛丞相所藏者，土豪富室必争以重价求购，即至百不惜。"

铜鼓的音响有一个特点，就是在近处听，声音并不大，但极具穿透力，在老远都能听见。清代屈大均在其《广东新语》中，对铜鼓的

音响作了描述，说击铜鼓时"先雄而后雌，宫呼商应，二响循环，音绝可听"。"而雄声宏而亮，雌声清以长，一呼一应和谐有情，余音含风，若龙吟凤啸也。""其声镗鞳铿訇，若行雷隐隐。""近则声小，远乃声大。"

由于铜鼓音响的这些特点，布依族先民认为铜鼓声音能通天界，能通神。布依族中流传着一个关于铜鼓来历的传说。古时候，人死了总上不了十二层天成神仙，只能下到十二层海里地府里去。有一天晚上，天上的太白金星托梦给布依族的祖先："若想上十二层天，需上天向天神讨一面铜鼓下来，老人死后，敲击铜鼓，天神听到铜鼓声，才会派仙人下来，把亡灵接到十二层天上去。"于是，布杰按照太白星的指点，从马桑树爬上了天，通过了天神的考验，最后得到了一面铜鼓。从那以后，布依族办丧事都要用铜鼓了。而过年过节，也敲击铜鼓，请十二层天上的祖宗下来与子孙过年过节。

在布依族观念中，铜鼓绝不仅仅是一个简单的物件，而是一个有灵性的神物。人们相信，铜鼓会趁人们不注意，跑到天上与虹龙、潭里的蛟龙争斗。人们为了防止铜鼓出走，平时就用绳索系鼓耳，或在鼓中装上五谷，这样，一旦铜鼓出走，就会发出声音，人们就容易把它找回。铜鼓能给人以护佑，为人们赐福。在一些地区，布依族有拜铜鼓为"保爷"的习俗。一些小孩经常生病、晚上爱哭，或者经布摩推算需拜寄者，就在正月或七月由父母带到保管铜鼓的人家，把铜鼓"请到"神龛前八仙桌上，焚香燃烛，举行拜寄仪式，祈求铜鼓保佑孩子健康成长。保管铜鼓的人家要为小孩买一身新衣，并为其取一个带有"铜"字的名字，相信这样就能得到铜鼓的护佑，健康成长。一些地区，全寨十二岁以下小孩每逢新年，都要带香蜡纸烛和礼物到保管铜鼓的人家给铜鼓拜年。在镇宁一带，在建新房时或者夫妻结婚多年没有生育的人家，可申请保管铜鼓，建新房的人家相信这样可以得到铜鼓的保佑，使以后岁岁平安、六畜兴旺、五谷丰登。而没有生育的人家，则相信保管铜鼓能得到铜鼓的保佑，早生小孩。

由于铜鼓在布依族社会中是一种尊贵的礼器、重器和神物，因此人们对它崇敬有加，只能在过年、丧葬仪式上敲击，平时必须放置在适当的地方（人畜不能跨越之地）妥善存放。在布依族民间，流传着很多关于铜鼓的故事、传说和歌谣，充分表达了布依族人民对铜鼓的

布依族八音表演

认识和尊崇的心理感情。布依族使用的铜鼓大多属于"麻江型"铜鼓，用青铜以泥范法铸造而成，呈圆墩形，鼓身以花纹装饰，鼓面一般有浮雕图案，分布有太阳纹及晕圈，庄重而威严。铸成后一般先经由专门的鼓师调音后再行使用，常与唢呐、皮（革）鼓、大镲、铙钹、锣等混合敲击，基本保存着古代乐器的演奏风格。安顺市镇宁布依族苗族自治县和黔西南布依族苗族自治州贞丰县有铜鼓十二调，被誉为布依族"铜鼓音乐的活化石"。铜鼓十二调，指用铜鼓演奏的十二段乐曲，由"喜鹊调""散花调""祭鼓调""祭祖调""三六九调""祭祀调""喜庆调"等组成，是在庆典、祭祖、祭祀等仪式中表达布依族特性的民族音乐，是布依族民间艺术中最具神秘性和传奇色彩的传统音乐文化之一，具有强大的生命力和感染力。

铜鼓敲击有专门的鼓谱，一般是十二则（也有的是十二的倍数二十四则）。十二则即十二种鼓调。十二代表一年十二个月，表示圆满，它寄予了布依民族一种良好愿望。各地鼓谱不尽相同。记谱方法，一般根据击打的不同部位发出的不同声音，用发音相近的汉字记录，各地记谱所用汉字也有差异。

布依族铜鼓十二则

"铜鼓十二则",又称"铜鼓十二调",是流行于黔西南州、安顺市布依族地区的铜鼓鼓谱,因总体上由十二段(节)不同调式的曲谱构成,故有"十二则"或"十二调"之称。有的地区加上开头的"开场曲"或"起鼓调"和结尾的"终鼓调",形成十四调,因此民间也有"十四则"或"十四调"的称谓。但基础是十二则或十二调。仪式性质不同,鼓谱也有差别,于是形成了专用于喜庆的"红事十二则"和用于丧事的"白事十二则"。每个地区的铜鼓十二则并不统一,甚至同一地区不同鼓师演奏技法也不完全相同。铜鼓调由十二个单元构成,与布依族对"十二"这个神秘数字的信仰有关。布依族认为天和海有十二层,每年有十二个月,因此十二代表着圆满,是一个吉祥数字。铜鼓在布依族中本身就是神物,用具有神性的乐器按照含有吉祥数字的鼓谱演奏,寄寓了一种美好愿望和祝福。

2. 八音古乐

八音是布依族音乐中的奇葩,其旋律优美典雅,令人难忘。黔西南州申报的八音已被列入国家级非物质文化遗产名录。

八音是一种器乐演奏的统称。因用八种乐器演奏而得名。因演唱形式的不同,笔者将其分为广义八音和狭义八音两种。

狭义八音,一般指布依戏的折子戏——布依板凳戏,也称八音坐唱(弹)。主要流行于册亨、安龙、兴义等地。布依八音又叫"八音坐唱",演出队伍8至14人不等,所唱生、旦、净、丑等角色,不化妆。因用牛腿骨、竹筒琴、直箫、月琴、三弦、芒锣、葫芦、短笛等8种乐器合奏而得名。

"八音"常在民族节日、婚丧嫁娶、建房、祝寿等场合演奏,是深受布依族人民喜爱的民族说唱艺术形式。最具代表性的传统节目有《布依婚俗》《贺喜堂》《胡喜与南祥》《迎客调》《唱王玉莲传》《敬酒歌》《梁山伯与祝英台》等40余个,主要有《福满堂》《贺寿堂》《戈然》《拜堂调》《盼郎》《哥妹调》《来去来》;坐唱《胡喜与南洋》片段;布依戏《撒衣定情》片段;尾曲《盛世调:昂央》等,内容主要取材于布依民间口头文学、民间音乐和说唱艺术,表现出布依人民对生活的热爱、对丰收的向往、对爱情的追求、对丑恶的鞭挞。因其源远流长、旋律古朴流畅、婉转优雅、悠美悦耳、民族特色浓郁而被称为天籁之音。

唱"八音"不需特别着装,几人坐在板凳上边弹边唱,故又称"板凳戏"。这种戏曲吸收了布依族民歌曲调,但去掉了民歌中先紧后松的节奏特点,加强了抒情性和诉说性,再加上富于戏曲表演的前奏和间奏,使之更为板腔化了。据专家研究,"八音坐唱"是布依戏的雏形。

八音表演

布依戏是在此基础上丰富发展而成。

　　从 20 世纪 90 年代初开始，黔西南州一些布依族八音队开始走出山门，外出表演，受到好评，并陆续获奖。1991 年 6 月，兴义巴结八音队应邀参加"中国·云南·东方文化艺术村"成立演出，荣获组委会颁发的"特别展示奖"。1992 年，由黔西南州民族歌舞团根据布依八音创作演出的《贺喜堂》，在意大利举办的国际民间艺术节上，展示了她独特的风采。2002 年 9 月，由兴义巴结农民组成的万峰林景点"万峰第一观"的八音表演队在南京"中国名胜区旅游产品展示交易会"上夺得了"景区民风民俗及形象展示奖"第一名。

　　广义的八音，指流行于贞丰、关岭、兴仁、晴隆等地的器乐演奏，一般不伴唱。其中以晴隆、兴仁等地流行的"登弹达吟"（直译是"弹月琴、拉二胡"）为典型。这种演奏形式在很多地方也称"小打"，而关岭一带则称之为"雅乐"。乐器通常有箫、笛、二胡、四弦胡、月琴、鼓、锣等。据专家调查，现在民间仍有300余首乐曲流行，主要曲目有《接客调》《送客调》《请客喝酒调》《谢酒调》《过街调》《八谱穿梛子》等。曲体结构有"一枝梅""双飞燕""三春柳"等，旋律发展手法有"大翻、小翻""龙摆尾""龙打滚""画眉穿山""双龙出洞""遍地撒种""金蝉脱壳""移情或软弦"等。布依村寨凡有红白喜事或在农闲时，艺人们就聚在一起演奏，围听的群众往往是演奏结束了仍久久不愿散去，可见其艺术感染力之强。

　　铜鼓调的庄重、肃穆，八音古乐的典雅，透出一股高贵的气质，让人感受到一种宫廷音乐的神韵。

● 亦庄亦谐：风格多样的舞蹈 ●

　　民国36年（1947年）修《荔波县志稿》载：布依族丧葬期间，"附近各村男女，于每晚间天黑时齐集丧家门外，男女分行对立，各执长尺余之竹刷把一把，互相敲击，一人执一木棒击粑槽作拍子，虽百数十刷把蝉联，而击出之声，有条不紊；并于柩前悬铜鼓数面，每面用一人敲。其余各执四五尺长竹竿一根春板作拍子，节奏亦颇和谐。盖因办丧事时，各亲友来吊，借此娱乐，以消永夜耳"。这段史料基本上把铜鼓刷把舞或粑槽舞的特点概况出来了。

　　1986年秋，笔者到荔波正巧赶上朝阳区一个布依寨中的丧葬仪式活动，亲眼目睹了一场铜鼓刷把舞表演。

　　那天晚上，吃过晚饭，已经8点过，在县民委工作人员陪同下，我们乘坐一辆北京吉普，朝村寨开去。还未到寨子，老远就听见了有节奏的铜鼓声一阵阵传来。快走近寨子，又听见与铜鼓声节奏非常协调的"喊喊喳喳"声，随着我们步伐的行进，越来越清晰。工作人员告诉我：铜鼓刷把舞已经开始了。

　　丧家院子不算大，可能80来平方米吧。院子四周，搭起高高的木架，挂上几盏大马灯。院子周围和丧家大门口站满了围观的村民和亲戚朋友。院子中央，男女各8人（人数要求偶数），分站两行，相向而立，手上各拿着两把一尺多长的竹刷把，变换着各种动作有节奏地互相敲击着。

　　黔南一带布依族刷把舞中的刷把有大刷把与小刷把之分。《荔波县志稿》记载的刷

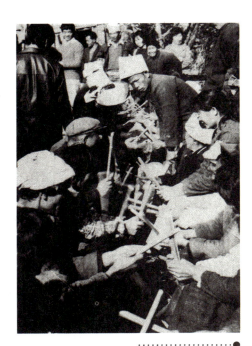

刷把舞表演

把舞和我见到过的刷把舞是小刷把舞。

布依族的舞蹈有一个特点，就是相当多的舞蹈都跟宗教仪式有关，主要是与丧葬仪式相关。

除了刷把舞，在丧葬仪式上表演的舞蹈还有响篙舞、粑棒舞、铙钹舞、转场舞等。

铜鼓刷把舞、粑棒舞、响篙舞节奏感都很强，置身现场，会感到一种热烈的氛围，每个人都会为之亢奋。

之所以丧葬仪式要跳这些节奏感强的舞蹈，首先是与消除守灵的寂寞有关。布依族办丧事，一般都要守灵几天几夜。这期间，家族中人、邻里和前来吊唁的亲友，晚上都聚集在丧家，与丧家家人一起守灵。为了排遣寂寞和悲凉，于是人们跳舞、唱歌，营造一种热烈的气氛。其次，跳舞还有信仰的因素。

布依族有一个流行十分广泛的传说：古时候，老人死了不葬，周围的人听说哪家有老人去世，就前来分食其肉。后来有一个后生（后生名字各地说法不一，有的说是德尹，有的叫迪地，有的地方称董永），亲眼目睹了母牛生崽的痛苦样，联想到母亲生自己一定很痛苦，当母亲去世时，他不忍心让人们吃母亲肉，就用木板制作成棺材，装殓母亲下葬，并砍牛代替母亲的肉，让人们吃，从此兴起了亲人死后砍牛的习俗和埋葬死者的习俗。荔波一带布依族在解释铜鼓刷把舞来历，平塘一带布依族在解释粑棒舞来历的时候，就把它与这个传说联系起来了。荔波的说法是，迪地用木板制作棺材装殓和埋葬死者后，人们认同了他所说的道理以及他的做法，于是就兴起了老人死后敲铜鼓、锯木板、钉棺材、敲击棍棒送老人上天的习俗。敲击木板和棍棒后来演变成了敲击竹竿、刷把，逐渐形成了铜鼓刷把舞。平塘一带的说法则是，董永母亲死后，为了不让人们来分食母肉，制作木箱装殓，晚上偷偷埋了。众人上门吃肉时，董永告知大家，将买牛肉代替母肉分给大家吃。众人不依，举木棒打董永，董永则举木棒还击，打败了众人。众人于是同意用牛肉代替。但董永无钱买牛肉，众人愤怒要杀董永。董永又提议：比试粑棒技艺，如输了甘愿让众人杀了吃肉。结果董永又赢了。大家于是同意，第二年再来要牛肉吃。董永到傅员外家卖身当长工，得一百两银。第二年董永买牛来替母还愿，众人敲锣打鼓前来分食牛肉。董永的孝心感动了天帝，派仙女下凡帮董永还清卖身的一百两银，得以赎身。七仙女嫁给了董永。结婚那天，董永和仙女立下规矩：以后老人去世，不能分食，用牛或马代替，并击铜鼓、敲粑棒、比试粑棒技艺来超度老人。从此以后，兴起了丧葬仪式活动中跳粑棒舞的习俗。

我曾就这个传说问过一位布摩：古时候是不是真的有人死后分食其肉的习俗？这位布摩说：这样的传说，是古人用一种极端的例子来强调孝道的观念，并不代表古时候就一定有这样的习俗。

响篙舞主要流行于独山一带覃氏家族和莫氏家族中。覃氏家族在丧葬仪式活动期间表演，莫氏家族则是在婚礼活动期间表演。据说最先流行于覃氏家族。古时，覃氏家族相信黑猫是邪恶的化身，老人去世停在堂屋里，必须时刻守着，不能让黑猫从停放死者的房梁上走过，否则死者会坐起来，灵魂不能升天，还会惊吓活人，很不吉利。因此，丧家都会准备很多竹篙，人们互相敲打舞蹈，既能驱邪，又能为守灵人壮胆，久而久之，相沿成习。

在丧葬活动中表演的舞蹈还有转场舞、香花舞、铙钹舞、绕坛舞（也称"回旋舞"）等。与铜鼓刷把舞不同的是，这些舞蹈结合仪式表演，或者就是仪式的组成部分。其内涵，有的表现为亡灵送行的场景，有的则为驱邪。同一种名称的舞蹈，各地表演的动作有一定区别。如长顺一带的"转场舞"，舞者每人手拿两面系着大红绸的大铜钹边舞边敲，节奏强烈。舞者时而低头俯下身躯，时而昂首向后转身。整个过程由十二个动作组成，基本舞步是走一步打一钹，再根据动作的变化，用双钹表演出许多花样。舞蹈的气势雄壮，气氛热烈。

流传于惠水县（宁旺、岗度、甲烈、本底、关山）、长顺县（摆所、营盘）、紫云县、盘县、荔波县、龙里县等布依族地区的香花舞，在丧葬仪式中表演，一般由六人表演，

册亨高台舞狮

也可多人，用铜鼓、皮鼓伴奏，手持燃香及纸花，舞蹈大约在子时开始，始终按逆时针方向绕圈舞蹈，表达对已故老人的悼念、祝福。

铙钹舞流传在罗甸县逢亭镇一带，一般在丧葬的"砍牛"仪式中表演，是一种驱鬼逐疫、迎神祈福的娱神舞蹈。丧家在举行"砍牛"仪式时，要燃放鞭炮、敲击铜鼓，跳铙钹舞烘托气氛。在举行点主仪式时，布摩诵摩经，当念到"上粮"内容时，要举行"偷猪"仪式，人们用锅烟墨在脸上互相画花猫，同时跳铙钹舞。舞蹈为偶数男子群舞，舞者双手持铙钹，随着场地中央铜鼓的指挥，不断变换队形、节奏、动作。祭奠完毕后就出殡，伴随着送葬队伍，四个或八个手持铙钹的舞者打击铜钹，跟随吹奏海螺、唢呐、敲击锣鼓的乐手，围绕着棺材边走边舞，直至墓地。

以上的这些舞蹈，随着社会的发展，有的逐渐脱离仪式环境，成为民俗舞蹈或娱乐性的世俗舞蹈。比如响篙舞在独山一带莫氏家族中，就是在婚礼上表演的，刷把舞、粑槽舞等已成为一种娱乐性舞蹈，于节日或其他活动期间表演。

布依族中有一类舞蹈，既不完全是表现宗教信仰，又包含一定的求吉祥含义。这类舞蹈首推舞龙和狮舞。

舞龙多在农历正月举行，由舞龙队到各村寨作巡回演出，以增加节日喜庆气氛。其表演有民族特色。贞丰一带，舞龙是寨老舞龙头向上跃起一步，然后才按乐曲节奏追逐两个绣球翻滚。舞完一圈，又向上跃举龙头一步，龙身又再次翻滚舞动，妙趣横生。狮舞既可在春节期间表演，也可在农闲时或在婚丧期间表演。狮舞中的狮子有太狮和少狮之分。太狮即两人合扮的大狮子，少狮为一个人扮的小狮子。一人戴假面具，打扮成武士，手持彩球，引逗"狮子"作种种技术表演。表演文狮时，要尽力体现其温顺性格，通常有舔毛、搔痒、打滚、抖身理毛等文质活动。表演武狮时，则要尽力体现兽王勇猛的性格特点，有跳跃、跌打、登高、腾转、踩球等动作。表演狮舞时，常伴以武术对打，以壮"军威"。武术有"长凳术""头帕术"和"飞石术"等，既是娱乐，更是体育和军事训练。在册亨、安龙一带，有表演高台舞狮的习俗。高台用八仙桌叠成六到八层，表演者从一层逐层往上边爬边表演，然后再从上往下表演。一些动作颇为刺激和惊险。由于高台表演有一定危险性，表演前要先祭祀神灵，祈求神灵保佑表演者平安，同时也祈求神灵保佑一方百姓安康、幸福。

册亨威旁乡一带布依族中流行的舞蹈勒呜，汉语称"转场舞"。与其他地区丧葬仪式上的转场舞性质不同，册亨的勒呜是一种世俗舞蹈，由于多在春节期间表演，含有驱邪、求吉祥的意味，因此也具有民俗舞蹈的性质。

"勒呜"的意思是欢快地跳舞。其表演形式为以击钹镲、敲锣鼓为节奏，男女青年手拉着手，人数不限，在村寨的晒坝里，时而围圈狂舞，时而纵横翻跶，时而穿针走线，时而蹲着奔腾……舞姿奔放自如、潇洒大方。舞蹈象征着布依族人民驱逐邪恶，丰收在望，幸福吉祥。如今也象征着布依族青年男女相互传情，相互沟通的好开端。

在舞蹈开始前，要举行"祭师"仪式。仪式时间为每年正月十三清晨。届时，几位德高望重的寨老与祭师一道，先在祭桌上把半斤多的方形肉（俗称"刀头"）、熟鸡一只、粑粑、豆腐、糖食果品、酒等摆布好，再由寨中一个固定的祭师手持五炷点燃了的香，先祭拜土地神、山神、庙神，再祭拜转场舞的舞台。祭拜时念咒语："天有刀、地有刀，师傅来保佑，上有猴子翻天应，下有保佑狮子滚绣球，转场舞起来，寨邻跳起来，平安幸福送到家，五谷丰登乐开怀。"念毕，几位鼓手鼓声一响，本寨、邻寨、远方村寨的村民闻声而至，大伙不约而同便聚集在一起，手拉手，开始跳舞。一直跳到元宵十五晚上，其中元宵十五晚上，跳布依族转场舞的情景最为壮观，令人震撼。

"雯当姆"[wen²tam⁵wu⁴]（汉译"矮人舞"）流行于贵州省荔波翁昂一带。舞者为少年男女。一群小姑娘身穿布依族传统服饰，脑后戴竹制撮箕面具，双手持稻束挥舞着，相互嬉戏着，表现布依山寨丰收后的欢乐情景和儿童的天真活泼。一群男孩则在肚皮上用强烈的色调画上夸张的人物脸谱，并将竹篓等制成的假面用双臂撑起，腰部以下内着长裤外套假衣，仿佛一个头戴高帽的矮人。男女表演者以动肩、扭胯、撅臀、勾足等各种滑稽动作逗趣，很有生活情趣。表演时，男孩扮演的"矮人"利用腰肚肌肉收放构成独特的表现力，使人物表情丰富而富有变化，具有鲜明的民族特色和地方特色。"雯当姆"历史悠久，内涵丰富，情趣盎然，诙谐幽默，享有"东方卓别林艺术"的美誉，充分展现了布依族人民热情风趣、幽默豪爽的性格。舞蹈诙谐风趣的艺术格调，使其有一种百观不厌的艺术魅力。无论从民族文化还是艺术欣赏的角度看，都有很高的研究价值。2005 年，"雯当姆"布依族矮人舞被列入贵州省非物质文化遗产名录。

布依族纯娱乐的舞蹈首推"铁链械"。主要流行于花溪区湖潮布依族苗族乡杨梅、寅贡等寨。

"铁链械"以一种兵器"铁链械"而得名。"铁链械"表演动作主要是双手转动用铁链连接的两根木棒，使木棒在头上、肩上、腰间、胯下、背上或左右两侧，或正面等部位飞舞转动。其主要动作有"雪花盖顶""颈上飞花""苏秦背剑""黄龙缠身""背上飞龙""鱼跃龙门"等以威武、彪悍、沉稳、雄健的艺术风格著称。

2004 年，湖潮中学将"铁链械"引进课堂，使这一传统舞蹈的传承得到有力保障，特别是女学生踊跃参与，结束了"铁链械"只有男性表演的历史。

2006 年，"铁链械"被列入贵州省非物质文化遗产名录。

布依族矮人舞

● 戏剧：娱神也娱人 ●

2010年刚放寒假，我就奔赴册亨，赶在春节前作一次布依族文化田野调查。来前，曾在一些文章中了解到册亨有一种在丧葬仪式上表演的古老的布依傩戏"哑面"。到册亨后一打听，知道是流行于丫他一带。于是，在册亨县民宗局干部的陪同下，第二天一大早就赶往板万寨。

很不巧，这几天当地并没有丧葬仪式。当地村干部和民间艺人说只能用口述方式，就相关情况做一个介绍。因为文字材料之前我已经接触过一些，对大致情况已经有了基本的了解，主要是想看表演，直观感受一下。听到他们这么一说，我感到很遗憾。

陪同的民宗局和有关部门的同志见状，就与村干部和民间艺人商量，看能否进行一场模拟表演。

很庆幸的是，村寨里的民间艺人同意了这个要求。于是，马上张罗，作表演的各项准备，找道具、做面具、化妆、布置场地等等。

布依族仪式性傩戏"哑面"是在布依族传统丧事的绕棺仪式中表演的。模拟表演的场地绝对不能在任何人家进行，于是，村干部决定，表演场地选在村办公房后面一个斜坡空地上。

表演时间大约二十分钟，涉及人物只有四人，情节也比较简单。故事来源于一个传说：古时，有一个穷后生到当地富人家当长工，与富人家姑娘相爱，得不到女孩家长同意，不得已私奔到村寨上方一山洞居住，生儿育女。后来，岳父去世，因为贫穷，怕在众亲友面前没面子，就戴上面具，到外家祭奠。因贫穷没有祭礼，绕棺后就给外家推磨、春碓。表演者共六人，分别为父母（即自由相爱的两夫妇）、后生（两夫妇的儿子）、女孩（两夫妇的女儿）、乞丐、导引者（一般为布摩）。据说以前要到洞里举行一些相关仪式和化妆后从那里出发到丧家。后来改为在丧家村寨旁搭宾棚象征山洞，在那里化妆、举行仪式即出发前往丧家。走到途中，乞丐扮演者加入到队伍中来，并不断纠缠女孩，被后生（女孩子的哥哥）制止。整个剧情主要表现一行人往丧家行进、绕棺、春碓、推磨以及在这过程中乞丐如何纠缠女孩并使之怀孕的情形。整个表演没有台词，表演者戴的面具用竹篾编

"哑面"模拟表演

成骨架，然后用白纸蒙成脸壳，在脸壳上画上五官。

  绕棺仪式一般是在出殡的头一天晚上举行，吃完晚饭天一黑就可以进行表演了。在整个表演中，绕棺引导者的钹声一停，随即三人就要对着棺材磕头作揖，还要做出擦眼泪伤心的样子。但三人并不会如常人一样横着擦拭眼泪，而是竖着擦拭眼泪；磕头作揖也不像常人是先上后下，而是只会生硬地竖着向下磕头作揖。这种绕棺仪式一般在死者家的堂屋里进行。家族的亲戚和寨子里的村民是观众。

  演出结束后，面具等物会送到村外烧掉。参加表演者均从火上跨过，以示鬼魂被火烧死不再附身。

  这些过程，表演者都按照仪式上做法原封不动地表演了一遍。不同的是场地搬到了室外空地，"山洞"布置在村委会办公房的后面一个斜坡上，棺材则以一木箱代替。

  "哑面"演绎的是一个传说中的内容，是有故事情节的，但"哑面"没有台词，可以说是哑剧。音乐方面，也只有引导者在行进过程中敲击手上的一面锣，节奏变化不大，显得单调。因此，我认为"哑面"仍属仪式，只不过是在仪式的基础上，演绎了一个较为简单的故事而已，属于一种特殊的仪式。尽管如此，它对研究戏剧的产生，具有十分重要的价值。这毋庸置疑。

如果说"哑面"仍未脱离仪式，顶多是一种萌芽状态的"戏"，那么，荔波一带流行的布依族生育傩，尽管仍与仪式紧密关联，但综合性已经很强，戏剧特征已经很明显了。

黔南一带布依族中，为多年不孕不育的夫妇举行"架桥"（求子）仪式十分隆重，有的甚至进行7天7夜，据说举行了"架桥"仪式，就为送子的母神搭起了桥梁，母神就会把"花魂"（孩子灵魂）送来，使求子的妇女怀上并生育孩子。"做桃"是一种以求生育、保佑子女为目的的宗教仪式，仪式上，祭祀的神灵就有"花林仙官"（即"雅娃林"）。但是与一般求子仪式不同之处在于，"做桃"祭祀的神灵除了女神"花林仙官"之外，还有男神，分别有不同职能。比如，万岁天尊圣母，女神，专管分配生育指标；花林仙官，女神，专管送"花"（即孩子）给孩子父母；托生花王庙父，男神，负责保佑、护养孩子长大成人；本殿三元祖师，男神，三元指唐、葛、周三兄弟，同母异父，系"送"花媒人，同时保护坛师及其弟子（傩戏班子师徒），等等。另外还有负责擒拿野鬼的莫一、莫二，驱逐病疫鬼怪、保佑亲朋安宁的三界公爷等等。"做桃"与一般求子仪式不同点还表现在傩戏班子要戴面具表演一些有完整情节的故事，既娱神也娱人。

荔波布依族傩戏面具有木刻面具、皮胎面具、笋壳面具、竹编纸糊面具等，每堂为36面，每面为一尊神，每一尊神有一本经书，叙述该神的形态特征、功能、神力和由来。每尊神都有布依语和汉语两种不同语言的称谓，但演出时主要是用布依语。

面具及案子（即坛上悬挂张贴的神像）系依据经书对各神描绘的内容雕刻和绘画的。其中大多为一神一像，但也有多神一像的，如三元神像中唐、葛、周，三个是同母异父兄弟，一文一武一医，多数为多神一像，但也有按文、武、医各塑一尊像的。所有面具、神像无不生动传神，栩栩如生。案子以求子送子保子"生殖图"中万岁天尊为核心，四周为其下属的众神，共120余位，而花林仙官等众神却一神一像悬挂或张贴两旁。从艺术性看，神像的色彩、形态比面具更丰富多姿，个性、特征更突出鲜明。据不完全统计，现在单位及个人从民间征集到的神像共有 20 余幅，散在民间摩公及掌坛师手中的也不过百余幅，多数为明、清两代的作品，少数为民国年间及现在的复制品。36 个面具分别为万岁天尊圣母、花林仙官、六桥青蛇判官、托生花王太庙、本殿三元帅祖（三元即同母异父唐、葛、周三兄弟）、太子六宫、双龙树王、九娘、五位功曹、李应社王、欧官、蒙官、冯敖老爷、覃九老爷、她地许、勒良、雷王、写傩（也叫"谢傩"）、莫一、莫二、伍通、龙公、白马、三界公爷、猴王、上公七郎、刮云、染吴、鲁班等。

诸神中的核心人物是"生殖图"中的万岁天尊圣母，即布依族普遍信仰的"花王圣母"，又叫"花婆""婆王"，是专管生儿育女的神灵，也是儿童成长的保护神。其余多数为本地区、本民族或其他民族的神话和权势人物，如莫一是当地壮族和布依族传说中最受人崇拜的英雄人物，号称通天圣地莫一大王；欧官、蒙官、冯敖及覃九老爷、龙公等是布依族、水族和瑶族神话中的代表人物；而三元、三界则是道教、佛教传入后受其影响加工出来的神话人物。这些人物，有的前人和方志曾作过简要记录。如刘锡番所著《岭表记蛮》说，圣母亦名花婆，"凡生子女，皆花婆所赐"。又说，"子女多病，则延师巫，'架桥''剪彩花'，乞灵于花婆"。《三江县志》说，"花林圣母及莫一大王，壮人乞之，亦知其所本"等。

荔波布依族生育傩有经书，俗称"傩书"。其数量，民间有各种不同的说法。有的说有 36 本，有的说有 24 本，有的说只有 12 本，还有的说有 72 本及 100 余本。究竟哪一种说法正确，根据目前掌握的资料尚不能肯定，有待进一步发掘和查访。

布依族傩戏每个戏班有演员 15 人，均属坛师弟子，要求通晓傩书，能熟练背诵和朗读，会做法事，懂得一些武功，善歌善舞，每人至少会演两个以上角色；年龄不限，小到 10 岁，大到古稀之年。另有打铜鼓 2 人，打腰鼓 2 人，打铜锣 2 人，打钹 3 人，吹唢呐 2 人，吹大号 2 人，放铁炮 2 人，乐师共 21 人。

道具有龙头拐杖一根，牛角号一根，牛角卦一副，令牌一块，响铃一个，装傩书的竹箱两个，黑色雨伞一把，毛笔一枝，墨、砚各一块，梭镖、标杆各一根，木枪一把，柴刀一把，木棍、棕绳各一根，花筒、南瓜各一个，宝剑、令剑各一把，驱鬼除邪用的兵器如刀、叉等数件，斧、锯各一把，铁炮 4 个等，共 60 余件。乐器有铜鼓 2 面，腰鼓 2 面，大小铜锣各一面，钹大、中、小各一副，唢呐、大号各 2 支，二胡 2 把，姊妹箫一副，铜铃一个，竹快板一副，合计 20 余件。

服装，包括布依、瑶、水 3 个民族共 20 余套。其中掌坛师黄袍 1 件，花袍 3 件，分别为红底绿花、白底金黄花、紫底白花各 1 件，木底高跟鞋 1 双；布依族男装 10 套，女装百褶裙式样的两套，水族姑娘连衣裙 2 条，白裤瑶男、女盛装各 1 套，另加 1 条蓝色花裙。

荔波布依族傩戏布景十分讲究，分内景、外景。内景主要娱神，外景主要娱人。

内景。设在主人的堂屋，八仙桌摆在堂屋正中，一边抵墙，桌的两边各放一张长凳，用竹子架一座"牌坊"把桌凳围住。牌坊的上端贴着用不同彩色纸剪成的形态各异的龙、蛇、鸡、鸭、象、牛、马、猪、羊、驴等，在八仙桌正中的墙上挂着"万岁天尊圣母"神像，两旁按神序由大到小依次将诸神像分挂左右。八仙桌正前方的桌缘绑两根竹竿，以此为骨架用竹条搭一座桥，桥的上半部是一张约 1 米左右剪成半圆弧形的红纸，红纸被剪出四排活灵活现的童男童女，四周衬有布依族传统几何花纹及图案，竹竿的顶部是花筒，俗称"桥棒"。坛师把内景称为"坛"。坛前的桌上有几杯酒、一碗米及其他供品，还点有几炷香、一盏菜油灯。傩书、道具、面具、乐器等全置于坛前，门和窗的两旁都贴上酬神精神内容的对联。例如大门，左边是"吉日酬神颂范许"，右边"佳期还愿谢婆王"，横批"田地恩深"。门外设一张供桌，桌上摆着供品，有香火，门扇挂神像，俗称"门卫"，或叫"看门神""守门神"。

外景。傩戏演到第 7 天，坛师极其弟子们在村前田坝选择一块宽阔的平地，中间摆 3 张八仙桌，将供品、道具全摆出来，36 根长 5 米左右的杉树，大小不一排成一字形，由大到小，相距约 1 米，挖坑栽在地上，然后将供品挨个捆在树脚。第 1 根捆着一头大肥猪，第 12 至16 根各捆一只鸭，第 17 至 36 根各捆一只鸡。如果牲口不足用刀头（即一块 1 斤多重的猪肉）或象征性竹编纸糊牲口取代亦可。

荔波布依族傩戏剧目现在见到的有《龙公点坛》《野猪偷薯》《老瑶打猎》《野外砍牲》《抢吃生肉》《戏弄外家》《破瓜取子》《龙公卖马》《错砍樟树》《背鸡进屋》《乞讨草鞋》《乞花求子》

等12个剧目。这些剧目全取材于民间，创作于民间，集中反映布依族的社会文化和爱情，是地道的少数民族民间剧目。现择几个剧目介绍如下。

《老瑶打猎》由两个男青年主演。个儿高的扮演老瑶，身穿白裤瑶青年服，潇洒英俊，头戴面具，名叫"龙公"；另一个身材略为矮小的青年男扮女装，头戴面具，名叫"勒良"，是老瑶的妻子。龙公肩扛枪、腰挂月形柴刀，带着妻子上山打猎。进山后发现山上猎物很多，顾不得给妻子打招呼，左一枪右一枪就打开了，越打越起劲，连带妻子上山一同打猎的事都忘了。当他冷静下来以后突然想起妻子，于是满上遍野寻找，结果从所打猎物中发现了自己的妻子，原来龙公打猎打兴奋时，头也打晕了，眼也打红了，结果误把自己的妻子当猎物打死了。龙公丢下猎物边哭边去求卜问卦，向天地哀悔、认罪，得到神仙的同情。在神仙的帮助下，妻子死而复生，夫妻团圆。这出戏反映了先民狩猎生活的艰辛和欢乐。同时也反映了当地单一从事农业的布依族先民，由于酷爱狩猎生活而创作打猎赔妻的故事。

《破瓜取子》是反映人类自身繁衍的故事。其故事取自中国古代伏羲、女娲兄妹结婚繁衍人类的传说。这出戏紧接上出戏，龙公与勒良相爱结婚，死后又再度团圆，勒良怀抱一个大南瓜装成孕妇模样，"花林仙官"上来接过南瓜，婴儿连声啼哭，观众齐贺"得啦！得啦！"范许出场，破南瓜取籽，向四面八方撒去，边撒边念："撒到北方成莫家（经识别莫家人仍属布依族），撒到东方成布虽（水族的自称和布依族对水族的称呼），撒到南方成布壮（壮族），撒到西方成布侗（侗族），撒到中央成布依族。"这个故事不仅反映人类的神话传说，而且道出了壮族、水族、侗族和布依族同源的真理，他们同是古越人的后裔。

《戏弄外家》这出戏最富有乡土气息，戏剧色彩最浓，是"做桃"的第7天傩戏班子在田野演出的一场最精彩、观众最多的戏，可算是"做桃"仪式的高潮。

在田野"做桃"的场面十分壮观，观众成千上万，掌坛师极其弟子全部戴上面具，在掌坛师的率领下，尽情挑逗外家来的客人。手持木枪的龙公强行要把自己的枪卖给外家来的客人，对方说不买，就把事先装在枪筒里的柴灰撒在外家来的客人头上；调皮活泼的猴王跑去向外家来的客人要肉吃，对方说没有，猴王就伸手去抓外家来的客人的裤裆；手持叉子的白马，拿手中的叉子与外家来的姑娘交换，姑娘说没有叉子交换，白马便伸手去抚摸姑娘的乳房等等。最有趣的是戴着面具的一群"鬼神"，有的把屠宰后有意在头上留下一撮毛的牲口举过头，指着牲口头上的那撮毛说："大家看呀，这是外家的辫子呀！"（什么意思待考）。有的手拿猪、狗肠子大声嚷："外家把肠子打落了，是谁的，请快来认哦！"等。这时观众发出狂热的喝彩声，沉醉在欢乐的海洋中。

次日送客，全村男女老幼，悄悄挑着满桶满桶的水藏伏在出寨的各个路口旁。当外家客人起程回家离寨时，从隐秘处突然冒出来的人群，手端脸盆，一瓢瓢水向客人猛泼去，一方泼，一方躲，双方发出阵阵喝彩声。主家寨上的女人向外家来的男客人泼，主家寨上的男人向外家来的女客人泼，哪位客人跑了主家寨的人提起水桶就追，一桶桶往客人身上泼。没有把所有客人泼湿，说明主人还没有尽到爱心，而客人没有被淋湿也说明自己时运不好，晦气。因此，双方玩得十分开心。

布依戏幕布

表演上述剧目时，除个别剧目受宗教影响表现得有些拘谨外，大部分剧目十分自由，演员不受场地和时间的限制，有时观众在激动之下也情不自禁地参与其中一道表演，唱词、台词临场发挥，不拘形式，充分发挥民间艺术的特点，使演员、观众融为一体，把演出场地变成感情发泄和交流的场所。

荔波布依族傩戏以求子保子为内容，由一家一户把傩戏班子请到家举行7天7夜活动，从始至终与民俗交融在一起。

这种活动过去很普遍，布依族男性生下来，在他的一生中不规定在什么时候，但必须举行一次。后来，部分地区衍变成婚后久不生育者才举行，一般人可做也可不做。其形式有二：一曰"做桃"，二曰"架桥"。前者请傩戏班子，举行7天7夜的活动；后者只请布摩或坛师，带几个弟子，举行3天3夜的活动。主人采用何种形式全取决于主人家的经济状况。家庭经济条件好的取前者，家庭经济条件较差，甚至十分贫穷者也得按后者举行仪式，否则影响来世。

如果说"哑面"和"生育傩"主要是一种娱神的戏，那么流行于册亨、安龙、兴义一带的布依戏就是一种纯审美、娱人的戏剧形式了。

布依戏是贵州两种少数民族戏剧（布依戏、侗戏）中的一种。从取材和内容看，布依戏剧目有两种：一种是用汉民族的历史故事及汉民族的民间传说故事改编而成的剧目，如《蟒蛇记》《柳荫记》《秦香莲》《薛仁贵征东》《樊梨花》等。另一种是根据布依族民间传说、故事或真人真事编成戏。其内容有反映阶级斗争和民族斗争的，有歌颂本民族英雄人物的，有反映布依族男女爱情生活的，剧目有《王玉莲》《穷姑爷》《人财两空》《三月三》等。

布依戏班是由一个村寨的人组成，以村寨的名称为戏班的名称。一个戏班由十几个人组成，能演出一个完整的故事。布依戏的对话和唱词均用布依语，只在移植的汉语剧目中，公堂审案和自报家门中采用汉语。角色以二小（小丑、小旦）或三小（加小生）为主，后来吸收了其他戏剧的有关角色和适应布依戏演出的需要，出现了差官、大王、大将、生、旦、净、丑等角色。表演时不同角色有相应的程式和特点，如小丑上场时，手拿扇子，走路时抬起脚一跳一跃，三步一转身，动作诙谐；小旦上场则从容不迫，步步符合节拍，显得优美。在演出从汉族中移植的剧目时，一般是武将穿战袍，文官和秀才穿长袍水袖，戴方巾，脸谱则根据角色的不同略施粉墨。布依戏曲调类似布依民歌，悠扬缠绵，歌词多根据布依民歌加以改编而成。

布依彩调戏是 1948 年从广西百乐乡传入册亨的。彩调戏是受广西南路壮戏的影响而形成。开始传进册亨时演唱道白全用汉语。演出的节目也全是汉民族的传说、故事，如《玉堂春》。后来当地艺人按照本民族的文学艺术传统加以改编，再创造，再创作，把本民族社会生活中的真人真事编成戏搬上舞台，演唱时多用布依语。

布依戏和布依彩调戏是布依族人民喜闻乐见的文艺形式，不断吸收汉民族和其他少数民族戏剧艺术的有益成分，按照本民族的审美观点、欣赏情趣、理想和追求加以创造和发展，具有广泛的群众基础。布依彩调戏《罗细杏》，1984 年 11 月在昆明参加全国少数民族戏曲剧种录像演出，获得"孔雀杯"奖。

册亨有 20 多个布依戏队常年演出。1994 年 3 月，贵州省文化厅命名册亨县乃言乡（现为八渡镇）为"布依戏艺术之乡"。1995年 11 月，国家文化部命名乃言乡为"中国民间艺术之乡"。2006 年，经国务院批准，布依戏入选第一批国家级非物质文化遗产。

除上述几种戏曲样式而外，受汉文化影响，布依族中还有花灯戏、地戏等。

花灯

花灯是汉族民间艺术，独山、荔波、册亨等部分布依族地区布依族艺人学习掌握后，引进布依族中。其中又以黔南独山最为突出。

布依族花灯的来源，学界有不同说法。对独山花灯，目前比较倾向于源自江西采茶调和弋阳腔，并吸收了广西壮族彩调音乐元素。可以说是汉族民间艺术与少数民族民间艺术融合的产物。荔波和册亨花灯，则主要来源于广西壮族彩调。

独山花灯最早是以歌舞为主，演出节目有《阿三戏公爷》《灵官扫台》《踩新台》《打头台》等。随着交通发达，商业繁荣，外地戏剧不断传入，艺人又不断到邻省观摩交流，于是逐渐出现了戏剧节目，如《红灯记》《槐荫记》《还魂记》《五鼠闹东京》等。

从演出形式看，原来的花灯均在广场或院落演出，称为地灯。有了戏剧因素后，便搬上了戏台，称为台灯。

独山民间花灯主要有娱乐和配合还愿仪式活动两种功能。布依族艺人把花灯引进后，为增强演出效果，采用布依语演唱。20世纪上半叶独山著名的四大名旦中，陈子明、石玉成、陆树奇三位是布依族。可见花灯在独山布依族中的流行程度。

地戏

地戏主要流行于黔中安顺、平坝一带的汉族中，是明初"调北征南"时由明王朝军队带入贵州的，是一种为防范少数民族反抗而进行的"寓兵于农"的演练活动。学术界称之为"军傩"。后逐渐传入布依族中。安顺、平坝、紫云、长顺、普定、镇宁、惠水以及贵阳花溪、白云等地布依族中均有流行。这里着重介绍花溪地戏和蓬莱地戏，以一斑窥全豹。

花溪地戏源于古代的"扮傩"。"扮傩"是为逐疫鬼、迎神灵、保平安举行的祭祀仪式。地戏是传入贵阳花溪等地最早的戏种之一，据清道光二十六年（1846年）贺长龄编修的《贵阳府志》载："土人、贵筑、广顺、贵定皆有之，岁首迎山魈，逐村屯为傩，击鼓以唱神歌，所到之家，皆饮食之。"花溪地区的地戏，至今仍有上述的习俗。如唱戏的时间均在正月初开场，演出前要燃香点烛，举行祭祀活动和开财门仪式。

与屯堡地戏一样，大寨布依地戏剧目的内容大多取材于历史演义和民间传说中金戈铁马的英雄故事。与屯堡地戏相比，大寨布依地戏表演者身上没有了屯堡地戏里那充满尚武之气的盔甲战袍，取而代之的却是具有布依风格的蓝衫长褂，桃花装饰，古朴中透出优美。剧中的女角都是男扮女装，粗犷、豪迈的精彩打斗中，不时有轻柔的表演成分。整台表演斗中有舞，以唱代言。唱段短小精悍，与屯堡地戏相比更多了舞台的戏剧观赏效果。

请"脸子"（面具）是地戏表演时一个非常讲究的开场仪式。屯堡地戏的请脸子仪式通常是整个戏班子的人都必须参加的祭拜。表演时必须郑重地从箱子里请出珍藏的"脸子"，"脸子"才具有神的灵性。可是我们看到的大寨布依地戏，在保持传统的同时又不失自己的个性。通常请"脸子"是由当地长老一个人完成所有的祭拜过程，一切都是那么简单。祭拜中都是用当地的布依话娓娓道来，这样的表演给它增添了别样韵味。

在贵阳花溪，共有18拨（戏班）：花溪大寨、燕楼的思惹、槐州、燕楼村（燕楼村有两拨）、谷蒙、党武的当阳、葵林村、新寨、下坝、湖潮的新民、杨梅、寅贡、车田、芦官、汪官、元方和麦坪的杉木二村。这些地戏队所演出的剧目都是《薛仁贵征东》《杨家将》《罗通扫北》《三国演义》《岳飞传》等历史故事剧，表演场地方便人们观看。演者均戴面具，服饰简单，以鼓击节而歌，一人领唱，众人合之，不用其他乐器伴奏。

过去，蓬莱地戏只在每年春节跳一天，或平时某些大户人家做仪式才跳。整个演出活动要经历开箱、请神、出兵、点兵、祭山王、拜土地、开财门、搭台跳戏、扫场、收兵、点兵、关箱、吃跳戏饭等程序和环节。地戏许多招式都是从模仿战争而来，舞蹈动作伸展幅度不大，接近于亦步亦趋，不像常规舞蹈中肢体动作的挥洒自如，充分体现了地戏舞蹈动作具有浓厚的写意特征。

蓬莱地戏有一个和其他地区地戏不同的特点，即唱和跳是分开的，所谓"歌者不舞，舞者不歌"。地戏班分歌队、舞队、乐队，职责分工相当明确。安顺等地的地戏，是一边唱一边跳，蓬莱地戏开始之后，有人唱，唱完之后，才有人跳，"前歌后舞"，如此间隔着表演。蓬莱地戏的唱腔既无帮腔，也无伴奏，音调基本相同，完全是歌的清唱，整台戏文都用七言句式，每唱两句之后就击鼓而舞。

蓬莱地戏剧目《杨家将》中的第三部分《开财门》，是最为精彩的一部分，其中的《开财门歌舞》是由歌队背对主家大门唱《开财门歌》，内容主要是祝愿主家"四季财门大大开，金银财宝滚进来"。而由舞队一字形排开，面对主人家大门舞蹈。"开财门"满足了民众求吉祥的民俗心理，正是由于这一原因，使这一戏剧样式得以在布依族民间保存下来。

● 美术：信仰、实用与审美的综合 ●

造型艺术是一种视觉艺术。走进布依村寨，接触布依人，走进他们的生活，参加他们的各种娱乐和仪式活动，吸引你眼球的造型艺术作品可以说是目不暇接。

这些林林总总的作品，你会发现它们并非专业美术师为了展览或为了作为商品而创作的，而是出现在每个仪式场合，或者生活用品上，也有的作为其他艺术样式的要素。总之，这些作品都有一定的实用功能。可以说，布依族传统美术是一种信仰、实用与审美的综合体。

布依族美术最早可追溯到纹身。根据汉文献记载，古百越有纹身习俗，目的是"避蛟龙"。古越人被称为"蛇种"，也就是把蛇作为图腾。蛇与蛟龙同类。古越人水事活动频繁，为了让图腾祖先认识自己的子孙，崇拜蛇图腾的古越人于是在身上刺花纹，装扮成蛟龙的样子，相信这样就能让图腾物知道是同类，不加侵害。同属百越的黎族和傣族直到20世纪六七十年代仍有文身习俗或文身遗迹，可以证明关于古越人文身习俗的记载是可信的。罗甸、册亨等地布依族直至20世纪五六十年代仍发现有人文身，可推知布依族先民曾有此俗。文身就是一种因信仰而产生的艺术样式。

岩画也是十分古老的美术形态，在布依族地区发现的关岭马马岩壁画、红岩碑、长顺红岩洞、开阳岩壁画、贞丰沙坪岩壁画等，都是珍贵的远古艺术文化资料，不仅有艺术研究价值，也有历史文化研究价值。布依族地区岩画文化内涵的研究还不够充分，因此对其性质还无法确定，但根据世界岩画的情况，大多岩画都有宗教信仰的内涵。因此，不排除布依族地区岩画有信仰的内容。比如，长顺县红岩洞壁画中，就有一幅与今天布依族使用的铜鼓鼓面相似的图，圆圈中间的实心圆及射线与铜鼓鼓面太阳芒纹相似，只不过画得比较夸张，占据了整个鼓面。而鼓面图的左边，好像一个人双手举着长绳或长蛇舞动。这个画面可

长顺县红岩洞岩画铜鼓鼓面图

能反映一个祭祀仪式。

布依族现实生活中仍传承的美术作品样式主要有两方面的类型，第一就是与宗教结合的美术类型和作品。第二类是与日常生活实用或观赏、装饰紧密关联的类型和作品。

与宗教相结合的有绘画和工艺美术品。绘画作品主要有神像画、隔坛画、灵堂画等。

神像画。神像画是布依傩仪、道场等宗教仪式上使用的画像。根据信仰崇拜的对象不同，所挂画像的神灵不同。傩戏所挂画像有花林圣母等，信仰道教的道士做道场时则挂"三清"画像等。

隔坛画。所谓隔坛，就是布依族举行丧葬仪式时，用以隔离棺材和祭桌的屏幕，用竹竿和竹篾扎成框架，之后在上面糊上白纸，形成屏障，即所谓"隔坛"。"隔坛"做好后，布摩中的画师在其上绘制图画，内容有花草、鸟兽、人物（一般有八仙、二十四孝等）。摩教信仰认为人死后亡灵通过布摩的超度就可以抵达自然生态非常好、景色非常优美，又有众神作伴的极乐世界"旁仙""旁拜"。隔坛画无疑即描绘这样一种境界。隔坛画颜色艳丽，构图质朴但讲究对称。丧葬仪式结束后隔坛即被拆掉，因此隔坛画无法保存。一些布摩为了保存记忆，绘制了母本，需要时

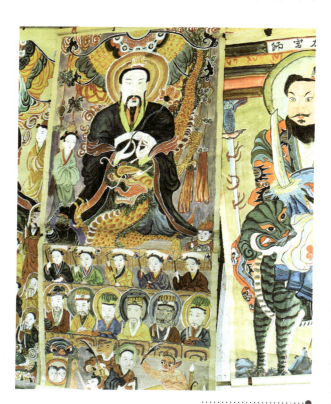

布依族神像画

临摹。

灵堂画。也用于丧葬仪式。在惠水等地，布依族举行丧葬仪式时，在灵堂前挂一幅"灵堂画"。画分为十层或十二层，图像主要有龙、牛、马以及人物像，据解释，图画内容表现了布依族宇宙构成观念，即十二层天的观念。不同层级出现的动物、人物以及其他图像，都是该层级生活情景的再现。

布依族灵堂画

与宗教信仰有关的美术作品还有面具、纸花、剪纸、食用工艺祭品等等。

丧葬仪式上表演的"哑面"和生育傩都要戴面具。而"哑面"所戴的面具显得更加原始和古

布依族"哑面"傩戏面具

朴。制作方法是先用竹篾编成框架，再用白纸蘸上浆糊贴在竹框架上，最后用毛笔蘸各色颜料画出五官。与我们常见到的巫傩木制面具相比，"哑面"傩没有那种狰狞感，具有亲和力。遗憾的是"哑面"傩的面具不能长久保存，无法了解其发展演变情况。

参加布依族丧葬仪式，可以看到很多五颜六色的纸旗、纸幡、灵房、纸马、纸轿、纸伞等等。这是死者女婿家和外家做来吊丧的纸制工艺美术。灵房是给亡灵在阴间居住的，做得豪华和大气，纸马是给亡灵在阴间当坐骑，纸伞是给亡灵在阴间遮阳避雨，而纸旗、纸幡、钱龙永吊则用来为亡灵送行。送葬时，长长的队伍敲着锣、打着鼓，举着纸旗纸幡、钱龙永吊，抬着纸轿、纸马，举着纸伞，浩浩荡荡，朝墓地走去，不禁让人联想到天国的庄严与瑰丽。纸花色彩艳丽，五彩缤纷，具有较高的工艺水平和观赏性。在布依族中，一般都有一些这方面的

艺人，他们不脱产，只是到了需要的时候，露上一手。布摩一般都懂得这门手艺。这些纸制工艺品都是一次性的，送到墓地后，堆放在坟墓上，任其朽烂。

这些纸花中，有一些部位有剪纸工艺。剪纸，在布依族信仰文化中找到了用武和展现之地，也因宗教信仰仪式活动，传承了一门技艺。

2011年初冬，我曾前往荔波县联山湾村调查布依族"做桥"仪式活动。目睹了当地著名祭司莫炳刚创作剪纸艺术作品。他所用的纸有黄、绿、白、黑等颜色，剪出的形象有人物、动物、花草等。这些剪纸作品全都是用来布置祭坛的。所用的工具除了剪刀，还有小锤、凿子等。只见他一会儿折纸，一会儿剪，一会儿凿，没多大工夫，就剪出了很多幅作品。

叔本华说："如果没有死亡的问题，恐怕哲学也就不称其为哲学了。"他想说的是，死亡迫使人们思考生与死、灵与肉、此岸与彼岸等诸多形而上的问题，因为思考这些问题，哲学才会产生。我想说的是，死亡问题不仅促发了哲学的产生，也由于对有关死亡问题的思考，为人们的想象力插上了翅膀，催生了某些艺术种类。除了前面介绍过的音乐、舞蹈、戏剧、绘画等样式而外，用食品做成工艺美术品，也是布依族宗教艺术一个类别。下页（祭桌上的食物工艺祭品）这幅画，是摆放在灵位前祭祀死者的祭品。在一个装着柑子的碗和一串鞭炮旁，摆放了一个拿着一个钓到一条鱼的钓竿的穿长袍的大胡子偶人，偶人前面，有山羊、辣椒、茄子、柿子、小狗、小兔、小鸟、鱼等供品。

生活和生产中的美术随处可见。尤其是用于服饰、被套、帐沿等的蜡染、织锦、挑花、刺绣、竹编，以及用于装饰的布依地毯、雕刻等。蜡染、枫香染和扎染我们在后面的纺织印染部分将作介绍，这里只讲其余几种。

织锦，布依语称"读桂"，可谓染织艺术品中的"皇族"。织锦锦面类似丝绣，做工精细，色彩瑰丽，显得高雅华贵，具有相当的艺术价值。但其制作，却是在古老的织布机上，用染好的青色或蓝色纱线作经，以五颜六色的丝线为纬，经过数纱穿梭，精挑细插，编织而成。布依族妇女以不同色彩的丝线搭配，织出不同的图案。这些图案多为菱形、方形、三角形等。根据不同图案，布依语有不同称谓，一般以动物命名，如"桂读绒（羊羔锦）""桂读巴（鱼儿锦）""桂读文（人物锦）""桂读麻（蝴蝶锦）"等。其实这些图案并没有反映动物的整体面貌，只呈现动物的某部分特征，并经过高度简化和提炼而成。编织时，面上是毛坯底版，而锦花正面却呈现

祭桌上的食物工艺祭品

于反背。编织过程中，要用镜子从下面返照，以检阅编织的情况。操作技艺的精湛，令人叫绝。

　　长期以来，织锦都是用于妇女的头帕、衣服、衣袖、衣脚、围腰、背带等作装饰品。20世纪80年代以来，国家已将布依锦列为重点手工艺品，作为民族工艺品在国内外展览。镇宁石头寨布依族妇女编织的一幅5尺菱形见方的反映布依族山水和风情的巨型织锦品赴美展览，博得中外鉴赏家的赞赏。而到黄果树旅游的游客购买布依锦作为工艺品收藏的就更多了。布依锦在中国民族工艺美术百花园中绽放，已受到人们普遍的关注。

　　布依地毯产于关岭和安顺等地。以传统工艺和现代科学技术相结合制成。主料为羊毛和粗纱，先由人工加工成毛绒线，再进行编织。色调由靛蓝、纯白、粉红、浅黄、淡绿等组成。图案形态多样，变化万千，如栩栩如生的"群凤迎春"、古色古香的"八仙过海"、古朴典雅的"百鸟舞会"等等，风格多样，令人目不暇接。

　　刺绣，在布依族中很早就有了。流行于大部分布依族地区。镇宁一带称为"刁贵""贵少"。望谟、罗甸、册亨、贞丰、安龙等地称为"姑少"。它是女孩必学的手工。其手工艺如何，往往成为人们衡量女子才能的标准。一般是先用纸剪成所需图样，贴在绸缎上，再进行刺绣。

布依族刺绣

但也有的妇女不用图纸，就能随心所欲地绣出所需图案。这些图案有龙、凤、飞禽、走兽及各种花鸟虫鱼等，结构精巧，色彩调和，形象栩栩如生。布依族妇女围腰上的梯形刺绣以及人们使用的枕套、帐沿、门帘、窗帘、背扇、被面及童帽等，大都用刺绣品镶嵌而成。

　　挑花，是指用棉线在布上挑织成各种图案的手工艺品。图案多为花草。如果说刺绣的风格近于工笔，那么挑花就该是白描了。它用洗练的线条勾画出花草的特征，加上用料的素净，故整个画面显得格外素雅。姑娘的布凉鞋帮上常用挑花品镶嵌，十分清爽。而在头巾或手绢上挑上花，送给心上人或尊贵的客人作留念，这里面寄予的深情就真是值得格外珍视了。

　　谈到编织，我们不妨来看看布依族中另一种材料的编织——竹编。如果要说艺术价值，当然首推黔南的平塘和独山一带的斗笠。根据史料记载，这种斗笠在清代已是具有一定知名度的竹编工艺品。

　　斗笠由两层合成。平塘克度原先编的斗笠，外层的斜纹从斗笠顶上至边缘都向一边倒。大约到了清光绪年间，在边缘约二寸宽处，改为把斜纹向另一边编织，称为"倒编"。凡编织斗笠的竹篾，都须有较高的劈篾技术才能获得。其方法是，先将竹锯成约1米长的竹节，刮去青皮后劈破为40~50片像线一样的细篾丝，再用手把篾片轻轻弯折，篾片顺劈破处裂纹而下，这是斗笠外层所用竹篾。里层用的竹篾不刮去青皮，一半放在燃烧的油柴上熏成光亮的黑色，另一半则以硫磺烧熏成白色。然后两色竹篾交叉编织，便成黑白分明的花纹图案或字形。编织精致，式样大方，方便耐用，很受消费者欢迎。

　　凉席。荔波一带凉席也是著名的竹编工艺品之一。这种凉席是用一种韧性特强的竹子（俗称糯竹）劈成很薄的竹篾编织而成。质地坚韧柔和可折叠，展开后伸展如故，无断裂痕迹。凉席光滑、凉爽，适用于夏季铺用。近几十年来，人们将竹篾染成不同颜色，编织成汉字或各种美丽的图案，更增加了它的艺术欣赏价值。

雕刻。木器工艺包括木雕家具、窗棂、寺庙横额、神龛、面具等，都具有较高水平。安顺市的"泰山"木雕面具便是别具特色的一种。以丁香木或者白杨木为材料，将圆木对半破开，用半圆弧形作刻坯，雕出造型狞厉"泰山"形象，高悬于门庭之上，其作用类似汉族的门神，以辟邪镇宅保平安。"泰山"眼珠幽黑外突，瞋目怒视前方，目光威风慑人，张开血红大嘴伸出反卷的舌头夹着一把利剑，稚拙而粗犷。地戏使用的面具——"脸子"则一般使用梨木、核桃木等硬质木材，根据剧中人物的性格特征，用刚、柔、粗、细、阴、阳不同的刀法刻制而成，以红、绿、白、黑等色涂绘，造型庄严稚拙，简洁传神。其他家具、木饰等常刻以龙、凤、鹿、羊、鱼、鸟、竹、树、花、草等图案，造型生动活泼、古色古香。

布依族石雕工艺，主要有牌坊、碑碣、石兽、石禽、石柱、石栏杆、石砚、石缸、石碓等，大多用于建筑装饰。图案有花鸟动物以及少量人像。

陶器。平塘牙舟陶器久负盛名，是布依族地区的一项传统工艺。它以古朴敦厚著称，可考历史有 600 年左右，是贵州最早生产的一种土陶，晚清时期已有陶窑 48 座，生产规模庞大。牙舟陶器制作工序大致有：以黄泥、白泥、青色泥为原料，采用快轮成形及手工捏制成陶坯；绘制类似刺绣和蜡染的花鸟鱼兽图案，或配以浅浮雕装饰；使用玻璃釉为基础釉，釉色以白、黄、绿、紫、棕、褐为基调；烧制，冷却出窑后可呈现类似蜡染冰纹的裂痕，具有鲜明的地方特色和民族特色。成品玲珑剔透，既有实用性，又有收藏价值，多为生活用具、装饰摆设、动物玩

布依族簸箕画

具和祭祀器皿等。

　　簸箕是日常生产生活常用的器具，但当簸箕用来作为绘画的介质，人们在里面画上各种精美的图画，那么它就变成艺术品了。流行于贵阳市乌当区布依族中的农民手工画播娜摩簸箕画，就是这样一种美术作品。在布依族中，这是一种纯观赏的美术样式。

　　播娜摩，布依语，指雄踞市郊的云雾山。一个个寻常的农家常用簸箕，经生花妙笔将花草虫鱼、飞禽走兽、日月山川、神话传说、人间趣事等绘制到播娜摩簸箕画去，便成为一件件古朴典雅的艺术品。它洋溢浓郁的乡情，极富民族特色。

● 在实用中体现美：布依族纺织与印染 ●

　　"全球化和现代化语境下，传统文化正在经历急剧的变迁，经历现代经济发展的调适。此间，诸多民族手工艺走向消亡，即便是在贵州黔东南很多遥远的寨子，手工织布都在慢慢消失，很少在现代生活语境下被传习。

　　10月26日至27日，记者考察望谟县复兴镇祥乐布依族织布文化村，为发现保存完整的布依族织布'格子花'手工艺而惊喜……"

　　这是贵州日报记者王小梅采写的通讯《"格子花"文化流变及市场探索——解读望谟县布依族民族织布手工艺文化产业发展》一文的开头，发表在2010年10月29日《贵州日报》上。

　　实际上，像望谟县复兴镇祥乐村这样保持传统纺织文化的村寨，在布依族中至今仍不在少数。纺织印染，曾是长期自给自足的农业民族——布依族重要的生计方式之一，具有突出的实用性特点。而印染，则使这种实用品增添了丰富的色彩，体现了布依族的审美观。

悠久的纺织历史

纺织是百越民族重要的文化特征之一，布依族纺织文化源远流长。

翻开汉文典籍和地方志，有关布依族先民喜好纺织、善于纺织的记载很多。

汉文献中早就有了百越纺织的记载。《汉书·地理志》载："越地多产布。"颜师古《注》称："布，葛布也。"指出了布依族先民织布所用的原材料不是棉而是葛。根据汉文史籍记载，包括布依族先民在内的濮人很早就掌握了利用棉花纤维纺织的技术了。《后汉书·南蛮·西南夷列传》："哀牢人有梧桐木华，绩以为布。"《南史·夷貊》："林邑国……有古贝者，树名也，其华成时如鹅毛，抽其絮纺之以作布，布与纻不殊。亦染成五色，织为斑布。""古"[ko¹] 在壮语、布依语中是用于植物称谓的前置词，"贝"是树名。文献对树的称谓无疑是布依族和壮族先民对该树名称的音译。

明清以来，地方志对布依族纺织的记载就更为翔实。明代弘治《贵州图经新志》载："仲家勤于耕织，善治田。"清《大定府志》载："仲家妇女唯勤于织。"这里的仲家就是布依族。《贵州通志》也说布依族"男人计口而耕，妇人度身而织"。一些地区多用棉织成土布，如都匀府的"白

望谟布依族种植的传统棉花品种

布依族纺织工艺

布"、"青布"和"蓝布",程番府的"克度布",龙家的"尽穀布"等。
这些地区多为布依族生活地区,尤其是已用棉织土布的都匀府、程番
府(今惠水、贵阳),今天还是布依族集中生活的区域。张澍《续黔书·铁
笛布》对土布描写道:"永宁、镇宁二州出铁笛布,其纤美似蜀之黄
润,其精致似吴之白越,其柔软似波弋之香荃,其缜密似金齿之缥叠,
余不知其何以织也。或谓其桐华布,绩白桐为之,或又谓缉桑为之……
定番苗妇所织,洁白如雪,试水不濡,用弥年不绩垢腻。又有斜纹布,
名顺水斑。盖模取铜鼓文以蜡刻印布者,出独山州烂土司。"张澍提
到的永宁、镇宁二州和定番苗,就是今天的关岭、镇宁和惠水布依族
地区。可以看出当时布依族妇女所织手工土布已经相当细腻精美了。

　　清代典籍《百苗图》,收录的六条有关布依族的条目中,就有四
条直接记载了布依族妇女善于织布以及土布的多种用途。其中第四十
幅"八番苗"是这样写的:"在定番(今惠水一带)州,男女衣服与
汉人同。其俗女劳男逸,日出而耕,日入而织,储以备用。"

　　第六十八幅"白仲家"说:"在荔波县,男子头戴狐尾,服色多白,
以耕作为业。女自小而多慧,色白而多美,穿淡色衣,着细褶勾云裙……
未婚之苗故多与汉人来往,呼之曰'外郎'。女正配,夫家馈以苗布

一二匹，谓'断郎礼'，外郎不得再往来也。"

第八幅"青仲家"说："青仲家在古州、清江、丹厅属。以青布蒙首，服色青衣。敛牛马犬骨米糁酸臭为佳。女子色精，勤工刺绣，善棋、抛球为乐……"

清乾隆《独山州志》记载：布依族女孩子六七岁就开始学纺纱，稍大一点就能织布和染布，半夜三更还能听到棰布的声音。妇女织布除了自用外，常常拿到市场上换棉花，通过这种反复交易的方式赚取一点利息。民国时期，贵州的机器纺织业发展很快，据史料记载，1937年全省有纺织工厂两家，1943年增加至9家。但传统手工纺织工艺并未因此停歇，反而有了较大发展，据统计，1942~1944年间，全省织户多达58 071家，年织布316匹。民国《册亨乡土志略》记载："夷家女子操作，尤胜男子。其竹枝云：晚饭黄昏苦菜鲜，阖家团圆小炉前。怜他月上三更后，有火无灯尚纺棉。"这里讲的"竹枝"，指清代黄晋明写的《贞丰竹枝词》。诗中描写了布依族女子夜晚在火炉微弱火光下依然勤奋纺织至"月上三更"的动人情景。

能够证明布依族纺织历史悠久的除了文献而外，还有考古发掘资料。

考古工作者在古百越分布地发掘的石斧、石箭头、石纺轮、陶纺轮及大量陶片表明，7000多年前布依族先民已能将野生植物的纤维捻成细线，织成粗布，学会了原始的纺织技术，能穿上布衣服。

贵州是古百越分布范围，考古发现诸多与百越文化特征相符的文化因素，其中就有纺织文化。观音洞出土的石纺轮，平坝飞虎山、毕节青场、赫章可乐都出土过的

布依族少女在纺线

陶纺轮，普安铜鼓山等遗址出土的石纺轮，这都说明早在新石器时期贵州故土上就有了原始的手工编织技术。平坝飞虎山新石器时代文化遗址中，出土了大量陶器碎片以及圆饼状和两端截尖的饼式陶纺轮。陶器以夹灰沙陶为主，较坚硬，火候高；刻有细绳纹及波纹、方格、菱形、圆圈、绳纹、云雷纹等纹饰，在小附加堆纹上也刻着许多纹饰。特别在一片乳黄色陶片上，发现一段带状红彩，是贵州高原石器文化中出土的第一片彩陶，其颜料的红色矿石，也出土于相应的地层中。从纹饰看，制陶技术比赫章可乐出土的陶器还要进步，赫章可乐新石器时代距今约四五千年，已进入母系氏族社会，那么飞虎山文化当距今四千年左右，也已进入母系氏族社会了。飞虎山文化遗址中发现的纺轮以及陶器上的波纹、方格、菱形、圆圈、云雷纹等图案，与布依族土花布和蜡染图案相似或相同，充分证明飞虎山文化与布依族文化的渊源关系。

在布依族的古籍文献中，对布依族纺织文化也有大量记述。

布依族古歌《造万物·造棉造布歌》对先民在采集过程中发现植物纤维，并发明了纺织的情形进行了描述：远古的时候，世上没有棉，"人人挂树叶，个个裹树皮"，后来人们在从事采集过程中，发现山上有花，

布依族少女在织布

叶子好大，"叶片圆又滑，真像大巴掌……拿花慢慢捻，丝线细又长，结实不易断，好比蜘蛛网"。于是"大家快去拣，拣来野花花，姑娘就捻线，线子挽成团，就把布来编"。可以看出，布依族纺织文化是在长期的采集生活实践中逐步创造出来的。

摩经中，也有很多反映布依族纺织生产历史的记述。流传于望谟县的古歌《安王与祖王》是这样唱述渔网编织过程的：

三月里麻可收割了，

七月里麻可以剥了。

放在膝上搓，

拿在手里捻。

织成四层的渔网，

织成四方的鱼兜。

织成渔网去下河，

织成鱼兜去下河。

摩经告诉我们，布依族先民最早的编织原料是麻，麻的纤维利于原始的手搓编制技术。食物对于生存是第一位的，因此最早的编制技术是为了获取食物而诞生的。流传于黔南贵定、惠水等地的《十二层天十二层海》放飞想象，对纺织技术的来源进行了充满奇幻色彩的解释：

我们上天来到第七层，

七姊妹在织梭罗，

……穿梭像射箭，

织布像闪电。

七姊妹拿出花布来晾，

七姊妹拿出花布来晒。

花布晒满三十九条街，

花布晾满九十八条街。

……四扣门的拿去做滤帕，

五扣门的拿去做嫁衣。

我们向她们要一段布，

我们向她们讨一段绸。

拿回家去做样子，

讨回人间学技术。

布依族格子花布

　　作品反映的时代已经有了街市，显然已经进入了阶级社会。所织布匹有了不同的幅宽，说明坐式织布机已经发明，可以在同一架织布机上织出不同宽窄的土布；已经有了漂染技术，可以将白布染成花布。

　　布匹作为特殊商品，还可以替代钱币作为酬劳和报酬付给工匠或其他人。这在布依族摩经里面有很多记载。流传于黔西南贞丰县等地的摩经《招魂》叙述丧家请"押"（巫）来为死者招魂，"押"提出要酬劳，问备齐没有，于是使者说：

　　怎会没报酬？
　　怎会没备齐？
　　报酬未带到此，
　　工价还在家。
　　到家儿捧给，
　　到家媳拿递。
　　有两三个儿子的家，
　　用鹅做酬报。
　　有四五个媳妇的家，
　　织绸布做工价。
　　两斤麻做工价，
　　一斤生麻做工价。
　　十一把旱谷做工价，
　　十二把水稻做工价，
　　一两二洗纺车银做工价。

背扇

　　贞丰摩经《温·逃婚》叙述相恋的一对情人要逃婚，男方告诉女方可以去的地方，每个地方有什么风土人情等等，其中提到贞丰一带的顶江时是这样唱的：

　　带你逃到顶江，
　　手拿秤杆做生意。
　　整日守住粮仓边，

布依族妇女在织布

得见主人得见官。

带你逃婚到岩鱼，

手握秤杆坐街边，

买来上等好棉花，

纺了上等棉纱线。

　　这里唱咏的内容使我们看到了从纺织生产衍生出来的习俗和文化，离今天现实更近了，男女的分工已经很明显，媳妇要会织布，男子会耕作和做生意；土布已经有了经济价值，可以作为布摩进行招魂仪式的报酬，与粮食一样重要。

　　布依族的纺织文化，是在长期生产劳动实践中创造和发展起来的，包括了种、纺、织、染、绣、缝，以及凝结于纺织文化背景中的民俗文化特征，构成了布依布、蜡染、织锦、刺绣、挑花、镶缀、裁缝、服饰等一系列纺织文化现象。

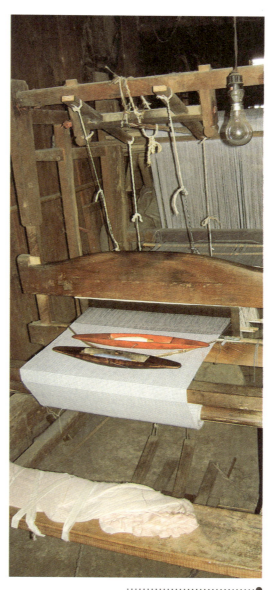

布依族传统织布机

古老的纺织印染工艺

清代，有一位叫覃世禄的诗人，写了一首吟咏望谟的诗，提到了布依族纺织印染。原诗是这样的：

王母（即今望谟）河头势转斜，

蟠桃旧地有人家。

联机布染分颜色，

此处还多格子花。

"格子花"指布依族所织布料中的一个类别。布依族对自己纺织的布料，称为"绑然"，意思是"家织布"，与之相对的就是"绑借"（市场上出售的工厂生产的布依族"格子花"布）。或称"绑越"，意思是"布依布"，而与之相对的还是市场上出售的工厂生产的布，称"绑该"（市场售卖的布）或"绑哈"（汉族布）。用汉语，一般称自织的布为"土布"或"土花布"，而称市场上出售的大机器生产的布料为"洋布"或按照布料名称称作"咔叽布""阴丹布"等。由于布依族自织布质地好，因而有"土呢子"的美称。

布依族自织的布料有单色和花布两大类。单色布一般染成蓝色或紫青色、青色等。单色布的纺织工序比较简单，用原色纱线织成白色布，然后用蓝靛等染料染成需要的颜色。而花布则需先将纱线染色，再将不同颜色的纱线间隔排出纬线，织布时，按需要间隔使用经线，就能织出不同花纹的格子花布了。

覃世禄诗中的"格子花"其实只是一种统称。布依花布的花纹图案有若干种，如镇宁一带就有斗纹、斜纹、虾子纹、鱼骨纹、米颗纹、桂花纹、梅花纹、格花纹、八角纹、方块纹等。格子花纹中，"格子"也有大小的不同。

布依族格子花

　　布依族纺织，从对棉花的加工到织成布料，要经过若干道工序。使用的工具有轧花机、松花棍、皮弦弹花弓、木槌、搓花棍、纺花机、回线架、绕线架、引线架、滚线筒、套线簾、布扣、梭子、织布机以及各种小部件。

　　第一道工序是采摘棉花后进行加工。用轧花机将棉籽和各种废物挤出来后，还需将皮棉铺在竹席或平板上，用松花棍进行抽打，使棉团松散，同时进一步除掉夹杂在棉花中的杂质。之后，将棉花铺在搭好的平台上，用弹花弓将棉花反复弹，使棉花的纤维完全松弛扩散成泡花，然后用搓花棍搓成一个个拇指粗细、长约0.33米的花条。

　　第二道工序是纺纱。布依族妇女用的纺纱工具，是结构简单的木竹质纺纱机具。纺纱时，人坐纺纱机中段，右手摇转纺纱机，再以"囊带"（布依语译音，即传动带）传动左边"鸠纱"的轴（布依语称架檑），左手拿花条利用"架檑"急速转动捻线，纺出棉线来，并裹成纱锭。纺纱活，十二三岁甚至八九岁的姑娘就开始学习了，这一一道工序，对荔波布依族人家改良后的宽幅织布机织出的花布粗精有很大关系，必须过好这一关。

　　将花条在纺纱机上摇、拉成纱线，裹成纱锭。

　　第三道工序，是对纱线进行加工。先用绕线架将纱锭上的棉纱绕成线圈，之后，用清水浸湿，再放入白米浆中煮两小时左右，再取出挂在竹竿上晒干，以增加棉纱的韧性和硬度。之后，用回线架将加工过的棉纱回裹到滚筒上做成纱锭。

　　第四道工序，牵纱。将纱锭排列在引线架上，牵引出经线。根据需要的长度、宽度和厚度安排纱线的数量。牵好后，用滚线架将经线裹成线轴，一边裹一边用梳子将线梳顺，每一层再用稻草束垫上，这样就避免了因纱线纠缠造成的断线。经线的数量由竹箅的规格决定，传统的竹箅有360、384、408、432、456、480根线头几种规格。改革开放后，在一些地方对传统纺织工具进行了改革，出现了数千根线头的宽幅布箅。选定竹箅后，将经线一根一根地进行钻箅上簾，之后，将滚线架搭在织布机上。

　　第五道工序，开始织布。织花布用的是木质织布机，长方体，后面有一条木座板，供织布者坐着操作。座板前面有一高木架悬着线扣

和打布摆（布依语称"勾幅"），下头脚蹬处有木踩板（布依语称独定）
2~4个，以绳索与"勾幅"连在一起，随着脚踩踏和收放，踩板上下移
动使"勾幅"随之张开，织布者用装上不同颜色纱线的梭子左右穿梭，
打布摆，织布机有节奏地响着，而格子花布也就在织布者手脚协调运
动过程中呈现、变长。织布工艺的复杂程度与布料品种有关。织素色
布料工艺相对简单，经线和纬线都是同一种颜色（白色）。织布时无
需考虑花纹设计的要求搭配不同颜色的经纬线，织布的进度也就快得
多。花布较复杂。一般要用4把梭子，8根经线，相应的就有8个踏板。

编织时，4 把梭子各装上所需不同颜色的纬线，摆在织布者面前，织布者根据花纹图案需要，更换梭子，两脚根据需要踩踏不同踏板。通过手脚协调配合，所设计的不同花纹布料呈现在眼前，慢慢变长。

布依族自织花布由于花纹图案丰富，朴素大方、格调高雅，且环保、经久耐用，不仅得到了很好的传承，而且受到其他民族消费者欢迎，20 世纪 80 年代中后期开始，远销海内外。

在布依族纺织文化中，有一种工艺更加复杂、品味更高的织品是织锦。织锦又称"纳锦"，史有"斑布""铁迪布"之称，现在也称"布

布依族妇女在纺纱

依锦"，是布依族一项精湛的传统纺织工艺。主要流行于镇宁、荔波、平塘等布依族地区。材料多选用丝线或以丝、棉混织。有宽、窄两种规格，多是彩色，图案多为菱形、方形、三角形等，也有羊羔、鱼儿、蝴蝶等动物图案。布依族织锦多用做妇女头帕、衣服、衣脚、围腰、背带心等装饰，或用来做帐帘、被面等的装饰品。我国实行市场经济后，布依织锦成为一种独具特色的工艺品，受到消费者青睐。

如果说纺织解决了实用的问题，那么对布料和纱线的印染则满足了布依族追求美的要求。布依族的印染主要有靛染、扎染、蜡染、枫香染等数种。

靛染是布依族中最普遍的一种印染工艺。靛染的起始时间不详，但具有悠久历史是可以肯定的。布依族摩经中，人死后亡灵进入极乐世界"旁拜""旁仙"后，那里鸟语花香，莺歌燕舞，流水潺潺，金碧辉煌，像仙境一般，亡灵上升为贵族"报光"（贵族男性）、"亚囊"（贵族女性），进入上流社会圈子，但仍需耕田、纺织、染布。

所谓"靛染"，就是用靛作为印染材料的布料印染工艺。

靛用一种名叫"蓝靛"的草本植物制成。布依语称为"嚷"[ðam³]。为了方便提取染料靛，布依族人家几乎家家种植这种草。春天种下后，农历七月就可割下蓝靛草，选叶茎多者入窖，叶茎少的则放在桶里或缸里，用水浸泡7天左右，蓝靛汁就出来了。之后，按一定比例放入石灰，经过搅拌，待水静止，蓝靛凝结，沉于水底，就可以用来染布了。

靛染的第一道工序是漂白。布依族传统印染的漂白工艺不用化学漂白粉，一般是在晴朗的天气条件下，清早露水未挥发时就将白布平铺在野外草坪上，晒到中午时分，连续数天，布面就会自然变得洁白。

还有一种更奇特、更古老的漂白方式：用牛屎漂白。先用适量新鲜牛屎放到木桶里加水搅匀，然后再将布放进桶里翻搅，时间不宜过长。取出后，平摊在地上，晒半干后，拿到河里揉搓清洗，晒干后布就发白了。牛屎不仅能起到漂白的作用，而且能除掉布上棉籽的黑点。

第二道工序是染。染布，根据不同颜色又有不同的做法。在布依族地区，几乎每家都有小染缸，一般技术要求不高的青布，都在家中染，而技术要求高一些的蓝布、青蓝布等，则有一些专业户进行加工。无论青布还是其他颜色的布，大致都需要加水、石灰、白酒等原料，并经多次浸染、冲洗。青布需经"上药"工序，即用糖梨树皮和红子

身穿蜡染衣裙的布依族妇女

刺皮加清水熬成紫红色"药汁"，再将已上色的布放入其中浸染，每天取放三次，三天后，经过最后一次冲洗，晒干后即可。染蓝布、青蓝布还需上胶、上光等工序。

扎染，又称折染。将白布按照所需花纹折叠好或用粗线铺成花纹，再把布包起来缝好，放入染缸里，拆线即出现花纹，亦很美观大方。花纹有蝴蝶、花枝等，一般做床单用。此法多盛行于惠水、长顺、贵定、平坝、织金等县布依族村寨。

点染，主要盛行于贵定、平塘、龙里、都匀、独山等县（市）。当地布依族以蓝靛、黄豆浆、石灰、冬青叶、枫香叶等为原料制作点染制品。其做法是，先将黄豆浆和石灰浆搅匀点在放油花板的白布上，板上刻有虫鱼花鸟、云雷纹、几何纹图案（民国时期布依族有专门从事制版业者），取掉花板，将布放入靛缸浸染。染成取出叠放在大石碾下，双脚站在石碾上来回地碾动，晾干后用竹片刮去布上点染的豆浆，即呈现出各种蓝白相间的花纹图案。点染制品在民间亦很受欢迎。

蜡染，也要经过以上工序。不同的是要先在白布上画好蜡画，才能下缸靛染。布依族蜡染历史悠久，《宋史》有"南宁州特产朱砂、名马、蜜蜡、蜡染斑布"的记载。南宁周去非《岭外代答》和朱辅《溪蛮丛笑》对此记载较详："以木板二片，镂成细花，用以挟布，而熔蜡灌于镂中：而后乃释板取布，投诸蓝中，布即受蓝，则煮布以去其蜡，顾能受成极细斑花，炳然可观。""模取铜鼓文，以蜡刻板印布，入靛缸渍染，名点蜡幔。"当时的蜡染制作方法与现在颇为相似。布依族农村女孩从小就开始学习蜡染，到十七八岁时工艺技术已相当熟练，主要盛行于安顺、镇宁、关岭、普定、六枝等地。蜡染方法：以蜂蜡加温熔成蜡汁，用铜制蜡刀蘸蜡汁在布上画成各种图案，靛染成蓝色或浅蓝色，经煮水去蜡，冲洗晒干即成。蜡染布除了绘制的蓝白相间的图案外，还具有美观的自然冰裂纹，是我国著名的工艺品之一。布依族蜡染制品常见的纹饰主要有螺旋纹、同心圆纹、锯齿纹、方格纹、三角纹、菱形纹、太阳纹、水波纹、云雷纹等。同形组合，多形成体，有的花上套花、花中显花、方圆并蓄，线条均匀对称，有较高审美价值。不少纹饰与布依族保存的古代铜鼓纹样相同，这就是《宋史》所说的："模取铜鼓纹，以蜡刻板印布。""刻板印布"之法近现代使用不多，代之以灵巧手工随心作画，更具艺术风采。民国以前，蜡染制品多是布依族妇女自作自用，或在本地市场出售。中华人民共和国成立后，人民政府重视发展民间传统工艺，许多专业蜡染厂相继建立，产品遂形成大宗商品，远销各大、中城市的旅游景区。20世纪80年代以来，还有布依族蜡染师傅受聘在北京、广州等地建厂生产蜡染制品就地销售。

　　枫香染是一种与蜡染相近的印染工艺。枫香染之不同于蜡染，主要是因使用原料不是蜡而是枫香油。其配料方法是取百年古枫香树的油脂，与牛油掺和后，用文火煮熬，再用棕叶过滤去渣而成。枫香染的制作方法是，用毛笔蘸枫香油，在白布上绘制出几何形、花、鸟、鱼、虫等图案，放入靛染缸中浸染一天；取出再绘制植物的叶，又浸入染缸7~10天。取出水煮脱油后即成。图案主要有"牵藤花""大瓶花""大钵布依族枫香染布料花""双凤朝阳""月亮花""鲤鱼串珠""石榴花"等蓝白相间的美丽花纹，民族风格鲜明，艺术价值不亚于蜡染制品，有"画在土布上的青花瓷"的美誉。布依族民间有经验的枫香染老艺人，如惠水县雅水乡水岩搅村杨通清从事枫香染工艺60余年，1984年7月在惠水县举办的工艺品展销会上共展出他的枫香染制品50多件，参观者交口称赞，誉为珍品。

枫香染手工技艺 2007 年被列入第二批贵州省非物质文化遗产名录，2008 年被列入第二批国家级非物质文化遗产名录。

惠水布依族枫香染

参考书目

1. 布依族简史编写组. 布依族简史 [M]. 贵阳：贵州人民出版社，1984.

2. 布依族简史修订本编写组. 布依族简史 [M]. 北京：民族出版社，2008.

3. 贵州省编辑组. 布依族社会历史调查 [M]. 贵阳：贵州民族出版社，1986.

4. 贵州省地方志编纂委员会. 贵州省志·民族志 [M]. 贵州民族出版社，2002.

5. 贵州省地方志编纂委员会. 贵州省志·宗教志 [M]. 贵州民族出版社，2007.

6. 贵州省民族事务委员会. 布依族文化大观 [M]. 贵阳：贵州民族出版社，2012.

7. 黄义仁. 布依族史 [M]. 贵阳：贵州民族出版社，1999.

8. 黄义仁. 布依族宗教信仰与文化 [M]. 北京：中央民族大学出版社，2002.

9. 黄义仁，韦廉舟. 布依族民俗志 [M]. 贵阳：贵州人民出版社，1985.

10. 何积全，陈立浩. 布依族文学史 [M]. 贵阳：贵州民族出版社，1992.

11. 惠水县布依学会. 惠水布依族 [M]. 贵阳：贵州民族出版社，2001.

12. 蒋英. 布依族铜鼓 [M]. 贵阳：贵州民族出版社，2006.

13. 马启忠. 瀑乡风情录 [M]. 贵阳：贵州民族出版社，1991.

14. 马启忠，王德龙. 布依族文化研究 [C]. 贵阳：贵州民族出版社，1998.

15. 韦兴儒. 女巫：扁担山社区奇特文化探索 [M]. 贵阳：贵州人民出版社，2001.

16. 汛河. 布依族风俗志 [M]. 北京：中央民族学院出版社，1987.

17. 周国茂. 一种特殊的文化典籍——布依族摩经研究 [M]. 贵阳：贵州人民出版社，2006.

后记

　　贵州山川秀美、气候宜人、资源丰富、人民勤劳，风情多彩，文化灿烂。18 个世居民族，和谐相处，共建家园。《贵州世居民族文化书系》正是建立在人类学、民族学、文化学的研究成果基础上，以叙事方式为主，向世人勾勒贵州世居民族文化版图，展示贵州世居民族悠久的历史文化与和而不同的美丽生存，以全新的视角探寻各民族的文化发展轨迹，解读各民族具有鲜明特色的文化事象，诠释各民族充满神奇魅力的新形象。

　　《贵州世居民族文化书系》编委会对书系的宗旨、目标、体例和风格等进行项目论证和定位，负责确定写作大纲，并对书系的组织架构、写作要求和作者物色等进行统筹安排。

　　《山水布依·布依族》由贵州省布依学会组织相关专家进行审读，就政治倾向性和民族、宗教问题进行认真把关。本书图片得到了贵州省摄影家协会、作者以及马启忠、梁朝文、黄镇邦、郭正雄、郭堂亮、樊敏、伍刚硕、王兴珍、黄正国、向往、贞丰县文广体旅局等的大力支持（但仍有个别图片未能联系到作者，作者见书后请与出版社联系）。

　　在此，对所有为书系做出贡献的人士表示衷心的感谢！因编辑水平所限，书中难免有不尽人意之处，恳请读者批评指正，以便图书再版时予以弥补。

《贵州世居民族文化书系》编委会

2014 年 6 月